Tratados da terra e gente do Brasil

Fernão Cardim

copyright Hedra
edição brasileira© Hedra 2020
organização© Ana Maria de Azevedo
coordenação da coleção Ieda Lebensztayn

edição Jorge Sallum
coedição Suzana Salama
assistência editorial Paulo Henrique Pompermaier
capa e projeto gráfico Lucas Kröeff

ISBN 978-85-7715-642-9
corpo editorial Adriano Scatolin,
Antonio Valverde,
Caio Gagliardi,
Jorge Sallum,
Oliver Tolle,
Renato Ambrosio,
Ricardo Musse,
Ricardo Valle,
Silvio Rosa Filho,
Tales Ab'Saber,
Tâmis Parron

Grafia atualizada segundo o Acordo Ortográfico da Língua Portuguesa de 1990, em vigor no Brasil desde 2009.

Direitos reservados em língua portuguesa somente para o Brasil

EDITORA HEDRA LTDA.
R. Fradique Coutinho, 1139 (subsolo)
05416–011 São Paulo SP Brasil
Telefone/Fax +55 11 3097 8304

editora@hedra.com.br
www.hedra.com.br

Foi feito o depósito legal.

Tratados da terra e gente do Brasil

Fernão Cardim

Ana Maria de Azevedo
(*transcrição, introdução* e *notas*)

2ª edição

hedra

São Paulo   2020

Fernão Cardim (Viana de Alvito, Alentejo, 1548?–Abrantes, Salvador, 1625) foi uma das mais eminentes figuras da Companhia de Jesus, onde ingressou em 1556. Permaneceu cerca de 42 anos no território brasílico, onde chegou em 1583, como secretário do padre visitador Cristóvão de Gouveia. Reitor dos Colégios da Bahia e do Rio de Janeiro, foi eleito na congregação provincial para Procurador da Província do Brasil, em Roma, onde viveu entre 1598 e 1601. Na viagem de regresso ao Brasil, foi capturado por corsários ingleses, despojado dos seus textos e levado para Inglaterra onde esteve prisioneiro durante cerca de dois anos. Já no Brasil foi nomeado Provincial da Companhia de Jesus, cargo que desempenhou entre 1604 e 1609.

Tratados da terra e gente do Brasil foram escritos, entre 1583 e 1601, pelo Padre Jesuíta Fernão Cardim, nos anos seguintes à sua chegada ao Brasil, quando desempenhou o cargo de secretário do padre visitador Cristóvão de Gouveia. O livro manteve-se inédito em língua portuguesa até 1847, embora tenha sido publicado parcialmente em inglês, em 1625, com atribuição a outro autor. Os *Tratados* de Cardim permitem-nos ter um conhecimento da terra brasileira de Quinhentos e dos povos ameríndios, assim como do papel dos Jesuítas nessa região e dos hábitos da vida nos engenhos. A obra é de interesse não apenas pela descrição da terra e do clima, já que aborda ainda a fauna e a flora, e os seus habitantes, procurando salientar a importância que esta terra poderia vir a ter no futuro, pois já se evidenciava como sendo "outro Portugal".

Ana Maria de Azevedo é licenciada em História pela Faculdade de Letras da Universidade de Lisboa, onde obteve o grau de mestre em História e Cultura do Brasil, com dissertação sobre a vida e a obra do Padre Fernão Cardim, e onde lecionou durante 15 anos, como convidada, a disciplina de História do Brasil. Publicou uma edição crítica à *Carta de Pêro Vaz de Caminha a El-Rei D. Manuel sobre o Achamento do Brasil* (2000); *Portugal e as Novas Fronteiras Quinhentistas* (2001), entre outros livros e artigos. Foi Comissária Científica do site temático *Viagem dos Portugueses*, dedicado ao Brasil, da Biblioteca Nacional de Portugal (2001). Realizou a revisão científica do volume "A América Pré-Colombiana", da *História da Humanidade*, ed. portuguesa do Círculo de Leitores, 2007.

Tratados da terra e gente do Brasil

Fernão Cardim

Sumário

Introdução, *por Ana Maria de Azevedo* 9

TRATADOS DA TERRA E GENTE DO BRASIL . 101

Do clima e terra do Brasil e de algumas cousas notáveis
que se acham na terra como no mar 103
Do clima e terra do Brasil 103
Dos animais 104
Das cobras que andam na terra e não têm peçonha 119

Das cobras que têm peçonha	122
Das aves que há na terra e dela se sustentam	127
Das árvores de fruto	137
Das árvores que servem para mezinhas	145
Dos óleos de que usam os índios para se untarem	153
Da árvore que tem água	155
Das árvores que servem para madeira	156
Das ervas que são fruto e se comem	159
Das ervas que servem para mezinhas	169
Das ervas cheirosas	179
Das canas	181
Dos peixes que há na água salgada	181
Dos peixes peçonhentos	191
Homens marinhos, e monstros do mar	196
Dos mariscos	198
Dos caranguejos	200
Das árvores que se criam na água salgada	205
Dos pássaros que se sustentam e acham na água salgada	207
Dos rios de água doce, e cousas que neles há	211
Das cobras de água doce	212
Dos lagartos de água	214
Dos lobos de água	215
Dos animais, árvores, ervas, que vieram de Portugal	219
Do princípio e origem dos índios do Brasil e de seus costumes, adoração e cerimônias	225
Do conhecimento que têm do Criador	226
Dos casamentos	229
Do modo que têm em seus comer e beber	231
Do modo que têm em dormir	232
Do modo que têm em se vestir	233
Das casas	235

Da criação dos filhos	236
Do costume que têm em agasalhar os hóspedes	238
Do costume que têm em beber fumo	240
Do modo que têm em fazer suas roçarias	240
Das joias e metaras	241
Do tratamento que fazem às mulheres	242
Dos seus bailos e cantos	243
Dos seus enterramentos	244
Das ferramentas de que usam	246
Das armas de que usam	247
Do modo que este gentio tem acerca de matar e comer	248
Das cerimônias que se fazem ao novo cavaleiro	259
Da diversidade de nações e línguas	262
Índice geral	285

Introdução

ANA MARIA DE AZEVEDO

"He outro Portugal nasceu!" Frase profética de um homem quinhentista que mostrou conhecer o Brasil que acabara de nascer. Um autor que, apesar de não ter escrito para o prelo, deixou-nos um conjunto de textos muito importante para o conhecimento da *terra e gente* do Brasil quinhentista. O Padre Fernão Cardim partiu para o Brasil em 1583, onde permaneceu cerca de cinquenta anos, desempenhando vários cargos no seio da Companhia de Jesus, de que era membro. Percorrendo o território brasileiro, ao mesmo tempo que descrevia, como era hábito da época, aquilo que observava e sentia sobre a terra e gente daquele território pelo qual foi verdadeiramente atraído.

Como bom observador, Cardim registra nos seus textos os hábitos e costumes não só dos indígenas, como também dos próprios portugueses com quem ia contatando. Entramos, assim, através dos seus escritos, em contato com os povos amerindios, ao mesmo tempo que conhecemos os gostos, os pecados, as fortunas dos colonos e, até mesmo, as iguarias, as vaidades das damas e o esplendor das festas. Botânico, etnólogo, geólogo, zoólogo e cronista, Fernão Cardim aparece-nos como um naturalista,

TRATADOS DA TERRA E GENTE DO BRASIL

não esquecendo o seu papel de figura da Igreja, como missionário e membro da Companhia de Jesus. Espírito do Quinhentos, Cardim é, no entanto, mais do que um simples humanista ao descrever a terra e as gentes do Brasil. A sua visão do território brasileiro e dos seus habitantes é a de um homem que conseguia visualizar *um novo mundo*, para os europeus, onde coabitavam novos povos, animais e plantas e onde um *novo Portugal* nascia, utilizando a sua própria expressão.

Nesta introdução, é nossa intenção dar a conhecer um pouco da vida deste jesuíta que viveu quase meio século no Brasil, assim como da sua obra, que deve ser integrada no conjunto dos textos renascentistas que procuravam exatamente descrever as terras e gentes encontradas. Procuramos, para tal, selecionar os aspectos mais relevantes da sua biografia, que nos permitem apresentá-lo como o autor dos *Tratados da terra e gentes do Brasil*. Esperamos que, com esta divulgação do Padre Fernão Cardim, fique o interesse pela leitura dos seus textos, já que não é usualmente muito citado nas obras portuguesas referentes ao Brasil da época, apesar de o ser de forma significativa na historiografia brasileira, onde é mesmo considerado como um dos principais autores do período colonial. A ele se refere o historiador José Honório Rodrigues nestes termos:

Fernão Cardim foi uma das maiores figuras da Companhia de Jesus no Brasil e o conjunto da sua obra, tanto sobre o clima e a terra, como sobre o princípio e origem dos índios, [...] tanto

INTRODUÇÃO

o poderia colocar na historiografia religiosa jesuítica, como na historiografia geral, entre os primeiros cronistas.[1]

Ou ainda a opinião de um dos seus maiores estudiosos, Rodolfo Garcia, que afirma na Introdução à obra de Cardim:

Quantos estudem o passado brasileiro hão-de reconhecer que no acervo dos serviços prestados às nossas letras históricas existe em aberto grande dívida de gratidão para com esse meritório jesuíta. De fato, entre os que em fins do século XVI trataram das coisas do Brasil, foi Fernão Cardim dos mais crédulos informantes, em depoimentos admiráveis, que muita luz trouxeram à compreensão do fenômeno na primeira colonização do país. Foi dos precursores da nossa História, quando ainda o Brasil, por assim dizer, não tinha história. [...] Seus depoimentos são os de testemunha presencial, e valem ainda mais pela espontaneidade e pela sinceridade com que singelamente os prestou.[2]

Testemunhos significativos que mostram o valor da obra do jesuíta e a sua importância no contexto da produção portuguesa sobre o Brasil do Quinhentos. Uma obra rica, que merecia uma maior divulgação em Portugal, a par de outras, como a do seu companheiro José de Anchieta, com quem contatou nas suas viagens pelo território

---

1. Cf. José Honório Rodrigues, *História da História do Brasil*, 1ª parte, "Historiografia colonial", São Paulo: Companhia Editora Nacional, 1979, p. 265.

2. Cf. Rodolfo Garcia, "Introdução", in Fernão Cardim, *Tratados da terra e gente do Brasil*. Belo Horizonte/São Paulo/Itatiaia: EdUSP, 1980, p. 13.

TRATADOS DA TERRA E GENTE DO BRASIL

brasileiro e cujos textos se chegam a confundir com os de Cardim. De fato, o Padre Fernão Cardim, pelas circunstâncias da sua vida, ficou entre este e outro jesuíta, Antônio Vieira, formando uma tríade de apóstolos, missionários que educaram os primeiros brasileiros e que defenderam os ameríndios da escravidão.

PADRE FERNÃO CARDIM, O HOMEM

É pouco clara a data do nascimento de Fernão Cardim considerando a maior parte dos historiadores que terá nascido ao redor de 1548–1549,[3] em Viana de Alvito, no Alentejo, pertencente ao Arcebispado de Évora, numa família de "estirpe antiga e importante".[4]

---

3. Sobre esta questão da data de nascimento de Fernão Cardim vide a dissertação de mestrado de Ana Maria de Azevedo, intitulada *O Padre Fernão Cardim (1548–1625), contribuição para o estudo da sua vida e obra*, apresentada na Faculdade de Letras da Universidade de Lisboa, em 1995, pp. 4–10.

4. Fernão Cardim era filho de Gaspar Clemente e de D. Inês Cardim. Teve três irmãos, sendo o mais velho o Doutor Jorge Cardim Fróis, que ocupou cargos importantes na administração da Justiça, chegando mesmo a ser Desembargador dos Agravos da Casa da Suplicação, na corte de Lisboa. Os outros dois irmãos, Lourenço Cardim e Diogo Fróis, também foram membros da Companhia de Jesus, tendo o primeiro morrido num ataque à armada onde se encontrava a caminho do Brasil e a quem Cardim se refere na sua *Narrativa epistolar*, e tendo o segundo sido lente de Teologia Moral, no Colégio de Évora. Vide a obra do Pe. Sebastião de Abreu, *Vida e virtudes do admirável Padre Joam Cardim da Companhia de Jesus, portuguez, natural de Vianna do Alentejo, Évora*, Évora, na Oficina desta Universidade, 1659, dedicada a um dos dez sobrinhos do Pe. Fernão Cardim também membro da Companhia de Jesus.

INTRODUÇÃO

Cardim ingressou na Companhia em 1556 e veio a falecer no Brasil, na aldeia de Abrantes, nos subúrbios de Salvador, em 1625, depois de uma vida intensa de permanência nesse território,[5] durante 42 anos, interrompidos apenas por uma viagem como Procurador da Província de Jesus a Roma, entre 1598 a 1601, e durante o período em que esteve prisioneiro na Inglaterra, entre 1601 e 1603.

Da vida do Padre Fernão Cardim, antes da ida para o Brasil, sabe-se que fez estudos em Artes e Teologia, no Colégio de Évora. Foi depois ministro do mesmo Colégio e adjunto do mestre de noviços em Coimbra. Já com este cargo e professo de quatro votos, Cardim foi nomeado, em 1582, secretário do visitador Cristóvão de Gouveia,[6] seguindo para o Brasil a 5 de março do ano seguinte, na nau *Chagas de São Francisco*, onde ia também o governador Manuel Teles Barreto,[7] funcionários régios e vários padres

5. Vide o necrológio escrito pelo Pe. Antônio Vieira, resumindo-lhe a vida como a de "um varão verdadeiramente religioso e de vida inculpável, mui afável e benigno, e em especial com seus súbditos", in *Annua da provincia do Brasil dos annos de 1624 e 1625*, publicada nos *Anais da Biblioteca Nacional do Rio de Janeiro*, 1827, xix, p. 187.

6. Cristóvão de Gouveia nasceu a 8 de janeiro de 1542, na cidade do Porto, e entrou na Companhia de Jesus, em Coimbra, a 10 de janeiro de 1556.

7. O governador Manuel Teles Barreto desempenhou esse cargo entre 1583 e 1587, sendo o seu período o mais difícil das relações institucionais com a Companhia de Jesus nesse território. Foi o primeiro governador a ser nomeado durante o período filipino, vindo a ter problemas com os padres jesuítas e, nomeadamente, com o visitador Cristóvão de Gouveia de quem Cardim era secretário.

TRATADOS DA TERRA E GENTE DO BRASIL

jesuítas.[8] Depois de cerca de 66 dias de viagem, com dez de paragem na ilha da Madeira, chegaram à Baía de Todos os Santos, a 9 de maio de 1583. Entre essa data e 1590, podemos acompanhar Cardim por terras das capitanias de Bahia, Ilhéus, Porto Seguro, Pernambuco, Espírito Santo, Rio de Janeiro e São Vicente, mais tarde São Paulo, descrevendo as paisagens e os fatos que observava e dando-nos uma ideia precisa e interessante do Brasil dessa época, assim como as ordens proferidas pelo visitador para bom funcionamento dos colégios e das residências existentes naquelas partes.

Além de reitor dos colégios da Bahia e Rio de Janeiro,[9] o Padre Fernão Cardim foi eleito na congregação provincial Procurador da Província do Brasil, em Roma, em 1598, onde permaneceu cerca de três anos.[10] Quando regressava ao Brasil, Cardim e os seus companheiros de viagem foram capturados, ainda na barra de Lisboa, por corsários ingleses, tendo sido levado para a Inglaterra, onde esteve prisioneiro durante cerca de três anos, enclausurado na prisão de Gatehouse, que Cardim denominou de *Gatus*, em Londres. Temos conhecimento deste período através

8. Cf. Joaquim Veríssimo Serrão, *Do Brasil Filipino ao Brasil de 1640.* São Paulo: Companhia Editora Nacional, 1968, p. 27.

9. O Pe. Fernão Cardim desempenhou o cargo de reitor dos colégios da Bahia, entre 1590 e 1593, e posteriormente a partir de 1607 até a data da sua morte, em 1625, e do colégio de São Sebastião do Rio de Janeiro, entre 1596 e 1598.

10. Sobre a sua presença em Roma, entre 1598 e 1601, pouco conseguimos descobrir, o mesmo acontecendo em relação à sua presença em Bruxelas, antes de 1603.

INTRODUÇÃO

das cartas escritas do cárcere, por Cardim, em que procura diligenciar a sua libertação, assim como a dos seus companheiros, e em que pretende acima de tudo que lhe fossem devolvidos os seus manuscritos, que considera como a maior riqueza da sua propriedade,[11] objetivo que não conseguiu alcançar pois nunca mais teve contato com os mesmos. Enquanto esteve enclausurado, entre dezembro de 1601 e março de 1603, Cardim negociou a sua libertação, através de pedidos de clemência dirigidos à rainha Elizabeth I, ou a *Sir* Robert Cecil, conde de Salisbury, figura de destaque da corte e, ainda, através de diligências, por si feitas, para a libertação de cavaleiros ingleses prisioneiros na Espanha e em Flandres, que acabaram por ter êxito.[12]

11. As cartas escritas de Londres pelo Pe. Fernão Cardim têm-se mantido inéditas, tendo sido referidas pelo Pe. Serafim Leite na sua obra, *História da Companhia de Jesus no Brasil*, vol. VIII, Rio de Janeiro, Instituto Nacional do Livro, 1949, pp. 132–137. Estas cartas encontram-se mencionadas e transcritas em inglês na Biblioteca do Museu Britânico, in *Hatfield Papers*, in *Historical Manuscripts Commission Reports*, Londres, 1910, e os manuscritos originais escritos e assinados por Fernão Cardim, em português, castelhano e latim, encontram-se na Biblioteca de Hatfield House, residência dos marqueses de Salisbury, sucessores do conde de Salisbury, a quem eram dirigidas a maioria das cartas escritas por Cardim quando se encontrava prisioneiro. Foram divulgadas e transcritas na nossa dissertação de mestrado, vol. II, pp. 3–15.

12. Sobre a prisão do Pe. Fernão Cardim em Londres e as diligências desencadeadas para a sua libertação, veja-se o artigo de W. H. Grattan Flood, "Portuguese Jesuits in England in Penal Times", in *The Month*, nº143, 1924, pp. 157–159.

TRATADOS DA TERRA E GENTE DO BRASIL

Após a sua libertação da Inglaterra e ao regressar ao Brasil, o Padre Fernão Cardim foi nomeado Provincial do Brasil da Companhia de Jesus, cargo que exerceu até 1609. Entre as medidas importantes tomadas por Cardim no desempenho dessas funções, destaca-se a encomenda da hagiografia, do Padre José de Anchieta,[13] e a preocupação em organizar missões de conversão dos indígenas, nomeadamente os índios Carijós,[14] Guaranis, na região da Lagoa dos Patos, no sul do território.

Quanto à sua formação, sabemos que Fernão Cardim, após a primeira fase de noviciado, continuou os seus estudos, que compreendiam cursos de latim, com desenvolvimento de conhecimentos em gramática, humanidades e retórica, grego, filosofia e teologia. Realizou, assim, a formação em humanidades, artes liberais e teologia, estando, por conseguinte, preparado para a principal missão dos jesuítas, que era o ensino e a conversão dos índios à fé cristã. A sua formação jurídica manifesta-se em particular nas questões subjacentes ao Brasil nascente e aos problemas

13. Vide "Carta do Padre Provincial Fernão Cardim, para o nosso Reverendo Padre Geral Aquaviva", escrita da Bahia, a 8 de maio de 1606, in *Annaes da Bibliotheca Nacional do Rio de Janeiro*, 1907, vol. XXIX, Rio de Janeiro, Officinas de Artes Graphicas da Biblioteca Nacional, 1909, pp. 183–184. O texto desta carta foi publicado na íntegra na nossa dissertação já citada, no anexo documental *doc. 10*, p. 16.

14. Os índios *Carijós*, também denominados de *Guaranis*, pertenciam à família tupi-guarani. Viviam na região da lagoa dos Patos e no litoral do Paraná e Santa Catarina, ocupando uma ampla faixa que compreendia parte do litoral desses dois estados e o sertão até Assunção, no Paraguai.

INTRODUÇÃO

inerentes a esse nascimento, sobretudo no que concerne aos povos ameríndios. Esta sua formação é notória nas cartas, nas informações e nos artigos que escreveu ao rei, apresentando-lhe as questões que este deveria ter em atenção sobre o Brasil da época.[15] A par do Direito, Cardim mostra conhecimentos e preocupações do âmbito da teologia moral, instrumento absolutamente necessário para a sua formação e missão perante os povos ameríndios e os portugueses, com quem contatou nas terras brasílicas.

Da sua preparação cultural conhecemos pouco, mas o estudo dos seus textos permitem-nos sentir a influência de alguns teólogos e filósofos, como Santo Agostinho e São Tomás de Aquino, além, evidentemente, da grande marca das Epístolas e dos Evangelhos. Como um homem culto da época, Cardim tinha uma formação privilegiada, e como um humanista quinhentista era conhecedor dos autores clássicos. Plínio devia mesmo constar das suas leituras, pois aparecem várias vezes termos que fazem a relação entre a obra clássica *Naturalis Historiae Libri* e a obra

15. Estes artigos que se têm mantido inéditos, foram incluídos por Samuel Purchas na sua obra *Purchas, his Pilgrimes*, publicada em Londres, em 1625, logo a seguir ao texto dos *Tratados* atribuídos mais tarde ao Padre Fernão Cardim, vol. IV, pp. 1320–1325. Foram traduzidos da edição moderna de *Hakluytus Posthumus or Purchas His Pilgrimes*, vol. XVI, Clasgow, Leon and Sons, 1906, intitulados de "Artigos referentes ao dever da Majestade de El-Rei Nosso Senhor e ao bem comum de todo o Estado do Brasil" e publicados no artigo de Maria Odília Dias Curly, "Um texto de Cardim inédito em português?", in *Revista de História*, São Paulo, 1964, nº 58, vol. XXVIII, Ano 15, abril-junho, pp. 455–482, incluídos e debatidos na nossa dissertação de Tese de Mestrado, pp. 161–181.

cardiniana. Relevante é ainda a influência das *Etimologias* de Santo Isidoro de Sevilha. A própria organização dos assuntos ao longo dos seus textos incluídos nos *Tratados da terra e da gente do Brasil* mostra a preocupação em apresentá-los divididos, no caso dos animais não voadores quadrúpedes, em selvagens, domésticos e exóticos, além do volucrário, dedicado às aves, o ictuário, dedicado aos peixes e, por fim, o ofidário, para os répteis. Era o modelo seguido pelos bestiários dos escritores antigos, a par do herbário e do lapidário.

Cardim mostra ainda ter conhecimento dos seus contemporâneos, como Nicolau Monardes, médico e naturalista espanhol que escreveu várias obras sobre os produtos oriundos do continente americano e que criou, inclusivamente, um Museu de História Natural em Sevilha, em 1574. É ainda evidente a influência de textos em que se forneciam informações sobre os produtos do Oriente, como os de João de Barros, Garcia da Orta, Cristóvão da Costa e Duarte Barbosa. Apercebemo-nos, ao longo da obra cardiniana, que o seu autor não recolheu informações de relance ou ao sabor do acaso, mas que, pelo contrário, procurou mais dados que lhe permitissem dar a conhecer as plantas e os animais do espaço brasílico, comparando-os com os já conhecidos, quer fossem do Oriente, de Portugal ou muitas vezes da Espanha.

INTRODUÇÃO

Cardim mostra também conhecimento das línguas ameríndias, sobretudo do Tupi-Guarani,[16] pois ao longo dos seus textos inclui muitas vezes vocábulos e até mesmo frases nesse idioma, em que procura fornecer a tradução dos mesmos. Mas surgem também nomes em abanheenga[17] e em quechua ou quíchua.[18]

---

16. O Tupi foi a língua usada pelos jesuítas em suas catequeses desde o Maranhão até São Vicente. Não era língua própria de uma tribo, mas uma "língua geral", resultante de uma uniformização léxica racional de vários dialetos, que veio a ser fixada pela gramática do Padre José de Anchieta e pelo vocabulário jesuítico. O Guarani é um ramo do Tupi-Guarani e foi falado desde São Vicente até o Paraguai, onde ainda o é hoje, ainda que muito influenciado pelo castelhano. Cf. Francisco da Silveira Bueno, *Vocabulário Tupi-Guarani/Português*. São Paulo: Brasilivros, 5ª ed., 1987.

17. Entenda-se por abanheenga ou abanheém a língua tupi antiga.

18. Este conhecimento da língua quechua ou quéchua baseia-se, possivelmente, na obra de Fr. Domingo de Santo Tomás, *Lexicon, o Vocabulario de la lengua general del Peru, cõpuesto por el Maestro F. Domingo de S. Thomas*, Valladolid, por Francisco Fernandez de Cordoua, (al fin 1560), in *Catálogo de obras impresas en Los Siglos XVI al XVIII existentes en las bibliotecas españolas*, sección I, siglo XVI, letra C, Madrid, 1972. Veja-se sobre esta obra quinhentista, José Maria Vargas, *La primera gramática Quichua, escrita por Fr. Domingo de Santo Tomás en Valladolid en 1560*, Quito, Instituto Histórico Dominicano, 1947; e ainda sobre esta língua falada pelos povos quíchuas, que na época da colonização espanhola habitavam a região que se estende ao norte e oeste de Cuzco, o artigo de George Kubler, "The Quechua in the Colonial World", in *Handbook of South America Indians. The Andean Civilizations*, Edited by Julian H. Steward, Washington, D.C., Smithsonian Institution Press, 1946, vol. 2, pp. 331–410.

O CONTEXTO HISTÓRICO DO BRASIL
NA ÉPOCA DE CARDIM

Fernão Cardim chegava ao Brasil em 1583, como secretário do visitador Cristóvão de Gouveia, em pleno período filipino e quando esse território começou a assumir uma importância crescente no contexto da economia portuguesa.

Com a Monarquia Dual em Portugal, entre 1580 e 1640, o Brasil não pôde deixar de aderir à causa dos Filipes, quer concordasse ou não com essa situação. Era "um outro Portugal", na profética expressão de Cardim, que se estava a formar no território brasileiro. A marca portuguesa e "regional" deslocava-se, nesse período, para um outro Brasil de concepção "atlântica", graças ao papel da administração, quase sempre eficaz, e ao esforço, sem dúvida, criador do homem português, que se prendeu à terra, a par do trabalho dos escravos negros, que, desde muito cedo, foram importados em grande número da África.

A inadaptação cultural dos índios ao trabalho permanente na terra, assim como a preparação mais adequada dos africanos, no que diz respeito ao domínio das técnicas ligadas à criação de gado, agricultura ou até metalurgia, levou muitos capitães-donatários a procurar substituí-los por africanos. Até porque estes mostravam adaptar-se melhor ao clima e às doenças, ao mesmo tempo que evi-

INTRODUÇÃO

denciavam uma capacidade de trabalho que os ameríndios não dispunham.[19]

Fundavam-se povoados, abriam-se linhas de comércio, criavam-se cargos públicos e aumentavam os interesses privados, cristianizava-se o gentio, descobriam-se novas riquezas e defendia-se a terra, de forma a que nenhuma das suas parcelas fosse ocupada por estrangeiros.[20]

Afastados do reino e dos problemas que aí decorriam com a entrega do poder aos reis espanhóis, os portugueses do Brasil não intervieram na questão dinástica. O apego do homem português à pátria distante já era mais político do que afetivo. A distância assim o exigia, bem como as dificuldades da vida. Perante isto aceitaram o monarca espanhol sem contestação, a não ser alguma de caráter esporádico, mas também sem grandes euforias. O mesmo se passaria quando da Restauração da monarquia portuguesa, em 1640.

Foi, de fato, durante o período filipino que se deu a fase de apogeu da economia do açúcar brasileiro, marcando-se a data de 1570 para o fim do sistema de administração estatal para o Comércio do Oceano Índico, incrementando-se o desenvolvimento da cultura da cana sacarina.[21] Mas foi ainda notório nesse período o incremento da expansão

---

19. Cf. Jorge Couto, *A Construção do Brasil. Ameríndios, Portugueses e Africanos, do início do povoamento a finais de Quinhentos*. Lisboa: Cosmos, 1995, pp. 303–306.

20. Cf. Joaquim Veríssimo Serrão, *op. cit.*, pp. 1–2.

21. Cf. Frédéric Mauro, *Portugal, o Brasil e o Atlântico (1570–1670)*, trad. port., vol. I. Lisboa: Estampa, 1989, p. 29.

provocada pelo gado, com a penetração e a conquista do Nordeste, com a expulsão dos franceses, com o impulso que irá provocar o bandeirismo. Foi um período de expansão no interior e conquista no litoral, desde a Paraíba, em 1585, até a ocupação do Pará, em 1616, em plena época da presença de Cardim no Brasil. Desenvolvimento e expansão do Brasil que são visíveis não só no número de engenhos de açúcar que são construídos na época em que Cardim visitou o território, mas também no número de expedições feitas para o interior, com as entradas e bandeiras,[22] a fundação de novas aldeias e cidades e o consequente alargamento das fronteiras. É a penetração para o interior e ao longo dos rios, desbravando os territórios, descobrindo novas terras e riquezas, ao mesmo tempo que entravam em contato com tribos indígenas.

Numa região com uma população estimada, no ano de 1583, em cerca de 57000 habitantes, dos quais 25000 eram brancos, 18000 ameríndios convertidos e 14000 escravos negros, segundo o testemunho dos autores da época, como o próprio Cardim e Anchieta, Olinda e Salvador eram as povoações mais populosas e com maior desenvolvimento

---

22. As bandeiras eram expedições sertanejas empreendidas pelos paulistas, também denominados de "bandeirantes", que penetravam pelos sertões em busca de cativos indígenas e de pedras ou metais preciosos, sobretudo durante o século XVII. Eram conhecidas na época como "entradas", "tropas" ou "armações". Cf. John M. Monteiro, "Bandeiras", in *Dicionário da História da Colonização Portuguesa no Brasil*, coord. de Maria Beatriz Nizza da Silva. Lisboa: Verbo, 1994, pp. 96–98.

INTRODUÇÃO

econômico, mantendo-se ainda incipiente São Sebastião do Rio de Janeiro.

A cidade de Salvador, capital da Capitania Real da Bahia, tinha na época da presença de Cardim uma população estimada em cerca de 15000 almas, sendo uns 3000 portugueses, cerca de 4000 escravos e 8000 índios. Funcionava como cabeça do Estado do Brasil, nela residindo o governador-geral. Por seu lado, na cidade de São Sebastião do Rio de Janeiro residiam apenas cerca de 150 vizinhos, em 1584.[23]

Atacada a Bahia pelos holandeses, em 1624, a grande maioria da população refugiou-se no interior. Cardim, que era na altura o reitor do colégio e vice-provincial, viu o seu colégio ser transformado em armazém de vinhos, segundo o testemunho dos cronistas, e os próprios mercadores aí se fixarem. Expulso e perseguido, refugiou-se na aldeia do Espírito Santo, mais tarde Abrantes, onde veio a falecer, em 1625, depois de dirigir os destinos da Companhia nesse território.[24]

---

23. Cf. Fernão Cardim, *Tratados da terra e gente do Brasil*, transcrição do texto, introdução e notas de Ana Maria de Azevedo, Lisboa, Comissão Nacional para as Comemorações dos Descobrimentos Portugueses, 1997, p. 157. Utilizamos esta edição, referida a partir de agora como op. cit., para as referências em notas da presente edição.

24. O Pe. Fernão Cardim teve que dirigir os destinos da Companhia no território brasileiro, apesar de doente e já idoso, porque o Pe. Antônio de Matos, que chegara para substituir o provincial na administração da província e mais doze padres, foi capturado e conduzido para a Holanda, onde estiveram prisioneiros nos cárceres públicos de Amsterdã, mais de vinte meses, até que foram resgatados por diligências do Geral da Companhia.

OS TRATADOS DE FERNÃO CARDIM

Este Brasil é outro Portugal, e não falando no clima, que é muito mais temperado, e sadio, sem calmas grandes, nem frios, e donde os homens vivem muito em poucas doenças; [...] nem falando do mar que tem muito pescado, e sadio; nem das cousas da terra que Deus cá deu a esta nação.[25]

É esta visão do Brasil como *um outro Portugal* que o Padre Fernão Cardim procura transmitir ao longo dos textos. No entanto, não escreveu para o prelo, e o conjunto da sua obra é essencialmente formado por cartas destinadas ao Provincial da Companhia, em Lisboa, e outros escritos, nos quais dá conta do que observa e das suas opiniões sobre a terra e as gentes. Informante, naturalista, etnógrafo, botânico, geólogo, zoólogo e cronista, Fernão Cardim foi, ainda, a testemunha que viveu os acontecimentos que descreve de uma forma muito cativante, contribuindo para o estudo da história social da fase inicial da colonização do "seu Brasil". Um "outro Portugal", na sua opinião.

Os seus escritos mantiveram-se desconhecidos durante séculos, só vindo, em parte, a ser divulgados em língua portuguesa e atribuídos a este jesuíta no século XIX, mais precisamente em 1847. Na sua totalidade os textos cardinianos continuam sem ser editados até ao presente em Portugal. Durante longo tempo permaneceram inéditos, tendo alguns sido publicados em inglês, mas atri-

---

25. Cf. Fernão Cardim, *op. cit.*, p. 157.

INTRODUÇÃO

buídos a outro autor. Situação interessante e que mostra bem as vicissitudes por que, em Quinhentos, passavam, muitas vezes, os manuscritos.

Dos textos de Cardim, o que foi divulgado em primeiro lugar em língua portuguesa foi a *Narrativa epistolar de uma viagem e missão jesuítica pela Bahia, Ilheos, Porto Seguro, Pernambuco, Espírito Santo, Rio de Janeiro, S. Vicente (S. Paulo), etc, desde o anno de 1583 ao de 1590, indo por visitador o Padre Christóvão de Gouvêa*, trabalho editado em 1847 por Francisco Adolfo Varnhagen,[26] que o dedicou à memória do cônego Januário da Cunha Barbosa, fundador do Instituto Histórico e Geográfico Brasileiro. Não é, no entanto, com este título que ocorre no *Catálogo dos Manuscritos da Bibliotheca Eborense*, ordenado por Joaquim Heliodoro da Cunha Rivara, onde se inscreve: *Enformação da Missão do Padre Christóvão Gouvêa às partes do Brasil no anno de 83* (duas cartas).[27] O manuscrito, referenciado nesse catálogo e na edição do Visconde de Porto Seguro, encontra-se na Biblioteca Pública e Arquivo Distrital de Évora, incluído num conjunto de textos de vários autores, com o título de *Miscelânea, Cousas do Brasil*, com um tipo de letra quinhentista e com a assinatura de Fernão Cardim igual à das cartas enviadas do cárcere londrino.[28]

26. Lisboa, Imprensa Nacional, 1847.

27. Cf. Joaquim Heliodoro da Cunha Rivara. *Catálogo dos Manuscritos da Bibliotheca Eborense*. Lisboa: 1950, tomo I, p. 19.

28. Cf. Biblioteca Pública e Arquivo Distrital de Évora, *Códice* CXVI, 1–33; entre as páginas 73 e 94v, encontra-se a primeira carta, e entre as páginas 95 e 98v. a segunda carta.

TRATADOS DA TERRA E GENTE DO BRASIL

Trata-se de informações recolhidas por Cardim, quando desempenhava o cargo de secretário do visitador Cristóvão de Gouveia e compiladas em duas cartas, dirigidas ao provincial da Assistência de Portugal. A primeira, escrita a 16 de outubro de 1585, era dirigida ao padre Sebastião de Morais, que foi o nono provincial, entre 1580 e 1588, e a segunda carta, em 1 de maio de 1590, também datada do Colégio da Bahia, era dirigida ao Padre João Correia, que desempenhou as funções de décimo provincial. É um relato da situação do Brasil em finais de Quinhentos e da ação da Companhia de Jesus nesse território. Uma descrição do que observava: como eram recebidos os missionários nas capitanias, colégios e aldeias indígenas; dos hábitos dos ameríndios, mas também dos colonos; dos interesses econômicos das várias regiões e, até, do grau de religiosidade que envolvia esses indígenas, muito superior ao de alguns portugueses.

É com um espírito crítico que Cardim vai fornecendo ou transmitindo informações nas cartas que remeteu ao seu superior em Portugal. Se se mostra benevolente para com os índios, não reage da mesma forma com os portugueses, que não sentiam a religiosidade dos ofícios e que viviam mais para o luxo e vaidades. Considera mesmo que "em Pernambuco se acha mais vaidade que em Lisboa!". Mas refere-se aos ofícios e cultos religiosos que celebravam ao longo das várias etapas da viagem e também descreve, com um rigor impressionante, os rituais antropofágicos praticados pelos ameríndios.

INTRODUÇÃO

Rica de informações, esta *Narrativa epistolar* é uma obra fundamental para o conhecimento das atividades desenvolvidas no território visitado pelo padre visitador e por Cardim. São aí descritos os engenhos de açúcar, incluindo o seu funcionamento, os principais produtos explorados em cada capitania e quem a dirigia, a par dos hábitos indígenas e dos seus instrumentos, adornos, armas, danças e cantos. De forma constante, o olhar de Cardim parece que acompanhava a paisagem, os animais e as plantas com que se cruzava, ao mesmo tempo que se interessava pela situação dos aldeamentos e pelos problemas dos indígenas. No entanto, não é apenas o humanista curioso que vai colocando no papel as suas observações, é também o sacerdote, o missionário que se alegra com o número de batismos e casamentos que vão celebrando. Mas é também o teólogo que não deixa de questionar o seu valor e viabilidade perante as situações a que assistia na prática diária das tabas indígenas.

Questões que não deixam de se captar ao longo destas informações que são, sem dúvida, mais do que simples relatos e que suplantam, por isso mesmo, outras escritas na mesma época.

Esta *Narrativa epistolar* foi publicada, de novo, no Rio de Janeiro, por A. J. de Melo Morais, no seu texto integral, com o título de *Missões do Pe. Fernão Cardim*, na

Chorographia histórica,[29] que correspondem à *História dos jesuítas*[30] do mesmo autor.

O texto cardiniano foi ainda reproduzido parcialmente, no que diz respeito às descrições da cidade do Rio de Janeiro, pela revista *Guanabara*, em 1851[31] e, em relação aos episódios que se referem à região de Pernambuco, foi publicado em 1893, pela *Revista do Instituto Arqueológico, Histórico e Geográfico Pernambucano*, com algumas anotações de F.A. Pereira da Costa,[32] e ainda nos *Anais pernambucanos*, com notas do mesmo autor.[33] As descrições referentes à Bahia foram inseridas por Brás do Amaral, em nota às *Memórias históricas e políticas*, da autoria de Accioli, em 1919.[34]

Mais tarde, os estudiosos de Cardim, sobretudo Capistrano de Abreu, que recorreu a Lino Assunção para confronto dos textos publicados com os manuscritos existentes em Évora,[35] verificaram que o texto de Varnhagen,

29. Cf. A. J. de Melo Morais, *Chorographia histórica*. Rio de Janeiro: 1860, tomo IV, pp. 417–457.

30. Cf. *História dos jesuítas*, Rio de Janeiro, 1872, tomo II, pp. 417–457.

31. Cf. revista *Guanabara*. Rio de Janeiro: 1851, vol. II, pp. 115–122.

32. Cf. *Revista do Instituto Arqueológico, Histórico e Geográfico Pernambucano*. Recife: 1893, 43, pp. 189–206.

33. Cf. *Anais pernambucanos*, vol. I. Recife: Arquivo Público Estadual, 1951.

34. Cf. Hildebrando Accioli, *Memórias Históricas e Políticas*. Bahia: 1919, vol. I, pp. 465–472.

35. Cf. *Fontes da História do Brasil*, "Cartas de Capistrano de Abreu a Lino Assunção", Lisboa, s. ed., 1946, pp. 17, 36, 48 e "Correspondência", II, p. 462.

INTRODUÇÃO

e que serviu para as reproduções seguintes, apresentava algumas incorreções e omissões, o que só foi possível detectar através da colação com o apógrafo eborense.

A *Narrativa epistolar* voltaria a ser publicada no Rio de Janeiro, em 1925, data do centenário da morte do autor, incluída numa obra dedicada a Cardim, em conjunto com os outros textos deste jesuíta, intitulada *Tratados da terra e gente do Brasil*, com Introdução e notas de Baptista Caetano, Capistrano de Abreu e Rodolfo Garcia. Nesta obra foram incluídos os restantes textos que Fernão Cardim escreveu sobre a terra e gentes do Brasil, com os títulos *Do princípio e origem dos índios do Brasil e de seus costumes, adoração e cerimônias* e *Do clima e terra do Brasil e de algumas cousas notáveis que se acham assim na terra como no mar*, que tinham sido publicados pela primeira vez em inglês, no ano de 1625, em Londres, na coleção *Purchas his Pilgrimes*, sob o título *A Treatise of Brasil written by a portuguese wich had long live there.*[36]

Samuel Purchas, que adquirira estes manuscritos por bom preço, depois dos mesmos terem sido confiscados ao padre Fernão Cardim, após ter sido capturado por corsários ingleses e expropriado dos seus bens, considerou-os de grande qualidade e os mais completos que já tinha visto sobre o Brasil, atribuindo-os a um "frade ou jesuíta

---

36. Cf. Samuel Purchas, *Purchas his Pilgrimes*, London, 1625, "The Seaventh Booke" – "Voyages to and about the Southern America, with many Marine Observations and Discourses of Those Seas and Lands by English-men and others", onde estão publicados os textos de Fernão Cardim, vol. IV, pp. 1289–1320.

TRATADOS DA TERRA E GENTE DO BRASIL

português", de quem o corsário inglês Francis Cook, de Dartmouth, se tinha apoderado, em uma viagem ao Brasil, em 1601, e que os tinha vendido por vinte xelins a um certo mestre Hackett. Apresenta assim esses textos:

Leitor, apresento aqui o mais exato Tratado do Brasil que já vi escrito por alguém, especialmente na História das múltiplas e diversificadas nações e costumes dos homens; assim como na história natural dos animais, serpentes, aves, peixes, árvores, plantas, com espécies de assinalável raridade dessas regiões. Foi escrito (segundo parece) por um padre (ou jesuíta) português que viveu trinta anos nessas partes.[37]

No entanto, como nas últimas páginas dos manuscritos viessem incluídas umas receitas medicinais assinadas pelo irmão Manuel Tristão,[38] contemporâneo de Cardim, enfermeiro do Colégio da Bahia, que também esteve no Colégio de Olinda e em várias aldeias, Purchas considerou-o como autor dos *Tratados*, afirmando em nota lateral: "Encontrei no fim do livro algumas receitas medicinais e

37. Cf. Samuel Purchas, *op. cit.*, ed. de Glasgow, 1906, pp. 417–418. Tradução da autora.

38. Manuel Tristão (1546–1631?), natural dos Açores, das ilhas do Faial ou Santa Maria. Entrou na Companhia de Jesus já com 22 anos de idade, a 19 de maio de 1568, onde foi enfermeiro durante muitos anos no Colégio dessa cidade; passou a Pernambuco e residia, em 1606, no Colégio de Olinda e, em 1607, na aldeia de Sto. André de Goiana. Entre 1613 e 1617 esteve na aldeia de N. Sra. da Escada. Vivia já velho no Colégio de Olinda, em 1621. Deixou uma breve *Coleção de receitas medicinais*, conhecida de Samuel Purchas, em 1625. Cf. Samuel Purchas, *op. cit.*, p. 417.

INTRODUÇÃO

o nome subscrito Ir. Manuel Tristão, enfermeiro do Colégio da Bahia: o qual imagino tenha sido o autor deste Tratado."[39]

Coube a Capistrano de Abreu o mérito de reivindicar para o Padre Fernão Cardim a autoria dos referidos manuscritos, publicando, em 1881, o tratado referente aos índios.[40] Nesta edição, este especialista cardiniano demonstra como os manuscritos devem ser atribuídos a Cardim, não apenas pela coincidência dos textos terem sido roubados em 1601 pelo mesmo corsário inglês, que também na mesma altura aprisionara a nau onde viajava o padre Fernão Cardim e o espoliara dos seus manuscritos, mas também porque, pela colação desses autógrafos com o texto da *Narrativa epistolar*, já antes atribuída a Cardim, é bem patente o mesmo estilo de escrita e até alguma semelhança de assunto. Demonstra ainda que pelo exame do texto se verifica que o opúsculo foi escrito em 1584, data em que Cardim já se encontrava no Brasil, tendo chegado a 9 de maio de 1583, como se sabe pela *Narrativa epistolar*, o que pode esclarecer a autoria do referido manuscrito. Até porque a primeira carta deste texto é de 16 de outubro, o que aproxima muito a data de redação das duas versões e a conformidade de ideias e de forma, ainda que

39. Cf. Samuel Purchas, *op. cit.*, p. 417 (nota lateral). Tradução da autora.
40. Fernão Cardim, *Do princípio e origem dos índios do Brasil*, Rio de Janeiro. Typographia da "Gazeta de Notícias", 1881, 121 páginas e na *Revista do Instituto Histórico e Geográfico Brasileiro*, 57, 1ª p., em 1894, pp. 183–212.

os objetivos e os destinatários da mesma sejam diferentes. O próprio confronto da assinatura de Cardim, desta primeira carta, com as das cartas enviadas do cárcere londrino permite-nos identificá-lo como o autor desse texto.

O mesmo historiador brasileiro considera também que um enfermeiro, apesar dos seus conhecimentos específicos, não era um erudito e que, quanto às receitas medicinais que aparecem incluídas no final dos manuscritos, poderiam ter sido ensinadas pelo dito enfermeiro ao missionário.[41] O próprio Fernão Cardim mostra ao longo dos seus textos ter conhecimentos de algumas receitas e hábitos medicinais, preocupando-se em descrever em pormenor as doenças e respectivos tratamentos que foram ministrados ao longo da viagem, assim como as várias ervas que os índios utilizavam para as mezinhas e as que eram medicinais, comparando-as com as existentes ou conhecidas em Portugal.

No próprio ano de 1881, já parte do texto do tratado *Do clima e terra do Brasil* tinha começado a ser publicado pelo Dr. Fernando Mendes de Almeida, na *Revista Mensal da Secção da Sociedade de Geographia de Lisboa no Rio de Janeiro*, mas apenas os dois primeiros capítulos e sem o nome do autor.[42] No terceiro número dessa revista foi incluída uma carta de Capistrano de Abreu, em que explicava a origem do manuscrito que servia para impressão e

---

41. Cf. Rodolfo Garcia, "Introdução", in Fernão Cardim, *op. cit.*, pp. 11–22.

42. O texto está publicado no tomo I, números 1 e 2 .

INTRODUÇÃO

atribuindo a sua autoria a Fernão Cardim. Mais tarde, em 1885, no tomo III da mesma publicação, o referido historiador publicou a versão integral do referido tratado e um estudo biobibliográfico sobre o seu autor.

No que concerne ao segundo tratado, dedicado aos índios, também publicado em 1625 por Purchas, identificada que estava a autoria do primeiro texto, e uma vez que o estilo é o mesmo e os conhecimentos do Brasil apresentados nos dois textos são idênticos, Capistrano de Abreu considerou que a autoria é do Padre Fernão Cardim.

Estes dois textos de Cardim e as duas cartas que formavam a *Narrativa epistolar* foram compilados, finalmente, numa obra única, com o título de *Tratados da terra e gente do Brasil*, em 1925, e publicados, no Rio de Janeiro, na comemoração do centenário da sua morte.[43] O título de conjunto foi justificado por Afrânio Peixoto, na altura presidente da Academia Brasileira de Letras, da seguinte forma:

Pela primeira vez reúnem-se, num só tomo, com o seguimento que parece lógico, o aparelho de notas elucidativas e o título a que têm direito, os tratados do Padre Fernão Cardim sobre o Brasil. [...] Portanto, aos três tratados do Padre Fernão Cardim parece exato o título que lhes damos: *Tratados da terra e gente do Brasil* que são agora não só a homenagem a um grande missionário que amou, observou, sofreu e tratou o Brasil primitivo, com contribuição do nosso reconhecimento a essas missões

43. Cf. Fernão Cardim, *Tratados da terra e gente do Brasil*, Rio de Janeiro, Editores J. Leite e Cia., 1925.

jesuíticas, que educaram os primeiros brasileiros, e para os de todos os tempos deixaram memórias passadas nos seus escritos, cartas e narrativas.[44]

Os textos de Fernão Cardim foram publicados, posteriormente, em 1933, com as mesmas notas e textos introdutórios de Baptista Caetano, Capistrano de Abreu e Rodolfo Garcia, todos importantes historiadores brasileiros e que se dedicaram ao estudo da obra cardiniana.[45] Mais recentemente, em 1980, foi publicada uma nova edição destes tratados cardinianos, mas que mantém o mesmo texto, notas e estudos introdutórios da edição de 1925, uma vez que se trata de um *fac-símile*.[46] Em Portugal os textos de Cardim nunca tinham sido publicados até então.

O BRASIL QUINHENTISTA VISTO PELO PE. FERNÃO CARDIM

A cidade está situada em um monte de boa vista para o mar, e dentro da barra tem uma baía que bem parece que a pintou o supremo pintor e arquiteto do mundo novo Deus Nosso Senhor, e assim é cousa formosíssima e a mais aprazível que há em todo o Brasil, nem lhe chega a vista do Mondego e Tejo...[47]

44. Cf. Afrânio Peixoto, nota introdutória à obra de Fernão Cardim, *op. cit.*, pp. 11–12.

45. Cf. Fernão Cardim, *Tratados da terra e gente do Brasil*. Rio de Janeiro/São Paulo: J. Leite, Companhia Editora Nacional, 1933.

46. Cf. Fernão Cardim, *Tratados da terra e gente do Brasil*. Belo Horizonte/São Paulo: Itatiaia/EdUSP, 1980.

47. Cf. Fernão Cardim, *op. cit.*, pp. 267–268.

INTRODUÇÃO

É com esta significativa admiração que Fernão Cardim apresenta a cidade de São Sebastião do Rio de Janeiro, aonde chegara nos finais do ano de 1584. Homem sensível que se deixou seduzir pela formosura natural dessa cidade, ainda hoje considerada como uma das mais belas do mundo. Não era apenas a visão edênica do Novo Mundo, usual por parte dos escritores quinhentistas, mas também uma apreciação mais apurada do território brasileiro e das suas potencialidades. De fato, o cenário do continente americano oferecia-se aos primeiros descobridores e mais tarde aos colonizadores: "[...] armado pela expectativa de um *non plus ultra* de maravilha, encantamento e bem-aventurança, sempre a inundá-lo em sua luz mágica [...]", como afirma Sérgio Buarque de Holanda, naquela que é considerada como um clássico da historiografia brasileira, a *Visão do Paraíso*.[48]

As descrições dos autores quinhentistas e seiscentistas correspondiam, quase, ao tradicional tema dos hortos de delícias. Trata-se nela da bondade dos ares, da sanidade da terra, da feliz temperança do clima, da abundância e variedade do mantimento, principalmente das frutas, da amenidade e beleza da vegetação, sugerindo a imagem dos formosos jardins e hortos do Éden.

A nostalgia do jardim do Éden e a convicção de que se aproximavam os tempos escatológicos, a par da vontade de estender a religião cristã a terras novas e o desejo de

---

48. Cf. Sérgio Buarque da Holanda, *Visão do Paraíso*. Rio de Janeiro: José Olympio, 1959, p. 268.

TRATADOS DA TERRA E GENTE DO BRASIL

encontrar em abundância o "tão desejado ouro e pedras preciosas" e os outros produtos raros, conjugaram-se para considerar aquelas terras tão maravilhosas como o verdadeiro Paraíso Terrestre. A cultura na qual participavam e os sonhos que ela veiculava levaram os viajantes do Quinhentos a reencontrar nas regiões insólitas da América as características das terras abençoadas que assediavam desde a Antiguidade a imaginação dos ocidentais.[49]

O próprio Cristóvão Colombo estava convencido de que as Índias se encontravam na vizinhança do Paraíso Terrestre, pois estava fortemente impressionado pela beleza da Hispaniola (São Domingos/Haiti), que considerou ser esta ilha única no mundo, porque se achava coberta de toda a espécie de árvores que pareciam tocar o céu e não perdiam nunca as suas folhas.[50] A propósito de uma outra paisagem insular, a do Cabo Hermoso, escreveu Colombo: "Ao chegar à altura desse cabo, vem da terra um odor de flores e de árvores tão bom e tão suave, que era a coisa mais doce do mundo."[51]

Idêntica sensação transmite Fernão Cardim nos seus textos ao descrever as paisagens das terras brasílicas. Tocado pelas cores, odores, sabores e paisagens tão diversificados, descreve-os de uma forma minuciosa, elogiando as suas qualidades e recorrendo, frequentemente, a analogias para possibilitar ao leitor uma melhor visualização

49. Cf. Jean Delumeau, *Uma História do Paraíso*. Lisboa: Terramar, 1994, p. 134.
50. Cf. Cristóvão Colombo. *Œuvres*. Paris: Galimard, 1961, p. 181.
51. *Idem, ibidem*, p. 181.

INTRODUÇÃO

daquilo que ele tinha conseguido observar, sentir, cheirar ou mesmo saborear. Mas o que não nos deixa dúvida é que este autor procurava também, através dos seus textos, dar a conhecer aquelas terras com interesse para que fossem aproveitadas, já que tinham um clima mais ameno, onde havia menos doenças e as terras eram mais férteis e, em muitos aspectos, semelhantes a Portugal. Mais de uma vez não deixa de afirmar nos seus textos que:

Este Brasil é outro Portugal, e não falando no clima que é muito mais temperado, e sadio, sem calmas grandes, nem frios, e donde os homens vivem muito com poucas doenças, como de cólica, fígado, cabeça, peitos, sarna, nem outras enfermidades de Portugal; nem falando do mar que tem muito pescado, e sadio; nem das cousas da terra que Deus cá deu a esta nação.[52]

A preocupação pela descrição rigorosa do território brasileiro permite-nos também um conhecimento precioso do cotidiano nos engenhos e nas fazendas, onde Cardim pernoitou, quando da sua viagem como secretário do visitador. São informações de significativo valor, pois além de mostrarem o papel dos jesuítas nessa região, apresentam-nos alguns dos hábitos de vida nos engenhos.

O «OLHAR» CARDINIANO DA TERRA BRASÍLICA

Os *Tratados* de Fernão Cardim permitem-nos ter um conhecimento aproximado da terra brasileira do Quinhentos, já que são descrições em primeira mão. É, de fato, o

52. Cf. Fernão Cardim, *op. cit.*, p. 157.

fruto da experiência vivida, que é descrito por este autor, a par de um significativo poder de observação. Assim, o seu "olhar" pelas terras brasileiras não vai ficar, apenas, pelas condições climatéricas ou do solo, já que aborda ainda a fauna e a flora. Menciona, de forma cuidada, os diversos animais terrestres, marinhos e aéreos, assim como os arbustos, as plantas e árvores, procurando apresentar sempre a sua utilidade ou os seus perigos.

A influência dos conhecimentos dos índios é evidente em Cardim, em muitos dos textos, nomeadamente na utilização dos próprios nomes em tupi dos animais e plantas, por eles atribuídos às espécies. Refere também a sua utilidade, quer para a alimentação, quer para outros fins, esclarecendo da economia de subsistência dos índios, que aproveitavam todos os recursos que a natureza lhes proporcionava. Esta situação é corrente por parte dos naturalistas portugueses que, tal como Cardim, estudaram a fauna brasílica e que foram, sobretudo, tributários da tradição utilitária medieval, em parte, talvez, por falta de uma formação específica que contribuísse para valorizar as novidades científicas com que depararam. Por outro lado, porque essa motivação prática constituía um dos anseios da época, um dos interesses inerentes aos Descobrimentos e à sua motivação econômica, era natural que, ao descreverem os seres vivos, os apreciassem não só pela

INTRODUÇÃO

sua beleza ou originalidade, como também pelo seu valor como recursos.[53]

No que diz respeito aos animais, Cardim menciona 108 de várias espécies de mamíferos, répteis, aves, peixes, moluscos e crustáceos, procurando sempre alertar para os perigos que alguns podiam trazer, ou para a beleza e originalidade de outros. Assim acontece, por exemplo, com a preguiça, animal que surpreendeu a maioria dos cronistas e viajantes da época, como, por exemplo, Gabriel Soares de Sousa, na obra *Notícia do Brasil*.[54]

Outros animais, como as cobras, despertaram em Cardim um olhar de respeito e ao mesmo tempo de temor. Ao descrevê-las procura alertar para os seus perigos e para o procedimento a adotar no caso de serem mordidos. Uma delas é, por exemplo, a *jararaca*, que em etimologia tupi significa "que envenena quem agarra", e cujo veneno mata, de fato, em menos de vinte e quatro horas, e de que Cardim dá testemunho das várias espécies. Interessante é a analogia que Cardim tira da existência da grande quantidade de ofídios e o tipo de clima, alegando que:

Parece que este clima influi peçonha, assim pelas infinitas cobras que há, como pelos muitos Alacrás [lacraus], aranhas e

---

53. Cf. Carlos Almaça, "Os portugueses do Brasil e a zoologia pré-lineana", in *A Universidade e os Descobrimentos*. Lisboa: IN-CM, 1993, p. 192.

54. Cf. Gabriel Soares de Sousa. *Notícia do Brasil*. Lisboa: Alfa, 1989, p. 180.

TRATADOS DA TERRA E GENTE DO BRASIL

outros animais imundos, e as lagartixas são tantas que cobrem as paredes das casas, e agulheiros delas.[55]

Mas Cardim não descreve, minuciosamente, apenas os animais mortíferos e horrendos que observou. Sentiu-se igualmente atraído pela beleza das cores e dos cantos das muitas aves que viu e ouviu no Brasil. É ele próprio que afirma:

Assim como este clima influi peçonha, assim parece influir formosuras nos pássaros, e assim como toda a terra é cheia de bosques, e arvoredos, assim o é de formosíssimos pássaros de todo o gênero de cores.[56]

Os peixes, muito abundantes nas águas brasileiras, foram outras das espécies a que Fernão Cardim dedicou muita atenção, distinguindo os que habitavam em água salgada e doce, os que eram peçonhentos, além de outras espécies da fauna marítima, como os caranguejos, lagartos de água e os lobos-do-mar. O seu gosto pelos peixes é notório, talvez devido à dieta alimentar, que permitia maior consumo deste tipo de alimento do que de carne. Compara-os aos existentes em Portugal, mostrando as semelhanças, ao mesmo tempo que enaltece a qualidade dos peixes das águas brasileiras. Mas, a par das descrições, marcadamente rigorosas, da fauna marinha, que poderemos afirmar quase científicas, já que graças aos pormenores nos permitem identificar perfeitamente as espécies

55. *Idem, ibidem*, p. 84.
56. *Idem, ibidem*, p. 84.

INTRODUÇÃO

descritas e até visualizá-las e confrontá-las com as que ainda hoje existem no atual território brasileiro, encontramos a descrição dos homens marinhos e monstros do mar, como o *Ipupiara*. É a mesma lenda dos tritões, sereias e outros seres fantásticos que são manifestados nos textos dos autores que trataram o Brasil quinhentista. A eles se referem Pêro de Magalhães de Gândavo, Gabriel Soares de Sousa, Frei Vicente de Salvador, entre outros, que os descrevem à semelhança de Cardim. Esta antropologia fantasista já tinha tradição na Península Ibérica, quer através dos textos de Solinus e Plínio, quer através das *Etimologias*, de Santo Isidoro de Sevilha, muito frequentes nas bibliotecas da época medieval. São deste último autor as seguintes palavras:

Assim como em cada nação há certos monstros de homens, assim no Universo há certos povos de monstros, tais o dos gigantes, os cinocéfalos, os cíclopes etc. Os gigantes [...] dizem que foi a terra, com sua mole imensa, que os gerou... Os cinocéfalos são assim chamados porque têm cabeça de cão e no seu próprio latir manifestam ter mais de besta que de homens: são naturais da Índia.[57]

Fernão Cardim não deixa de mencionar, com significativo interesse, os outros peixes que encontrou semelhantes aos de Portugal e Espanha, considerando-os mais

57. Cf. Santo Isidoro de Sevilha, *Etimologias*, trad. castelhana, Madrid, B.A.C., 1951, pp. 280–281, cit. in J. S. da Silva Dias, *Os descobrimentos portugueses e a problemática cultural do século XVI*. Coimbra. Universidade de Coimbra: 1973, p. 195.

TRATADOS DA TERRA E GENTE DO BRASIL

saborosos do que os da Europa. É o caso das tainhas, garoupas, chicharros, pargos, sargos, gorazes, dourados, peixes-agulha, pescadas, sardinhas, raias, toninhas, linguados e salmonetes. Atribui-lhes qualidades diferentes ao afirmar:

Todo este peixe é sadio cá nestas partes que se come sobre leite, e sobre carne, e toda uma quaresma, e de ordinário sem azeite nem vinagre, e não causa sarna, nem outras enfermidades como na Europa, antes se dá aos enfermos de cama.[58]

A descrição da terra brasílica não ficava completa se Cardim não apresentasse também as árvores e ervas que aí existiam e a sua utilidade, quer para a alimentação, quer para a farmacopeia. Assim, Fernão Cardim assume as funções de botânico ao examinar e descrever cerca de 64 espécies da flora brasileira, enumerando as árvores de fruto indígenas, as que servem para extrair madeira, as que têm água, as que se criam na água salgada, as ervas que são fruto e que se comem, ao mesmo tempo que é o boticário que procura conhecer as "árvores que servem para medicinas" e as "ervas que servem para mezinhas", ainda as "que são cheirosas", realçando o contributo dos índios para o conhecimento dessas plantas, além de evidenciar, também, conhecimento de obras de autores contemporâneos que a elas se referem.[59] É significativo o interesse gastronômico que Cardim coloca nas suas descrições dos

---

58. Cf. Fernão Cardim, op.cit., p. 132.
59. O Padre Fernão Cardim cita no seu texto Nicolau Monardes, médico e naturalista espanhol, que nasceu em Sevilha em 1493, aí

INTRODUÇÃO

animais e das plantas. Uma das que lhe despertou mais interesse, como a outros viajantes, foi a erva-santa, também conhecida por *fumo, pétum, ou petigma*, atendendo à sua variada utilização no tratamento das doenças e pelo estado de embriaguez em que deixava as pessoas. Afirma Cardim:

Esta erva-santa serve muito para várias enfermidades, como ferimentos, catarros etc., e principalmente serve para doentes da cabeça, estômago e asmáticos...[60]

Cardim refere-se ao tabaco, planta que atraiu muito os viajantes da época pela sonolência que provocava. Já Damião de Góis, na *Crónica de D. Manuel*, em 1556–1567, a mencionara: "E a que chamamos erva do Brasil, do fumo e eu chamaria erva-santa, a que dizem que eles (*os índios*) chamam betun. Esta erva trouxe primeiramente a Portugal Luís de Góis".[61]

falecendo em 1588. Contemporâneo de Cardim, apesar de não ter estado na América, dedicou-se ao estudo das produções naturais desse continente através dos testemunhos dos viajantes, conseguindo formar um pequeno museu de história natural, que foi um dos mais antigos da Europa, existindo desde 1554. A sua principal obra foi *Primeira y segunda y tercera partes de la historia medicinal de las cosas que se traen de nostras Indias Occidentales que sirven en medicina, etc.*, publicada em Sevilha, em 1574, onde se encontram diversos tratados anteriormente dados à estampa.

60. Cf. Fernão Cardim, *op. cit.*, pp. 123–124.

61. Cf. Damião de Góis, *Crônica do Felicíssimo Rei Dom Manuel*, Lisboa, 1566–1567, p.1, Cap. 56, fl. 52. Luís de Góis era irmão de Pero de Góis, donatário de São Tomé, com quem foi para o Brasil. Foi um dos companheiros de Martim Afonso de Sousa na fundação de São

TRATADOS DA TERRA E GENTE DO BRASIL

Fernão Cardim interessou-se também pelas árvores e plantas das quais se extraíam óleos que os índios utilizavam para untar o corpo e o cabelo, adorno que o surpreendeu bastante, tal como a outros viajantes quinhentistas e de todos os tempos, pois presentemente etnólogos e antropólogos têm feito estudos sobre estas técnicas. São de referir os trabalhos de Florestan Fernandes sobre os Tupinambás, de Manuel Diegues Júnior sobre as diversas etnias e culturas brasileiras, e, entre tantos outros, de Claude Lévi-Strauss, que na sua obra já clássica, *Tristes trópicos*, procurou mesmo explicar os vários desenhos e pinturas corporais dos Bororo.[62]

De todas as espécies de flora da terra brasílica que muito agradou a Cardim, como a quase todos os autores da época, foram "as ervas que são fruto e se comem", de entre as quais mereceu maior destaque a *mandioca*, considerado o mantimento que usualmente servia para fazer pão nas terras brasileiras. São-lhe atribuídas outras faculdades, além de ingrediente essencial para o fabrico da farinha para o pão, biscoito, mingau,[63] bolos, queijadinhas de açúcar, tortas, empadas, para o fabrico de bebidas fermentadas e até de um remédio para o tratamento do fígado.

Vicente, ingressou posteriormente na Companhia de Jesus. Terá sido ele a introduzir o hábito de fumar em Portugal.

62. Cf. Claude Lévi-Strauss, *Tristes trópicos*. Lisboa: Edições 70, 1986, pp. 171–191.

63. O *mingau* é um caldo ou papa rala, que ainda hoje está incluído nos hábitos alimentares do povo brasileiro, assim como o *pirão*, que é uma papa grossa, que os índios faziam com diversas farinhas de mandioca e caroços de algodão, milho ou amendoim.

INTRODUÇÃO

Principal planta alimentar para os ameríndios da floresta tropical, tornou-se um dos principais, senão mesmo o principal alimento do povo brasileiro e depois dos povos africanos, por ter sido transplantado para a África.

O valor alimentar desta planta justifica o testemunho que a ela dedica Cardim e outros viajantes da época que, ao fazê-lo, estão a referir-se àquilo que hoje se denomina de "mandioqueira amarga", cujas raízes são tóxicas devido à presença de ácido cianídrico, exigindo complexos tratamentos para se tornarem comestíveis. A que Cardim chama de aipim é a "mandioqueira doce", cujas raízes são isentas de ácido cianídrico e são consumidas e utilizadas na confecção de diversos produtos alimentares. A bebida fermentada, o cauim, que os índios confeccionavam com essa planta ou outras, como o milho, batata-doce, cará e amendoim, ou ainda com mel, seiva de palmeiras e de frutos como o ananás ou o caju, e a que Cardim se refere, descrevendo o processo de fabrico, era obtida pela fervura destas plantas e pela adição de saliva (com a ptialina), conseguindo assim, através desta, o processo de fermentação. Esta operação era realizada pelas jovens da aldeia, de preferência virgens, ou, na falta destas, por mulheres casadas que se abstinham por alguns dias da prática de relações sexuais de forma a conceder-lhe "que é o que dizem que lhe põe a virtude segundo a sua gentilidade".[64]

64. Cf. G. S. de Sousa, *op. cit.*, pp. 110–111. O texto deste autor é muito rigoroso e completo sobre esta planta, a mandioca, a sua utilidade e a

TRATADOS DA TERRA E GENTE DO BRASIL

As bebidas fermentadas, de acordo com o testemunho de Fernão Cardim e de outros autores seus contemporâneos, desempenhavam uma importante função no padrão de vida indígena, sobretudo como fornecedoras de vitaminas, compensando parcialmente as deficiências da dieta alimentar. O seu consumo variava consoante o grupo tribal, já que se uns as consumiam regularmente, outros apenas o faziam em grandes celebrações coletivas, especialmente na época da piracema[65] ou por ocasião do sacrifício ritual de prisioneiros.[66]

Não é apenas a mandioca que é referida por Cardim dentro do conjunto vegetal das "ervas que são fruto e se comem". São ainda mencionadas a naná,[67] e o maracujá[68]. À primeira, o ananás, atribui muitas qualidades, além da fruta que considera muito gostosa, comparando o sumo ao sabor do melão; anota que servia para curar os doentes "da pedra" e de febres e até para tirar nódoas da roupa. Acrescenta que os índios também faziam vinho desta fruta,

diversidade de aproveitamento, indo ao encontro do testemunho do Padre Fernão Cardim.

65. A *piracema* era, neste sentido, o nascimento de mais um elemento da tribo. O termo tupi designava a saída dos peixes para a desova e por analogia designava também o nascimento das crianças. Ocorre pela primeira vez num texto em latim, com o primeiro sentido, em 1560, numa carta de José de Anchieta e num texto português, apenas em 1895, com Joaquim Veríssimo, em *A pesca na Amazônia*.

66. Cf. Jorge Couto, *op. cit.*, pp. 85–86.

67. Esta planta que Cardim denomina de *naná*, do tupi *na-nã* = "cheira-cheira", é o ananaseiro.

68. Cardim refere-se ao maracujá ou murucujá, que em tupi significa "fruto que faz vaso", "que dá vasilha".

INTRODUÇÃO

que servia para desenjoar no mar. Por sua vez, o maracujá é uma espécie vegetal alimentícia muito elogiada por Cardim não só pelo sabor, como pela beleza da planta, que trepa pelas paredes e árvores como se fosse hera.

É notório, ao longo dos *Tratados* cardinianos, a apresentação da terra brasílica, das suas qualidades climáticas, dos rios que aí existiam, ao mesmo tempo que são mencionados os animais e as plantas que Cardim foi vendo ao longo das suas viagens. A observação foi, de fato, uma prática do conhecimento nos viajantes e cronistas portugueses e estrangeiros que entraram em contato com o Novo Mundo. Fato estimulado pelo ineditismo dos ambientes e pela riqueza da fauna e flora descobertas nessas paragens americanas. Experimentaram as novas plantas, elogiadas com agrado, mostrando o interesse pelos hábitos alimentares dos indígenas. De fato, estes aproveitavam avidamente as reduzidas fontes vegetais ricas em proteínas e gorduras que os vários ecossistemas lhes forneciam, incluindo caules, fungos, folhas e raízes comestíveis, além dos frutos.

Mas Fernão Cardim não se esquece de mencionar as espécies botânicas e zoológicas que os portugueses transplantaram para o território brasileiro. Dentro do hábito de difusão das espécies e dos alimentos entre continentes, os portugueses transportaram para o Brasil animais e plantas, estudando o seu comportamento, desde as hortaliças e árvores frutíferas, até as culturas de grande extensão ou rendimento, cuja exploração nem sempre obteve sucesso, como a dos cereais, mas que outras vezes trouxe significativos resultados, como a da cana sacarina.

A colonização do Brasil provocou um dos mais amplos processos de cruzamento intercontinental de espécies vegetais. Do reino e das ilhas, os colonos portugueses levaram, além da cana sacarina e da videira, árvores de frutos (figueiras, romãzeiras, laranjeiras, limoeiros, cidreiras) e hortaliças (couves, alfaces, nabos, rabanetes, pepinos, coentros, funcho, salsa, alhos, agrião, cenouras, berinjelas, espinafres, entre outras).

Mas difundiram-se ainda plantas e árvores de origem asiática, como o coqueiro, uma variedade de arroz (*Orzya sativa*) e o melão, e de origem africana, como a melancia, malagueta, inhame, tamareira, feijão-congo e quiabo.

A par da flora introduziram-se ainda no território brasileiro numerosos animais, que se salientaram pela sua importância econômica, nomeadamente bois, vacas, cavalos, éguas, burros, porcos, carneiros, ovelhas, cabras, galinhas, patos e perus, bem como o cão, por quem o índio passou a ter grande estima, passando a ser de grande valia na caça, já que era utilizado para perseguir os animais e forçá-los a abandonar os esconderijos.

Era outro Portugal que se estava a construir no Brasil, utilizando a expressão de Fernão Cardim: "Este Brasil é já outro Portugal". É sem dúvida uma perspectiva de previsão do que viria a ser o Brasil. Já Pêro Vaz de Caminha procurara transmitir ao rei D. Manuel, na sua carta, a admiração pela nova terra descoberta: "mas a terra em si é

INTRODUÇÃO

de muito bons ares, [...] em tal maneira é graciosa que, querendo-a aproveitar, dar-se-á nela tudo, por bem das águas que tem".[69]

O «OLHAR» CARDINIANO DOS POVOS AMERÍNDIOS

No segundo *Tratado* com o título *Do princípio e origem dos índios do Brasil e de seus costumes, adoração e cerimônias*,[70] e mesmo na *Narrativa epistolar*, o Padre Fernão Cardim procura dar a conhecer os povos indígenas, especificando a variedade de nações e línguas, os seus costumes, cerimônias, hábitos alimentares, habitação, adornos, armas, instrumentos, além dos seus costumes, da forma de receber os hóspedes, de educar os filhos, de tratar as mulheres, de comunicar com os espíritos e do hábito de matar os prisioneiros e de comer carne humana. Fá-lo como um etnógrafo, quase que cientificamente, sem emitir juízos de valor, sem criticar os indígenas pelos seus hábitos, ainda que, por vezes, fossem tão diferentes dos europeus. Detectamos, mesmo, ao longo das suas palavras, uma certa sensibilidade, admiração e até estima, ao descrever as suas características físicas, hábitos sociais e culturais.

---

69. Cf. Pêro Vaz de Caminha. *Carta de Achamento ao Rei Dom Manuel*, ed. modernizada por Luís de Albuquerque, in *O reconhecimento do Brasil*. Lisboa: Alfa, 1989, p. 25.

70. Este texto que passaremos a designar apenas com o título *Do princípio e origem dos índios do Brasil*, encontra-se incluído na obra já referida de Fernão Cardim, *Tratados da terra e gente do Brasil*, pp. 163–207.

TRATADOS DA TERRA E GENTE DO BRASIL

Tema que, ainda hoje, é abordado na bibliografia sobre o Brasil colonial, quer através do confronto com os povos que ainda hoje existem, sobretudo no interior do Brasil, onde conseguiram refugiar-se após a chegada dos europeus, e que mantêm muitas das características fisiológicas, socioeconômicas e culturais, quer através das informações que chegaram até nós, como as do Padre Fernão Cardim, entre outros. No entanto, estes testemunhos são muito diversos e por vezes divergentes nos seus dados, escritos por homens de formação diferente, de índole diversa e de atividades profissionais muito variadas. Trata-se de relatos de viagens e de correspondência entre missionários, cujos autores escreveram de posições religiosas e perspectivas até divergentes: há jesuítas ibéricos, como Manuel da Nóbrega, José de Anchieta, Fernão Cardim e Francisco Soares, franciscanos e capuchinhos franceses, como André Thevet, Claude d'Abbeville e Yves d'Évreux, o huguenote Jean de Léry, o colono Gabriel Soares de Sousa, o artilheiro alemão Hans Staden, o humanista Pêro de Magalhães de Gândavo, entre outros, além das *Cartas Jesuíticas*.

As abordagens descritivas sobre a terra e as gentes do Brasil constituíram um rápido acréscimo dos dados humanos e científicos anteriores, contribuindo para um melhor conhecimento das populações indígenas[71] ameríndias que,

71. Cf. Eugénio dos Santos, "Índios e Missionários no Brasil Quinhentista: do confronto à cooperação", in *Revista da Faculdade de Letras*, II série, Vol. IX, Porto, 1992, pp. 107–118.

50

INTRODUÇÃO

sendo ágrafas, não nos deixaram testemunhos escritos sobre elas próprias e sobre a opinião que formaram dos portugueses e dos outros europeus, homens tão diferentes pelo vestuário, instrumentos, armas, alimentos, organização social, religião e até aspecto físico. Além disso, os senhores vindos do mar apresentavam-se como donos da terra, queriam ocupar as regiões mais férteis e saudáveis, exigiam que os servissem, mesmo usando a força e sem guerra declarada, exibiam hábitos e costumes diferentes.

Ameríndios ou "gentios", como a eles se refere Cardim, eram populações diferentes e com estágios civilizacionais diversificados e que, mais tarde, vão ser protagonistas do mito do "bom selvagem". Trata-se de culturas que evoluíram à margem das chamadas "grandes civilizações", quer sejam ocidentais, orientais, ou mesoamericanas. Sociedades que desenvolveram, no entanto, um modelo cultural adequado às características do ecossistema da floresta tropical, com técnicas de caça e pesca, e até agrícolas, ainda que continuem coletores, além de um diversificado conjunto de instrumentos, de uma organização social e política muito específica e de um sistema de crenças.

É esta posição de compreensão da diferença, da diversidade cultural do gênero humano e, consequentemente, respeito pelos povos ameríndios que, de fato, encontramos nos textos do Padre Fernão Cardim. Este começa, no seu tratado sobre os índios, por fazer uma apresentação daqueles que denomina de "gentio", termo usualmente utilizado pelos cronistas e viajantes da época, ao se refe-

TRATADOS DA TERRA E GENTE DO BRASIL

rirem aos povos que não eram nem cristãos, nem sarracenos ou turcos, os tradicionais "infiéis", com quem os Seguidores da Cruz lutaram para dilatar a sua fé. Cabia ao mouro, até então, o papel de adversário maior porque era o único verdadeiramente concorrencial. Os oponentes Cristão-Mouros e Cristão-Gentios filtram-se através dos interesses da civilização material mas, sobretudo, através da civilização espiritual do cristianismo entendida como ideologia do Império qual religião nacional que assinala a Portugal um destino universal.[72]

O "outro", sem ser o "gentio", era encarado de forma muito radical pelo Homem de inícios do Quinhentos, antes do movimento de Expansão Marítima, pondo-se em causa se seriam humanos ou bestas, como é o caso do Cardeal d'Ailly, na sua famosa *Imago Mundi*, redigida por volta de 1410, arrimado à autoridade da Escritura, que considera que os trogloditas "fazem as habitações nas cavernas, se alimentam de serpentes, e não têm uso da fala".[73] Não deixou, ainda, de aludir à existência, divulgada por Ptolomeu e vários autores antigos, de

homens selvagens antropófagos, com feição disforme e horrível, nas duas regiões extremas da Terra [...], trata-se de seres acerca dos quais é difícil precisar se são homens ou bestas.[74]

72. Cf. Luís Filipe Barreto, *Descobrimentos e Renascimento*. 2ª ed. Lisboa: IN-CM, 1983, pp. 239–242.

73. Cf. Pierre d'Ailly, *Imago Mundi*. Paris: 1930, vol 2º, pp. 362–363, cit. in J.S. da Silva Dias, *op. cit.*, p. 193.

74. *Idem, ibidem*, vol 1, pp. 240–241, cit. *Idem, ibidem*, p. 193.

INTRODUÇÃO

Mas estes "gentios" evidenciam, no entanto, uma abertura que indicia, por comparação com mouros e judeus, a maior facilidade da sua conversão.[75] O encontro do português com o índio dá-se no quadro das regras históricas de distribuição do poder.[76]

O Padre Fernão Cardim apresenta-nos o índio brasileiro como ágrafo, isto é, sem conhecimento de escrita, o que nos impede de conhecermos as suas ideias, os seus pensamentos. Mostra-o ainda sem conhecimentos da origem do Mundo. Não é de estranhar que Cardim, sendo um homem de Quinhentos, considere que os índios não tinham, de acordo com os parâmetros da época, uma religião. Mas através da sua descrição testemunha-se a existência de crenças em uma religião natural, ao afirmar que sabem que têm alma e que esta não morre. Por oposição ao espírito mau, Curupira, Cardim menciona um espírito bom, Tupã, que significa em tupi "pai que está no alto", a quem os Tupis atribuíam a origem dos trovões e dos relâmpagos, e, mais tarde, os missionários estendem esta denominação ao conceito de Deus:

Não têm nome próprio com que expliquem a Deus, mas dizem que Tupã é o que faz os trovões e relâmpagos, e que este é o

---

75. Cf. José da Silva Horta, "A imagem do africano pelos portugueses antes dos contatos", in *O confronto do olhar. O encontro de povos na época das navegações portuguesas. Séculos XV e XVI*, coord. Antonio Luís Ferronha, Lisboa, Caminho, 1991, pp. 43–64.

76. Cf. Luís Filipe Barreto, *op. cit.*, p. 178.

que lhes deu as enxadas, e mantimentos, e por não terem outro nome mais próprio e natural, chamam a Deus Tupã.[77]

Já o Padre Manuel da Nóbrega atribuíra a Tupã as mesmas qualidades, ao afirmar: "gentilidade a nenhuma coisa adora, nem conhece a Deus, somente aos trovões chama Tupã, que é como quem diz coisa divina".[78] Desde a carta de Pêro Vaz de Caminha que esta era a visão do ameríndio:

E segundo o que a mim e a todos pareceu, esta gente não lhes falece outra coisa para ser cristã que entenderem-nos, porque assim tornavam aquilo que nos viam fazer como a nós mesmos, por onde pareceu a todos que nenhuma idolatria nem adoração têm.[79]

Mais tarde Pêro de Magalhães de Gândavo assume uma posição mais radical, ao escrever na sua *História da província de Santa Cruz*:

A língua que usam, carece de três letras, convém a saber, não se acha nela f, nem l, nem r, coisa digna de espanto, porque assim não têm fé, nem lei, nem rei [...]. Não adoram a coisa alguma, nem têm para si que há depois da morte glória para os bons e pena para os maus. E o que sentem da imortalidade da

---

77. *Idem, ibidem*, p. 88.

78. Cf. Manuel da Nóbrega, "Informação das Terras do Brasil", in *Cartas do Brasil e mais escritos*, org. de Serafim Leite, Coimbra, Ed. da Universidade de Coimbra, 1955, p. 62.

79. Cf. Pêro Vaz de Caminha, *op. cit.*, p. 24.

INTRODUÇÃO

alma não é mais que terem para si que seus defuntos andam na outra vida feridos, despedaçados, ou de qualquer maneira que acabaram nesta.[80]

Mas os testemunhos de Nóbrega e Cardim sobre o conceito de Tupã e as suas atribuições não colhem o acordo de muitos etnólogos modernos, como Alfred Métraux, que veem nele não a figura principal da mitologia indígena, mas uma personagem secundária, atribuindo essa primazia a *Monan*.[81] Segundo uma nova reinterpretação, esta questão mitológica foi de novo alterada, considerando que os povos do tronco Tupi não privilegiavam nenhuma destas duas divindades, reconhecendo apenas a Tupã a função de destruição do mundo, pelos trovões e relâmpagos, enquanto que a Monan destinavam a função de criação.[82]

No entanto, Cardim torna-se mais crítico quanto à atuação dos pajés e caraíbas e das práticas mágicas, o que se entende perante o seu papel de homem religioso e com todo o interesse em converter os indígenas, sendo-lhe difícil aceitar algumas das suas práticas. Estas persona-

---

80. Cf. Pêro de Magalhães de Gândavo, *História da Província de Santa Cruz a quem vulgarmente chamamos Brasil*, comentário final de Jorge Couto, in *O Reconhecimento do Brasil*, dir. de Luís de Albuquerque, Lisboa, Alfa, 1989, p. 102.

81. Cf. Alfred Métraux, *A Religião dos Tupinambás e suas relações com as demais tribos tupi-guaranis*, trad. de Estevão Pinto, 2ª ed., São Paulo, Companhia Editora Nacional, 1950, pp. 45–55.

82. Cf. Hélène Clastres, *La terre sans mal. Le Prophétisme Tupi-Guarani*, Paris, Seuil, 1975, pp. 27–34.

TRATADOS DA TERRA E GENTE DO BRASIL

gens, consideradas predestinadas para exercer atividades mágico-religiosas, desempenhavam um papel fulcral nas sociedades ameríndias.

Os pajés ou xamãs eram os principais detentores dos meios de controlar os fenômenos sobrenaturais, incertos e perigosos. Eram respeitados e temidos enquanto vivos e, em alguns grupos tribais, sobretudo Guaranis, venerados depois de mortos. Desempenhavam tarefas vitais para a sua vida material e espiritual, como praticar esconjuros, purificar os alimentos, garantir a segurança dos caçadores, interpretar os sonhos e dirigir cerimônias de caráter coletivo. Exerciam ainda a função de curandeiros e presidiam às danças rituais. A essa tarefa de curandeiros se refere Cardim:

Usam de alguns feitiços e feiticeiros, não porque creiam neles, nem os adorem, mas somente se dão a chupar em suas enfermidades parecendo-lhes que receberão saúde, mas não por lhes parecer que há neles divindades, e mais o fazem por receber saúde que por outro algum respeito.[83]

No entanto, a tarefa primordial desse personagem consistia em comunicar com os espíritos através do canto e da dança, assegurando, desse modo, a mediação entre a sociedade e o mundo sobrenatural. Devido a estas funções, o pajé dispunha de uma posição privilegiada no seio da comunidade, mantendo, fora do exercício das suas práticas, apenas contato com os principais, que o tratavam

83. Cf. Fernão Cardim, *op. cit.*, p. 166.

INTRODUÇÃO

com reverência, cultivando uma imagem de gravidade e inacessibilidade. Vivia mesmo isolado numa cabana, afastada das tabas, não ousando ninguém lá penetrar.

Por sua vez, caraíbas parece ser um termo originário dos idiomas caribe e aruaque, em que significa "homem valente", que foi introduzido na língua tupi com o sentido de "homem sagrado", "homem santo", como testemunha Cardim: "Entre eles se alevantaram algumas vezes alguns feiticeiros, a que chamam *Caraíba, Santo* ou *Santidade*, e é de ordinário algum índio de ruim vida"[84]. Eram profetas itinerantes que gozavam de grande prestígio e despertavam algum temor. Visitavam as aldeias cada três a quatro anos e as comunidades procuravam agradar-lhes e evitar, a todo o custo, a sua inimizade, recebendo-os com grandes festividades, dando-lhes os melhores alimentos ou até cedendo-lhes as suas mulheres. Eram, no entanto, figuras ambíguas, pois tanto podiam trazer saúde, curando as enfermidades ou fornecendo alimentos e cativos, como espalhar a doença, a fome, a derrota, a desgraça e a morte.[85]

84. *Idem, ibidem*, pp. 166–167 .
85. Sobre o papel desempenhado por estes personagens, os *pajés* ou *xamãs* e os *caraíbas*, nas sociedades ameríndias, veja-se Egon Schaden, *A Mitologia Heroica de Tribos Indígenas do Brasil. Ensaio Etno-sociológico*, 3ª ed., São Paulo, 1989, pp. 117–119; Alfred Métraux, *A Religião dos Tupinambás e suas Relações com a das demais tribos tupi-guaranis*, prefácio, tradução e notas de Estevão Pinto e apresentação de Egon Schaden, 2ªed., São Paulo, 1979 (1928), pp. 65–79; Claude Lévi-Strauss, *Tristes Trópicos*, trad. port., Lisboa, Edições 70, 1981, p. 224 e Jorge Couto, *op. cit.*, pp. 109–117.

TRATADOS DA TERRA E GENTE DO BRASIL

Os mais conceituados caraíbas eram considerados pelos Tupi-guarani como reencarnações dos seus heróis míticos e afirmavam ter poderes para transformar homens em pássaros ou em outros animais, para ressuscitar os mortos, fazer nascer plantas, visitar as Terras dos mortos, ou mesmo entrar em contato com os espíritos. Por vezes, estes "homens-deuses", na expressão de Alfred Métraux, despertavam surtos de profetismo, incitando as populações a segui-los em busca de uma mítica Terra sem Mal que se podia alcançar em vida. Seria uma espécie de paraíso terrestre, um lugar de abundância, de ausência de trabalho, de recusa dos princípios fundamentais da organização social, de juventude perpétua e de imortalidade. Esta procura da Terra sem Mal pretenderia, essencialmente, superar as dificuldades de toda a ordem por que passavam, em determinadas conjunturas, as comunidades indígenas, não tendo por finalidade negar a condição humana ou abolir a organização social.[86]

Por outro lado, Cardim não questiona a inexistência de um chefe ou autoridade, e várias vezes nos seus textos aparecem referências ao principal, que denomina de

---

86. Esta questão da procura da Terra sem Mal, em guarani *yuy marane'y*, pelas populações tupi-guarani, tem sido sujeita a várias interpretações. Veja-se sobre este tema: Hélène Clastres, *La Terre sans Mal. Le Prophétisme Tupi-Guarani*, Paris, 1975, pp. 61–18 e 141–145; Bartolomeu Melià, *Ñande Reko, nuestro modo de ser y bibliografia geral comentada*, La Paz, 1988, pp. 47–51; *Idem*, "La Tierra-Sin-Mal de los Guarani: Economia y Profecia", in *América Indígena* (Cidade do México), XLIX (3), 1989, pp. 491–507 e Jorge Couto, *op. cit.*, pp. 109–117.

INTRODUÇÃO

Morubixaba, considerando que era aquele que tinha mais poder dentro da aldeia: "Nesta casa mora um principal, ou mais, a que todos obedecem".[87]

Mas o nosso autor mostra mais interesse em fazer uma apresentação cuidada dos índios, dos seus hábitos, costumes e cerimônias, ao mesmo tempo que se preocupa em apresentar a sua cultura material, ou seja, instrumentos, adornos, habitação e confecção de alimentos. Vai ainda pondo em causa as suas ligações familiares, como o casamento, a família, filhos, atendendo à falta de conversão e dos respectivos sacramentos. Preocupa-se, assim, com o casamento entre os índios, que confirma existir, mas que questiona atendendo à poligamia e à facilidade com que deixavam as mulheres.

A questão da poliginia, ou seja, o casamento de um homem com várias mulheres, a que Cardim se refere, não era, no entanto, uma situação costumeira entre os grupos tribais indígenas. Apenas um reduzido número de membros, os mais poderosos, como o chefe, o pajé e os grandes guerreiros, é que tinham possibilidade de possuir mais de uma mulher. O número de mulheres marcava o prestígio e importância do marido polígamo, principalmente sendo muitas vezes as próprias mulheres que procuravam mulheres mais jovens para os maridos, chamando-lhes "filhas" ou "sobrinhas", ao mesmo tempo que mostrava a existência dos casamentos monogâmicos,

87. Cf. Fernão Cardim, *op. cit.*, p. 171–172.

ao qual se acrescentam relações de natureza extraconjugal. Os condicionalismos sociais tornavam a monogamia mais usual do que a poligamia, sendo as separações usuais, como refere Cardim.[88]

Apesar desta possibilidade de prática de poliginia, os índios tinham por hábito tratar bem as mulheres, segundo o testemunho deste autor, com uma certa admiração e respeito pela forma como os homens as protegiam. Por exemplo, quando estavam fora da aldeia, as mulheres caminhavam atrás para que, se caíssem numa cilada, pudessem fugir, enquanto eles lutavam; no regresso à taba, a estratégia era inversa, porque se fossem atacados a mulher poderia fugir e pedir auxílio. Dentro da aldeia ou em terra segura a mulher caminhava sempre à frente do marido para que este a pudesse ver, pois como afirma Cardim: "são ciosos e querem sempre ver a mulher".[89]

Outro dos aspectos que este jesuíta admira nos hábitos dos povos ameríndios é a forma como estimavam e educavam os filhos. Afirma mesmo que: "amam os filhos extraordinariamente. [...] Estimam mais fazerem bem aos filhos que a si próprios".[90] Situação que não era muito usual na Europa Quinhentista, onde a criança vivia integrada no mundo dos adultos, sendo mais comum o afastamento afetivo dos pais em relação à criança, entregue às

88. Cf. Florestan Fernandes, *A organização social dos tupinambás*, 2ª ed., São Paulo/Brasília, 1989, p. 203.
89. Cf. Fernão Cardim, *op. cit.*, p. 178.
90. *Idem, ibidem*, p. 173.

INTRODUÇÃO

amas-de-leite, enquanto que as índias amamentavam os seus filhos cerca de ano a ano e meio, e andavam sempre com eles, amarrados às costas ou ao quadril. Esta prática funcionava também como forma de controle de natalidade. Cardim atribui mesmo a esta afetividade entre as mães e os filhos o temperamento dos meninos índios, os *curumis*, que eram alegres e amigos uns dos outros, não pelejando, nem pronunciando nomes ofensivos entre eles, nem em relação a seus pais. Esta afeição dos meninos índios pelos seus pais transpôs-se para os jesuítas, a quem estimavam muito, na opinião de Cardim: "estimam muito e amam os padres, porque lhos criam e ensinam a ler, escrever, contar e tanger, cousas que eles muito estimam."[91]

O Padre Fernão Cardim dedica ainda parte do seu Tratado à habitação e à maneira de dormir. Descreve as *ocas*, que diz serem "casas de madeira cobertas de folhas", onde viviam cerca de duzentas e mais pessoas. Eram grandes habitações comunitárias com duas ou três aberturas muito baixas e pequenas, sem janelas. Dentro das ocas era um labirinto, com vários lanços, onde colocavam as redes de dormir, objetos pessoais (adornos, armas, amuletos), além dos utensílios familiares (cestos, potes, alfaias agrícolas, entre outros) e as reservas alimentares, mantendo sempre o fogo aceso dia e noite para se agasalharem e se protegerem dos animais, principalmente cobras, e ainda para afugentarem os espíritos.

91. *Idem, ibidem*, pp. 171–172.

TRATADOS DA TERRA E GENTE DO BRASIL

Na apresentação do "gentio", descreve "o modo que têm de se vestir", ou melhor de "não se vestirem", já que tinham por hábito andarem nus. Um dos aspectos que deve ter impressionado mais os homens do Quinhentos, humanistas, viajantes ou não, foi o contato com a nudez dos ameríndios, atendendo aos valores morais da época. Elogia-lhes ainda os cabelos, que são lisos, negros e bem tratados. Para o europeu, o corpo humano era o instrumento direto do pecado e, como tal, devia de ser o mais coberto possível, castigado e escondido, até mesmo os cabelos para não atraírem sexualmente os homens.[92] Enquanto que, para o ameríndio, ele servia de uma forma de contato direto com a natureza, uma forma de comunhão com os outros seres vivos e até de vivência em comunidade. Outro fator que evidentemente permitia essa nudez eram as condições climáticas. O que transparece do texto cardiniano e nos da maioria dos escritores contemporâneos não é de crítica, mas sim de espanto por este hábito.

Desde a carta de Pêro Vaz de Caminha que esta admiração era sentida, ao afirmar:

A feição deles é serem pardos (à) maneira de avermelhados, de bons rostos e bons narizes bem feitos; andam nus sem nenhuma cobertura, nem estimam nenhuma coisa cobrir nem mostrar suas vergonhas, e estão cerca disso em tanta inocência como estão em mostrar o rosto.[93]

92. Cf. *História da Vida Privada*, vol. ii, dir. Philippe Ariès. Lisboa: Afrontamento, 1990, pp. 362–363.

93. Cf. Pêro Vaz de Caminha, *op. cit.*, p. 11.

INTRODUÇÃO

Ainda que seja idêntica a visão dos índios, medeiam entre estes dois testemunhos cerca de oitenta anos. De fato, o Padre Fernão Cardim contatou com grupos de povos ameríndios, Macro-Tupi,[94] que já contavam com cerca de trinta anos de catequese sistemática, iniciada no governo de Tomé de Sousa, pelo Padre Manuel da Nóbrega. Índios a quem os jesuítas tinham procurado transmitir alguns hábitos mais moderados, sobretudo no que concerne à antropofagia, poligamia e consumo de bebidas fermentadas.

O indígena "cardiniano" é apresentado, na maior parte das vezes, de uma forma simpática e respeitosa. É descrito como alegre, dócil, afável, melancólico por vezes, com gosto pela música, dotado de ritmo e com capacidades de bom dançarino e cantor. Vaidoso nos seus adornos e armas, gostava de se enfeitar e de utilizar cores garridas. Apreciava as mulheres, mas respeitava-as e procurava protegê-las. Mostra-se admirado com as suas capacidades físicas, apodando-os de corajosos, resistentes à dor e às intempéries, ágeis e valentes, com boa visão e audição. Qualidades que faziam dos índios bons caçadores, nadadores e pescadores.

---

94. Macro-Tupi é um dos troncos ameríndios constituído por sete famílias (Tupi-Guarani, Mundurucu, Juruna, Ariquém, Tupari, Ramarama e Mondé) que se dividem em vários grupos ou línguas e subgrupos ou dialetos.

A capacidade de sociabilidade é também apreciada por Cardim, que elogia a forma como recebiam os hóspedes, distribuindo alimentos entre eles e saudando-os com um choro profundo (saudação lacrimosa) e o respeito que mostravam pelos objetos pessoais e mulheres alheios. Foi exatamente com a saudação de *Ereiupe* (Vieste?), que este jesuíta foi recebido nas aldeias, ao longo da sua viagem, como secretário do padre visitador Cristóvão de Gouveia. Capacidades a que Cardim acrescenta ainda, com admiração, a de amizade e respeito pelos portugueses, por quem eram capazes de combater contra outros índios:

estes foram e são os amigos dos portugueses, com ajuda e armas, conquistaram esta terra, pelejando contra seus próprios parentes e outras diversas nações.[95]

Mesmo quando o Padre Fernão Cardim descreve os seus hábitos que podem ser considerados menos adequados, ou mesmo inadequados, fá-lo de uma forma não cáustica. É o caso do consumo exagerado de bebidas fermentadas (o cauim), que tomavam nas suas celebrações e noutras ocasiões festivas, embriagando-se, e nos rituais de antropofagia. Descreve-os não de um modo depreciativo ou mesmo crítico, mas sim de uma forma objetiva, quase desprovida de juízos valorativos, chegando mesmo a adotar uma posição quase irônica. Talvez porque Cardim nunca tenha posto em causa, e isso é também evidente ao longo dos seus textos, a condição humana dos ame-

95. Cf. Fernão Cardim, *op. cit.*, p. 192.

INTRODUÇÃO

ríndios, considerando-os apenas como homens diferentes nos seus hábitos. Não é o olhar do "civilizado" perante o "selvagem".[96] Apresenta, assim, a prática antropofágica como um gosto, um cerimonial que lhes dá prestígio, que é a homenagem dos conquistadores, dos melhores guerreiros, dos vencedores, perante os que foram vencidos. Mas mesmo para estes é uma morte respeitada, mais valiosa do que qualquer outra, e que será vingada pelos seus semelhantes. Era uma honra morrer como um guerreiro, era uma passagem para o Além de uma forma gloriosa e evidenciava uma personalidade forte por parte do indígena que sabia que ia morrer como um valente.

A antropofagia, ou seja, o hábito de comer carne humana sob várias modalidades, verificou-se entre quase todos os povos ameríndios, com maior destaque para os tupis. Esta prática revestia-se de caráter exclusivamente ritual, ainda que recentemente seja também encarada de outra forma pela historiografia.[97] As notícias fornecidas pelos textos quinhentistas e seiscentistas relatam a sua importância na organização social indígena, como fator indispensável aos ritos de nominação e iniciação. Os au-

---

96. Entenda-se, como *selvagem*, o conceito etnológico do habitante da selva, sem qualquer conotação depreciativa do seu estádio de desenvolvimento e sem ainda o conceito ideológico do "Bom Selvagem", o homem mítico, em estado de natureza incontaminada, ainda senhor dos seus instrumentos, como vai ser considerado a partir do século XVI e sobretudo pelos iluministas do Setecentos.

97. Vide a tese de doutoramento de Mário Maestri, *A Terra dos Males sem Fim. Agonia Tupinambá no Litoral Brasileiro, Século XVI*, Porto Alegre-Bruxelas, 1990–1991.

TRATADOS DA TERRA E GENTE DO BRASIL

tores quinhentistas e seiscentistas, jesuítas ou não, procuraram distinguir nos seus textos o canibalismo alimentar, em que era evidente o gosto pelo consumo de carne humana, praticado sobretudo por grupos tribais caribes, aruaques, jês e outros, e a antropofagia ritual, nobre, movida exclusivamente pelo desejo de vingança que ocorria entre os povos tupis.[98]

Para os etnólogos e antropólogos antigos e atuais, a antropofagia praticada pelos tupis estava marcada por uma função exclusivamente ritual destinada a comemorar os ancestrais míticos e os antepassados memoráveis, bem como a vingar os membros da aldeia recentemente mortos em combate, auxiliando os seus espíritos a alcançar o sobrenatural.[99] Por sua vez, acreditam ainda que a questão do prestígio que a captura e o sacrifício do prisioneiro traziam para o guerreiro era muito importante dentro da hierarquia social, já que lhes permitia adquirir mais nomes e, consequentemente, mais prestígio. A morte no terreiro era também muito importante para o cativo, que a preferiria à morte por doença, a apodrecer e a ser comido pelos bichos. Era uma morte digna e gloriosa, não por ser heroica, pois tinha sido capturado, mas preferível à morte natural. O exocanibalismo tupi dependia de

98. Cf. Manuela Carneiro da Cunha, "Imagens dos índios do Brasil: o Século XVI", in Estudos Avançados-USP, São Paulo, 4 (10), 1990, p. 108.
99. Cf. Florestan Fernandes, A função social da guerra na sociedade tupinambá, São Paulo, Museu Paulista, 1952, pp. 316–349.

INTRODUÇÃO

um conjunto de crenças escatológicas, nomeadamente o horror ao enterramento do corpo e à podridão.[100]

Esta interpretação do ritual da antropofagia, que se baseia essencialmente em concepções metafísicas, realçando a morte heroica em idade ativa e desvalorizando o envelhecimento e a morte natural, tem sido posta em causa por outros antropólogos e etnólogos, sobretudo de influência materialista, que consideram que existe uma certa contradição, já que os velhos, sendo os mais importantes e de maior prestígio em um grupo tribal, morriam de morte natural e não era por esse motivo que perdiam a sua importância.

Ainda uma outra corrente, de arqueólogos e historiadores, defende que a ingestão de carne humana pelos tupis teria a ver com a necessidade de comer carne, abastecendo-se de proteínas de que tinham necessidade sobretudo quando estavam em viagem, não necessitando assim de caçar ou pescar.[101] Outro estudo recente conclui que a excessiva concentração no litoral terá provocado esgotamento da caça, provocando carências alimentares e de proteínas, que geraram o canibalismo, como uma necessidade de suplemento alimentar.[102]

100. Cf. Eduardo Viveiros de Castro, *Araweté: os deuses canibais*, Rio de Janeiro, Jorge Zahar Editor, 1986, pp. 596–696.

101. Cf. José Proenza Brochado, "A expansão dos tupi e da cerâmica de tradição policrômica amazônica", in *Dédalo*, 27, São Paulo, 1989, p. 59.

102. Cf. Mário Maestri, *op. cit.*, pp. 44–55.

Dificilmente podemos pôr de parte estas teorias de que os ameríndios ao consumirem carne humana revestiam-lhe uma função alimentar, que vinha em parte substituir a escassez de proteínas e até de gorduras e a falta de animais de grande porte, até pelos testemunhos dos escritores antigos que assistiram a esses rituais. No entanto, não se pode também ignorar, nem muito menos menosprezar, a ideia de vingança e da superioridade dos guerreiros vencedores sobre o grupo tribal derrotado.

De fato, perante os testemunhos de Cardim e de outros autores contemporâneos compreendemos que as sociedades indígenas eram estruturadas em função da guerra, os grupos tribais desenvolveram uma escala de estratificação social em que o valor e importância se baseava fundamentalmente na capacidade de perseguir e matar o maior número possível de inimigos. O próprio Fernão Cardim menciona este fato, no início do texto "Do modo que este gentio tem acerca de matar e comer carne humana", em que afirma:

De todas as honras e gostos da vida, nenhum é tamanho para este gentio como matar e tomar nomes nas cabeças de seu contrário.[103]

Através do texto cardiniano podemos acompanhar "passo a passo" todo o ritual da preparação e morte do prisioneiro, capturado e da prática da antropofagia. O pormenor e o rigor da descrição levam-nos a considerar

103. Cf. Fernão Cardim, *op. cit.*, p. 182.

INTRODUÇÃO

que este deve ter assistido a um destes cerimoniais, e que a sua descrição não é apenas fruto de informações que lhe transmitiram. Descrições densas, brilhantes, marcadas por uma grande compreensão, dão-nos uma visão viva, profunda e até impressionante do comportamento e da mentalidade dos rituais de antropofagia dos indígenas. Semelhante descrição é feita pelo artilheiro alemão Hans Staden, que esteve prisioneiro dos tupinambás, durante cerca de nove meses, em 1554, e que esteve prestes a ser devorado.[104]

Questão pertinente à prática da antropofagia, a par de outras, como a poligamia, a falta de autoridade política (sem rei), a falta de uma religião orgânica (sem deus a quem adorar), a sua rudeza mental, "com um anzol os converto, com outros os desconverto; a tudo dizem sim"[105] e a atração pelo mato, que influía na estabilidade dos índios e na possibilidade e validade da sua conversão.

Se, em princípio, a situação de *tanquam tabula rasa*,[106] atribuída aos povos ameríndios, parecia favorável à sua ca-

104. Vide Hans Staden, *Duas viagens ao Brasil*, Belo Horizonte/São Paulo, Itatiaia/EdUSP, 1974.

105. Cf. Manuel da Nóbrega, *Cartas do Brasil e mais escritos*, com introdução e notas históricas e críticas de Serafim Leite, Coimbra, Universidade de Coimbra, 1955, pp. 215–218.

106. Esta expressão é referida no manuscrito existente na Biblioteca Pública e Arquivo Distrital de Évora, de 31 de dezembro de 1583, *ms.* n° cxvi, fl. 44, incluído numa Miscelânea de manuscritos, com o título genérico de *Cousas do Brasil*, que tem sido atribuído ao Padre José de Anchieta, mas que tem sido levantada a possibilidade de ser do Padre Fernão Cardim. Vide a nossa dissertação de Mestrado já citada, pp. 161–181.

TRATADOS DA TERRA E GENTE DO BRASIL

tequização, ela veio a revelar-se, pelo contrário, negativa, pois se por acaso existisse um rei, e este se convertesse, a população seguiria o seu exemplo. Se houvesse uma religião para confrontar, seria de o fazer, para mostrar a força do cristianismo. Assim, este condicionalismo veio marcar uma das características da conversão do gentio, que devia ser individual, índio a índio, ou melhor, como logo perceberam os jesuítas, de menino índio a menino índio, e destes aos índios adultos. A aculturação tinha que ser conseguida individualmente, procurando destruir em cada um o seu pendor multissecular da sua própria cultura adepta da antropofagia, poligamia, consumo de bebidas em excesso, e ainda adepta de um nomadismo intermitente. Situação muito diferente da encontrada no Oriente, nomeadamente na Índia, na China ou no Japão, onde os portugueses se confrontaram com povos com estruturas político-administrativas e religiões milenares.

Fernão Cardim, como cristão e evidentemente como membro do clero, apresenta através dos seus textos esta situação, sobretudo quando refere a facilidade que os índios tinham em se converter e em solicitarem o seu batismo e casamento segundo os ritos cristãos. Casamentos, segundo a Igreja Católica, mas com grande dificuldade cumpridos nos preceitos dos Mandamentos, na medida em que o casamento e a forma de o encarar eram muito diferentes segundo as tribos ameríndias. Poligamia e adultério eram duas constantes da vida dos índios. Situação que se complicava depois que tomavam o batismo, já que

70

INTRODUÇÃO

o choque de mentalidades era evidente, atendendo às condições de vida e aos hábitos milenares. Casamento pela lei da natureza, por razões sociais, ou casamento pela lei da graça? Questão pertinente para homens de Quinhentos ou Seiscentos que sentiam esta enorme contradição, perante a mentalidade e os dogmas da Igreja.

Para solucionar esta questão e a dificuldade dos índios de se tornarem monogâmicos, na sua totalidade, os padres jesuítas começaram a encarar o casamento de outra forma: um homem e uma mulher, vivendo em comunhão com os seus filhos, há vários anos, e tendo eles mais de trinta anos, poderiam ser considerados como "vivendo em matrimônio".[107]

Por outro lado, o exemplo que era dado por alguns cristãos, até mesmo membros do clero secular, que se amancebavam com mulheres indígenas, não permitia aos índios compreender o objetivo do sacramento do matrimônio. Papel importante, digamos mesmo fundamental, dos padres da Companhia de Jesus e outros missionários, que tinham de superar estas contradições morais e sociais. Cardim lastima esta situação, entre outras que se viviam no território brasileiro de finais do Quinhentos, e alerta mesmo o monarca português para a inexistência e falta de preparação dos poucos curas que havia, afirmando:

---

107. Cf. *Informação dos casamentos dos índios*, pelo Pe. Franciso Pinto, in Códice cxvi/1–33, fl. 131–134, in *Cousas do Brasil*, Biblioteca Pública e Arquivo Distrital de Évora.

TRATADOS DA TERRA E GENTE DO BRASIL

Toda a costa do Brasil está carecida e destituída de padres que pudessem ser curas para as almas, [...] Não existem padres que saibam cumprir o seu ofício, e seus costumes e vidas são muito difamados, porque vieram de Portugal suspensos de ordens por crimes graves e também por incorrigíveis; e aqui como faltam sacerdotes são logo feitos curas de almas. [...] São muito ignorantes. [...] E suas vidas são dignas de misericórdia, porque enfim o cuidado deles é encher-se de dinheiro, alimento, bebida e seguir os vícios da carne, com grande escândalo dos leigos.[108]

De forma diferente de atuar, como em relação aos povos ameríndios, a quem Cardim mostrava compreensão, aqui a sua crítica pode mesmo ser considerada "dura", perante a atuação do clero secular, aproveitando para elogiar o comportamento e o papel dos jesuítas, que não era de simples missionários ou professores. A sua crítica insere-se no contexto de contestação e de alteração que a própria Igreja Católica e o clero secular estavam a ser sujeitos.

Mas o olhar do Padre Fernão Cardim não fica apenas pela questão do valor e da moralidade do casamento dos índios. Preocupa-se, ainda, com a situação que viviam alguns, que eram utilizados pelos senhores dos engenhos como mão-de-obra escrava, dificultando a atuação dos padres da Companhia e de outros membros do clero.[109] Situação de conflito que já se vinha a sentir desde o tempo do Padre Manuel da Nóbrega, já que os jesuítas procura-

108. Cf. Fernão Cardim, *Artigos*, *op. cit.*, pp. 455–482.
109. *Idem*, *ibidem*, pp. 455–482.

INTRODUÇÃO

vam diligenciar no sentido de conseguir a liberdade dos índios e o seu reconhecimento como "homens livres". Atitude esta, dos inacianos, que granjeou entre os índios um grande prestígio, sentindo que existia entre os portugueses quem os defendesse.

Durante a permanência do visitador Cristóvão de Gouveia, de quem Cardim foi secretário, a questão da conversão e escravidão dos povos ameríndios foi analisada e tornou-se polêmica. O padre visitador, depois de muita insistência para Lisboa, conseguiu que, por uma lei de 24 de fevereiro de 1587, Filipe II restringisse o critério de guerra justa, e organizasse as entradas com a presença dos inacianos, e com autorização do governador, e ainda regulamentasse a repartição de índios, "persuadidos" a virem à costa para trabalhar nos engenhos e fazendas.[110]

O interesse de Cardim pelos povos ameríndios com quem contatou logo no início da sua chegada a terras brasileiras e que vai descrevendo, ao mesmo tempo que vai desenvolvendo uma atuação política pela sua defesa, vai mesmo ao ponto de apresentar, no *Tratado* dedicado aos índios, uma exaustiva enumeração de várias nações, cerca de 104, algumas delas não mencionadas em outros textos quinhentistas e seiscentistas. Agrupa-as em dois grandes grupos: os tupis e os tapuias, com base na língua utilizada, o que levava os primeiros a considerar os segundos como

110. Cf. Arquivo Histórico Ultramarino, *Registos*, I, 45–47v., cit. in Serafim Leite, *História da Companhia de Jesus no Brasil*, tomo II, liv. II, p. 211.

TRATADOS DA TERRA E GENTE DO BRASIL

"bárbaros", já que os tupis falavam a denominada "língua geral", e os tapuias uma língua completamente diferente, de grande dificuldade de compreensão.[111]

A questão da língua é uma das preocupações de Cardim, assim como de outros membros da Companhia de Jesus, para se poderem entender e fazer-se compreender pelos índios, diligenciando na sua conversão, uma das questões com que os jesuítas se debateram no Brasil, e muito concretamente Fernão Cardim. É que este conseguia vislumbrar nos índios, para além do corpo, uma alma, igual à de todos, que era preciso catequizar e remir. Considerava-os como homens, que era possível aperfeiçoar e educar, mas que estavam prontos a aceitar essa nova religião, procedendo como verdadeiros cristãos, assistindo à missa com autêntico fervor, por vezes, na sua opinião crítica, superior ao de muitos colonos cristãos.

Este jesuíta evidencia ao longo dos seus textos uma visão diferente em alguns aspectos da de outros autores contemporâneos. Notam-se, de fato, duas opiniões diferentes nos textos que fazem uma descrição dos povos ameríndios. Para alguns, o índio é um ser inócuo, inocente e pacífico por natureza, que só quando exacerbado pelas provocações dos europeus se tornava agressivo, cruel e vingativo. Mas, para outros, ele é cruel e perigoso por natureza e por isso defendem a posição dos europeus de lhe moverem guerras. Posições, em alguns casos, extremistas

111. Cf. Manuel Diegues Júnior, *Etnias e Culturas do Brasil*, 3ª ed., Rio de Janeiro, Ed. Letras e Artes, 1963, p. 16.

INTRODUÇÃO

já que os índios possuíam, como todos os outros homens, qualidades boas e más. Vivendo errantes e em estado quase que "primitivo",[112] deixavam-se guiar mais pelo direito da força, que pela força do direito. Não se pode, por isso, incriminar apenas os europeus pela existência de guerras, pois é certo que muitos grupos, mais belicistas, viviam em contínuos conflitos e vinganças entre si, que terminavam quase sempre em rituais de antropofagia.[113]

ALGUMAS CONSIDERAÇÕES FINAIS

"He outro Portugal nasceu!" Iniciamos o nosso texto introdutório com esta mesma frase, que fomos citando várias vezes ao longo do mesmo, pois consideramos que era a grande "mensagem" que o Padre Fernão Cardim procurava transmitir nos seus textos. Era o "olhar" de um homem do Quinhentos, mas um "olhar" aberto, de quem está receptivo a tudo o que observa e experimenta.

112. Considere-se como *primitivo*, no conceito da antropologia cultural, os membros das etno-sociedades, dos povos estudados pelos etnógrafos, mas sem qualquer cunho depreciativo, como aconteceu durante muitos anos, já que eles não devem ser considerados como "selvagens", nem como povos sem cultura ou sobreviventes da pré-história. Um povo primitivo não é um povo retrógrado ou atrasado, e também não é um povo sem história, segundo Claude Lévy-Strauss, ainda que ignorem a escrita, que sejam ágrafos, as formas sociais e as técnicas das sociedades atuais, eles têm as suas próprias técnicas, os seus hábitos e cultura.

113. Cf. Arlindo Rubert, *A Igreja no Brasil*, vol. I. Santa Maria, Pallotti: 1981, pp. 135–137.

TRATADOS DA TERRA E GENTE DO BRASIL

É a visão do homem que permaneceu no Brasil durante cerca de cinquenta anos, percorrendo grande parte do seu território, ainda que basicamente no litoral e nas aldeias fundadas pelos membros da Companhia, e não a visão de um simples viajante que passou pelas terras brasileiras, ou que foi hóspede ou prisioneiro dos índios, como Jean de Léry ou Hans Staden, entre tantos outros testemunhos. É a visão do Homem que chega ao Brasil, vindo de Portugal, já em idade madura, com 35 anos, e uma formação cultural, humanista já consolidada. Note-se que os textos cardinianos foram redigidos logo à sua chegada, quando desempenhava o cargo de secretário do padre visitador Cristóvão de Gouveia, durante a sua viagem por terras brasileiras, procurando enviar para o padre provincial em Portugal as informações sobre o estado das aldeias e do contato com os povos ameríndios. São dessa época a primeira carta, que compõe a denominada *Narrativa epistolar de uma viagem e missão jesuítica pela Bahia, Ilheos, Porto Seguro, Pernambuco, Espírito Santo, Rio de Janeiro, S. Vicente (S. Paulo), etc, desde o anno de 1583 ao de 1590, indo por visitador o Padre Christóvão de Gouvêa,*[114] e uma segunda carta, já de 1590, incluída também na mesma Informação, escrita já após a partida do padre visitador e quando Cardim já era reitor do colégio da Bahia.

---

114. Este Texto também é por vezes denominado de *Informação da Missão do Padre Cristóvão de Gouveia às partes do Brasil, ano de 83*, encontrando-se publicado na obra conjunta dos textos cardinianos na nossa edição de 1997, pp. 211–283.

INTRODUÇÃO

Os restantes textos atribuídos ao padre Fernão Cardim, que compõem os *Tratados da terra e gente do Brasil*, foram redigidos na mesma época, entre a data de chegada, 1583 a 1590, quando muito até 1601, data em que os seus manuscritos foram apreendidos pelos corsários ingleses, vindo a ser mais tarde publicados em Londres, em 1625, por Samuel Purchas. Não é, pois, o testemunho de quem está de passagem, mas sim de um homem que chegou ao território brasileiro e que ficou, para aí vir a construir uma vida dedicada ao desenvolvimento dos ideais cristãos e que procurou proteger os povos ameríndios, ao mesmo tempo que diligenciava na sua conversão. É o humanista a procurar entender aqueles povos diferentes com quem entrava em contato. Mas um humanista que evidencia uma grande capacidade analítica e tolerante na interpretação dos atos dos índios. Espírito de curiosidade e de aceitação, na maioria dos casos, do "outro", na visão humanista de aceitar o índio como um ser humano. Um homem novo, um encontro de culturas, num mundo novo. Um mundo com bons ares e onde tudo se podia cultivar. Não ainda a visão do "bom selvagem", que virá a despontar com Montaigne (1580) e acentuar-se com as Luzes, mas para a qual contribuíram os textos dos humanistas e, neste caso concreto, de Fernão Cardim.

O "índio" deste jesuíta e de outros escritores contemporâneos é um ser humano que vive no seu habitat, com os seus defeitos, mas também com as suas qualidades. É um ser que come os seus prisioneiros, mas que estima os seus filhos; que esquarteja os corpos desses cativos, mas que antes os respeita e considera; que tem várias mulheres, mas que honra a primeira, procurando sempre protegê-la; que come e bebe demasiado nas cerimônias rituais, mas que tem consideração pelos seus hóspedes.

A obra de Fernão Cardim integra-se no contexto dos textos renascentistas que procuravam descrever as terras e gentes descobertas pelos portugueses, dando a conhecer o *novo mundo*, onde coabitavam novos povos, animais e plantas. O grande contributo dos portugueses para o Renascimento é, sem dúvida, essa nova visão do homem e do mundo, que veio alterar os modelos tradicionais.

Um dos aspectos que transparece de todos os textos sobre o Brasil e as suas gente é a situação do seu autor, se permaneceu muito tempo nesses territórios ou se estava de "passagem", assim como o momento em que os textos são redigidos, se é o do impacto ou já depois de uma certa permanência. Vivências diferentes que se transpõem para a forma como encaram o índio. Se os escritos dos exploradores e viajantes possuem, como característica comum a todos eles, uma visão parcelar do índio, muito exterior e imediata, nos aspectos que mais rapidamente ressaltam de um primeiro contato, por outro lado entre os colonizadores há como que uma maneira mais interior e mais completa de encarar os costumes dos indígenas, procurando interpretá-los, enquanto que os primeiros apenas

INTRODUÇÃO

se limitam a descrevê-los.[115] Entre essas fontes situam-se os roteiros de navegação, de teor essencialmente técnico e os relatos de viagem, estruturados em forma de diário; as cartas narrativas, onde a personalidade do autor emerge de maneira mais evidente, assim como os valores socioculturais; os regimentos, alvarás, requerimentos e outros textos político-administrativos e por vezes econômicos; as inquirições, acerca dos testemunhos dos moradores e do seu contato com os povos ameríndios; os tratados científicos, contendo informações de ordem etnológica, zoológica, botânica, entre tantos outros aspectos dignos de realce; e finalmente as gramáticas, que permitem o estudo das línguas indígenas.[116]

Mas a maioria dos testemunhos são de membros da Companhia de Jesus, que através das suas cartas, como estas do Padre Fernão Cardim, transmitem informações importantes da vida, hábitos e costumes dos povos com quem contataram. Textos de uma enorme extensão e variedade, que incluem desde os apontamentos pontuais transmitidos, em geral, por via epistolar, aos tratados e

115. Cf. M.C. Osório Dias, *O índio do Brasil na literatura portuguesa dos séculos XVI, XVII e XVIII*, Tese de licenciatura, Faculdade de Letras, Universidade de Coimbra, 1961, pp. 41–51.

116. Cf. Marina Massimi, "Visões do homem e aspectos psicológicos no encontro entre a cultura portuguesa e as culturas indígenas do Brasil, no século XVI. Documentos e perspectivas de análise", in *Actas do Congresso da Missionação Portuguesa e Encontro de Culturas*, Lisboa, 1992, pp. 609–627.

aos documentos oficiais.[117] Textos que permitem ter um conhecimento da terra e gente brasílica. Obras que nos permitem sentir a vivência dos seus autores, cronistas, viajantes, missionários, juristas e até colonos, ao contatarem com os povos ameríndios. Intensa produção textual que evidencia a importância e o interesse que o Brasil despertava nos autores europeus da época quinhentista e nos meios ultramarinos portugueses, como novo espaço de exploração e colonização.[118] Interesse notório na curiosidade evidenciada pela cultura portuguesa quinhentista, que aborda pontos de observação psicológica, com surpreendente agudeza analítica. O contato com esses remotos povos significou uma grande evolução na capacidade de interpretação dos atos humanos.[119] Espírito de curiosidade e de aceitação, na maioria dos casos do "outro", na visão humanista de aceitar o índio como um ser humano. Um *homem novo*, o ameríndio aparece como o *outro civilizacional*, que tinha estado ausente dos quadros tradicionais do saber europeu até a descoberta do continente americano.

117. Cf. Luís Filipe Barreto, "O Brasil e o índio nos textos jesuítas do século XVI", in *Actas do Congresso de Missionação Portuguesa e Encontro de Culturas*, Lisboa, 1992, pp. 607–608.

118. Cf. Rui Loureiro, "A visão do índio brasileiro nos tratados portugueses de finais do século XVI", in *O confronto do olhar. O encontro dos povos na época das navegações portuguesas*, coord. de Antonio Ferronha, Lisboa, Caminho, 1990, pp. 259–283.

119. Cf. Jorge Borges de Macedo, "Livros impressos em Portugal no século XVI. Interesses e formas de mentalidades", in *Arquivos do Centro Cultural Português*, 1975, pp. 181–221.

INTRODUÇÃO

O "Brasil" entra no Renascimento português numa época em que o homem do século XVI procura fundamentar a sua visão do mundo num elogio ao presente e ao seu valor civilizacional.[120] Mas a realidade do homem quinhentista é muito diversa da imagem que nos representa o seu universo mental. O ser quinhentista é um fenômeno de extrema complexidade ao mesmo tempo contínuo e descontínuo frente à medievalidade. Por outro lado, um ser que consegue encarar o *Novo Mundo* e o *Novo Homem* com um espírito tolerante, na sua maioria, e que procura compreendê-lo. Voltaire considerava mesmo que o século XVI é o "belo século", que nos apresenta os maiores espetáculos que o mundo jamais forneceu.[121] Século que marca a reabilitação de toda a Europa, o seu arranque civilizacional a nível intelectual e material. Arranque para o qual muito contribuíram os descobrimentos portugueses. A ressonância das viagens marítimas e da conquista dos continentes pelos portugueses na consciência cultural do europeu era significativa. Porque os portugueses ao avançarem para o Sul e ao transporem a linha do Equador tinham desvendado outro hemisfério, o meridional, desconhecido até então, ao mesmo tempo que davam a

120. Cf. Luís Filipe Barreto, *Descobrimentos e Renascimento. Formas de ser e pensar nos séculos XV e XVI*, 2ª ed., Lisboa, Imprensa Nacional-Casa da Moeda, 1983, pp. 12–50.

121. Cf. Voltaire, *Essai sur les mœurs et l'ésprit des nations et sur les principaux Faits de l'Histoire depuis Charlemagne jusqu'à Louis XIII*, Paris, ed. R. Pomeau, vol. I, cap. LXXXII, p. 757, cit. in Luís Filipe Barreto, *op. cit.*, p. 24.

conhecer tudo o que estava abaixo da zona tórrida, desde as estrelas à fauna, flora e populações, sob a abóbada dos antípodas.[122]

O choque psicológico vinha a sentir-se desde a viagem de Diogo Cão ao Golfo da Guiné, por 1484–1486, já que se registou, pela primeira vez, a existência de outro mundo, ou de um novo mundo, e o erro descompassado em que tinham incorrido e persistido os geógrafos antigos e modernos. A descoberta da comunicabilidade entre o mar Oceano e o Índico, ou seja, da passagem de sueste, efetuada pela expedição de 1487–1488, comandada por Bartolomeu Dias, confirmou a viabilidade de navegar entre os dois oceanos e de conseguir alcançar a Índia pelo Atlântico Sul.

Mas a atitude de ruptura só verdadeiramente se catalisou com a chegada de Cristóvão Colombo às Antilhas e a de Pedro Álvares Cabral ao Brasil. Era, de fato, um *Novo Homem* e um *Novo Mundo*, que os povos ibéricos encontraram no continente americano e, através destes, o resto da Europa.

Estes ensinamentos da nova geografia propagaram-se por toda a Europa, ainda que com alguma reação em relação ao novo continente descoberto, o americano, que alguns defenderam como sendo autônomo, exumando

---

122. Cf. Alexandre Geraldini, *Itinerarium ad regiones sub aequinoctiali plaga constitutas...*, Roma, 1631, pp. 204–205, cit. in W.G.L. Randles, *Da Terra Plana ao Globo Terrestre. Uma Rápida Mutação Epistemológica, 1480–1520*, trad. port., Lisboa, Gradiva, 1990, p. 39.

INTRODUÇÃO

temas esquecidos da cultura antiga e desafiando eventuais censuras da Igreja, denominando-o de "Novo Mundo".[123] Depois que os europeus alargam o espaço geográfico, eles são portadores de inquietudes diante do desconhecido, mas também portadores de respostas. As terras, as plantas, os animais, mas sobretudo os homens não são idênticos aos conhecidos depois de séculos através da Europa, e é necessário que se tenha conhecimento desse fato. E o discurso português é o fundador desta nova visão.[124]

O contato com a nova terra e gentes do território brasílico era um dos temas preferidos pelos autores portugueses e outros europeus, sobretudo franceses. Considera-se, mesmo, que o contributo dos portugueses para o "mito do bom selvagem" foi significativo e que desde a *Carta de Achamento* de Pêro Vaz de Caminha que a imagem do silvícola se tem mantido como a do "bom selvagem". Os ameríndios pareciam almas puras e eram portadores de uma bondade natural que fascinou Cabral, os seus companheiros e muitos que os seguiram, como Fernão Cardim.[125]

É notório neste autor o Homem completo, que procura captar o maior número de conhecimentos, observando

---

123. Cf. W.G. Randles, *op. cit.*, pp. 117–122.

124. Cf. Alfredo Margarido, "La Vision de L'Autre (Africain et Indien d'Amérique) dans la Renaissance Portuguaise", in *L'Humanisme Portuguais et l'Europe*, Actes du XXI Colloque Internacional d'Études Humanistes, Tours, 3–13 Juillet, 1978, pp. 507–555.

125. Cf. Joaquim Veríssimo Serrão, "Da Terra de Vera Cruz à América Portuguesa", in *Actas dos 1º Cursos Internacionais de Verão de Cascais*, Cascais, Câmara Municipal de Cascais, 1994, pp. 303–313.

TRATADOS DA TERRA E GENTE DO BRASIL

tudo o que o rodeia, um humanista que procura um saber em harmonia com o viver e ainda um saber em harmonia com um novo mundo. Mas sempre um saber global, total, que consiga transmitir o maior número de informações aos seus superiores. Nele encontramos o geógrafo, que estuda a terra, o seu clima e a sua habitabilidade; o etnógrafo, que descreve os povos indígenas, seus usos e costumes, com respeito e coerência; o zoólogo e o botânico, que observa com rigor a fauna e flora desconhecidas, descrevendo-as de uma forma quase visual; o cronista que traça os hábitos das populações, até mesmo os gastronômicos, e que menciona as missões dos jesuítas, os seus colégios e residências, o estado das capitanias, os seus habitantes e suas produções, o progresso ou a decadência da Colônia e as suas causas, assim como os problemas que tinham de enfrentar diariamente, alertando mesmo o poder para as questões a resolver.

Fernão Cardim não se mostra, de uma forma geral, espantado pela terra e pelos homens que encontra. Preocupa-se em descrevê-los, o que faz minuciosamente, salientando aspectos físicos, de temperamento e de comportamento. O seu estado de alma estava imbuído de um otimismo quase ingênuo, face à terra e aos homens. Até mesmo os animais mais estranhos não são caracterizados de uma forma desagradável e indiferente, procurando integrá-los no seu habitat. O mesmo acontece com a flora brasileira, tão rica em aspecto, gosto e sabores e que Cardim descreve mostrando conhecê-la profundamente. Logo

INTRODUÇÃO

na seleção dos temas observados nos povos ameríndios, deu prioridade aos assuntos de caráter mais humano, que mostrassem melhor as características físicas e psicológicas desses povos, com quem tinha contatado, nomeadamente a forma como os índios tratavam as mulheres, a educação das crianças, a questão dos casamentos, a saudação lacrimosa, os incitamentos dos principais, além, evidentemente, da questão da antropofagia, dos rituais mágico-religiosos. Informações e descrições diferentes que terão que ver com a sua formação e a própria vivência no território brasileiro, além do momento em que foram escritos e, concomitantemente, com a personalidade e maturidade do próprio autor. Em Cardim encontramos não só as descrições impessoais que existem nas outras obras, mas ainda a projeção de sentimentos de alegria e tristeza, de admiração e de orgulho. Sentimos ainda, de certa forma, as cores, os odores, os sabores, como se estivéssemos a viver o acontecimento a par de Cardim.

Seguindo a sua Carta ao padre provincial, em que dá conhecimento da viagem do padre visitador Cristóvão de Gouveia, encontramos o texto de um jesuíta que vê o seu superior debater-se, como o fará mais tarde o próprio Cardim, sobre a validade do batismo e do casamento dos índios, e que no final da confissão não deixa de dizer, na própria língua indígena: *Xê rair tupã de hiruamo*, ou seja, a expressão: "Filho, Deus vá contigo!".

Riqueza de testemunhos que nos permitem afirmar que, entre os cronistas e viajantes que estiveram no Bra-

TRATADOS DA TERRA E GENTE DO BRASIL

sil no Quinhentos, Fernão Cardim mostrou um conhecimento excepcional do território, das gentes, da fauna e flora. Valor que não passou despercebido a Ferdinand Denis, que louvou a excelência do texto das cartas da *Narrativa epistolar*, ao afirmar:

> um pequeno livro escrito num estilo cativante e que se deve a um missionário até agora desconhecido, [...] o Padre Fernão Cardim, [...] dotado de um sentimento poético, duma rara delicadeza e que se revela como sem seu conhecimento, em algumas das cartas confidenciais que escreveu a um superior.[126]

Este autor utiliza mesmo o texto cardiniano para descrever as festas e os cânticos dos índios. O Padre Fernão Cardim foi, sem dúvida, uma figura importante da produção quinhentista portuguesa, pelos seus depoimentos, que são testemunho presencial, e feitos de uma forma sincera, rigorosa e sem juízos de valor. Sujeitos a várias leituras e interpretações, os textos cardinianos não poderão deixar de ocupar esse lugar que lhes é devido no contexto humanista português, tal como o têm sido no brasileiro, a par de outros autores quinhentistas e seiscentistas que procuraram transmitir esse significativo *encontro de culturas*.

A EDIÇÃO DO TEXTO

Ao preparar-se a edição da obra do Padre Fernão Cardim procuramos, essencialmente, dar a conhecer os textos

---

126. Cf. Ferdinand Denis, *Une Fête Brésilienne Célébrée à Roeun en 1550*, publicada em Paris, em 1851, cit. in "Introdução" de Rodolfo Garcia, in Fernão Cardim, *op. cit.*, pp. 17–18. Tradução da autora.

INTRODUÇÃO

escritos por esse jesuíta entre 1583 e 1590, ou possivelmente até 1601, data em que os manuscritos foram confiscados. Tratando-se de escritos de finais de Quinhentos, houve a preocupação em manter o mesmo estilo de composição, não realizando significativas alterações. Estruturamos os dois textos que compõem a obra cardiniana de acordo com a primeira edição conjunta, de 1925, no Brasil, porque nos pareceu adequada ao melhor conhecimento da terra e gente do Brasil.

Assim, transcreveram-se os dois tratados referentes ao clima e terra do Brasil e aos índios. Ao longo do texto mantivemos os termos e expressões tupis, em itálico, utilizadas pelo autor, procurando dar-lhes uma adequada significação e explicando, sempre que possível, a sua etimologia e a primeira vez que foram introduzidas na língua portuguesa. Foram também mantidas as expressões em latim. Utilizamos para esse fim uma bibliografia lexical específica, além das notas de Rodolfo Garcia, Capistrano de Abreu e Baptista Caetano, incluídas na primeira edição conjunta dos textos cardinianos, de 1925.

Nas notas de rodapé, remetemos aos aspectos que consideramos que poderiam esclarecer o leitor sobre os diversificados assuntos apresentados por Cardim. Procuramos que este aparato crítico não fosse muito denso, o que nem sempre foi possível, dado o interesse que alguns temas mereciam, até, por vezes, com uma mais desenvolvida abordagem. Optamos por não utilizar um glossário no fim da obra com os termos desusados ou em tupi, ou outra língua indígena, considerando que não facilitava a leitura dos textos, incluindo, como tal, esses termos nas notas de fim de página.

No que concerne às normas de transcrição ortográfica, procuramos manter o mais possível o texto cardiniano, sem provocar alterações significativas, mas tornando-o acessível e atraente para o maior número de leitores. Assim, nesta transcrição:

▷ atualizou-se o emprego das vogais, dos ditongos nasais em final de sílaba e plurais e da nasalação expressa por til; retiraram-se as vogais germinadas, com ou sem acento de acordo com as regras atuais de ortografia; uniformizou-se a atualização do "h" e do "g" oclusivos;

▷ retiraram-se as consoantes germinadas e atualizaram-se os empregos de "s/z/c/ç" e do "r", eliminando-se os grupos de consoantes e digramas "ch, ph, th, qu", hoje já em desuso;

▷ desenvolveram-se as abreviaturas sempre que possível ou, em casos duvidosos, remeteram-se para nota de rodapé; substituiu-se o sinal & por "e", ou por "etc.", se estava mais de acordo com o texto;

▷ regularizou-se o uso de maiúsculas segundo a forma atual, ainda que se mantivessem algumas de acordo com o espírito do texto da época;

▷ e mantiveram-se algumas oscilações gráficas e formas arcaicas.

INTRODUÇÃO

No que diz respeito à acentuação procurou-se deixá-la da forma como estava, alterando-se sobretudo nas situações em que a ausência da mesma podia afetar a boa compreensão do texto. A mesma regra foi seguida em relação à pontuação, até porque a maioria destes textos quinhentistas destinava-se a ser ouvida, ou seja, lida em voz alta, tendo a pontuação, talvez por isso, a cadência do ritmo respiratório. Para tornar o texto menos denso foram abertos vários parágrafos não contemplados nos manuscritos. Manteve-se, no entanto, a mesma divisão em capítulos estruturada por Cardim.

BIBLIOGRAFIA

A presente edição da obra de Fernão Cardim encontra-se fundamentada numa bibliografia diversificada, atendendo à variedade de temas tratados nos textos dos *Tratados da terra e gente do Brasil*, além do estudo do próprio autor, do Brasil Quinhentista e das sociedades ameríndias, assim como da fauna e flora brasílicas. Optamos por selecionar apenas algumas das obras que consideramos mais relevantes.

Fontes impressas

ABBEVILLE, Claude d'. *História da Missão dos Padres Capuchinhos na Ilha do Maranhão e terras Circunvizinhas*, trad. port. Sérgio Milliet, São Paulo, Liv. Martins Editora, 1945.

ABREU, Sebastião de. *Vida e Virtudes do Admirável Padre João Cardim da Companhia de Jesus*, Évora, Universidade de Évora, 1659.

AYLLY, Pierre d'. *Ymago Mundi*, texto modernizado e notas de Edmond Buran, 3º vol., Paris, 1930.

ANCHIETA, José de. *Cartas, Informações, Fragmentos Históricos e Sermões*, Belo Horizonte/São Paulo, Itatiaia/EduSP, 1988.

TRATADOS DA TERRA E GENTE DO BRASIL

ANTONIL, André João. *Cultura e Opulência do Brasil por suas drogas e minas*, Lisboa, Pub. Alfa, 1989.

BARROS, João de. *Décadas da Ásia*, 4 vols., selecção, notas e introdução de Antonio Baião, Lisboa, Livraria Sá da Costa, 1945.

BARBOSA, Duarte. *Livro do que viu e ouviu no Oriente Duarte Barbosa*, ed. de Luís de Albuquerque, Lisboa, Pub. Alfa, 1989.

CAMINHA, Pêro Vaz de. *Carta do Achamento do Brasil ao rei D. Manuel*, ed. de Manuel Viegas Guerreiro e de Eduardo Borges Nunes, Lisboa, Imprensa Nacional- Casa da Moeda, 1974.

CARDIM, Fernão. *Tratados da Terra e Gente do Brasil*, Transcrição do texto, introdução e notas de Ana Maria de Azevedo, Lisboa, Comissão Nacional para as Comemorações dos Descobrimentos Portugueses (CNCDP), 1997.

CARTAS JESUÍTICAS, CARTAS AVULSAS, (1550–1568), Belo Horizonte/São Paulo, Itatiaia/EduSP, 1988.

COLOMBO, Cristóvão. *La Découverte de l'Amérique*, Paris, Maspero, 1979.

COLOMBO, Cristóvão. *Œuvres*, Paris, Galimard, 1961.

COSTA, Cristóvão da. *Tratado das Drogas e Medicinas das Índias Orientais*, ed. de Walter Jaime, Junta de Investigações Científicas do Ultramar, 1964.

DENIS, Ferdinand. *Brasil*, trad port., Belo Horizonte/São Paulo, Itatiaia/EduSP, 1980.

ÉVREUX, Yves d'. *Viagem ao Norte do Brasil*, int. e notas de Ferdinand Denis, trad. port. de César Augusto Marques, Maranhão, s. ed., 1874.

GÂNDAVO, Pêro de Magalhães de. *História da Província de Santa Cruz*, texto modernizado por Maria da Graça Pericão e comentário de Jorge Couto, Lisboa, Pub. Alfa, 1989.

KNIVET, Anthony. *Narração da Viagem que nos anos de 1591 e seguintes fez da Inglaterra ao Mar do Sul, em Companhia de Thomas Cavendish*, trad. de J.H. Duarte Pereira, in *Revista do Instituto Histórico, Geográfico e Etnográfico do Brasil*, tomo XL, Rio de Janeiro, 1947.

LAFITAU, Joseph-François. *Mœurs des sauvages américains, comparées aux mœurs des premiers temps*, Paris, ed. La Découverte, 1994.

LAS CASAS, Bartolomeu de. *Brevíssima Relação da Destruição das Índias*, trad. de Júlio Henriques, Lisboa, Ed. Antígona, 1990.

LÉRY, Jean de. *Viagem à Terra do Brasil*, trad. port., Belo Horizonte/São Paulo, Itatiaia/EduSP, 1980.

INTRODUÇÃO

LISBOA, Frei Cristóvão de. *História dos Animais e Árvores do Maranhão*, ed. facsimilada, Lisboa, Arquivo Histórico Ultramarino e Centro de Estudos Históricos Ultramarinos, 1967.

MARCGRAVE, G. *História Natural do Brasil*, trad. port., São Paulo, Ed. do Museu Paulista, 1942.

MONTAIGNE, Michel de. *Essais*, 2 vols., Paris, Liv. Générale Française, 1972.

NÓBREGA, Manuel da. *Cartas do Brasil e mais escritos*, introd. e notas históricas e críticas de Serafim Leite, Coimbra, Acta Universitatis Conimbricensis, 1955.

_____. *Diálogo sobre a Conversão do Gentio*, ed. de Serafim Leite, Lisboa, Comissão do IV Centenário da Fundação de São Paulo, 1954.

NOVAS CARTAS JESUÍTICAS, (DE NÓBREGA A VIEIRA), coligidas por Serafim Leite, São Paulo, Companhia Editora Nacional, 1940.

ORTA, Garcia da. *Colóquios dos Simples e Drogas da Índia*, ed. do Conde de Ficalho (Lisboa, 1891), edição facsimilada, 2 vols., Lisboa, Imprensa Nacional-Casa da Moeda, 1987.

PLÍNIO. *Naturalis Historiae Libri*, XXXVII, ed. J. Harduin, 5 tomos, Paris, 1685.

SALVADOR, Frei Vicente do. *História do Brasil, (1500–1627)*, Belo Horizonte/São Paulo, Itatiaia/EdUSP, 1982.

SEVILHA, Santo Isidoro de. *Etimologias*, trad. castelhana, Madrid, B.A.C, 1951.

SOARES, Francisco. *Cousas Notáveis do Brasil*, texto modernizado por Maria Graça Pericão e comentário de Luísa Black, Lisboa, Pub. Alfa, 1989.

SOUSA, Gabriel Soares de. *Notícia do Brasil*, comentário de Luís de Albuquerque, Lisboa, Pub. Alfa, 1989.

SOUSA, Pêro Lopes de. *Relação da navegação (1530–1532)*, texto modernizado por Luís de Albuquerque e comentário de Maria do Anjo Ramos, Lisboa, Pub. Alfa, 1989.

STADEN, Hans. *Duas Viagens ao Brasil*, Belo Horizonte/São Paulo, Itatiaia/EdUSP, 1974.

THEVET, André. *Les Singularités de la France Antarctique (1557)*, ed. apresentada e anotada por Frank Lestringant, Paris, Ed. Chandeigne, 1997.

VIEIRA, Antonio. *Cartas de Antônio Vieira*, org. de J.L. de Azevedo, Coimbra, Imprensa Nacional, 1925.

Bibliografia geral

ABREU, João Capistrano de. *Capítulos de História Colonial (1500–1800)*, 4ª ed., Rio de Janeiro, Soc. Capistrano de Abreu/Liv. Briguet, 1954.

TRATADOS DA TERRA E GENTE DO BRASIL

ALMAÇA, Carlos, "Os Portugueses do Brasil e a Zoologia Pré-Lineana", in *A Universidade e os Descobrimentos*, Lisboa, Imprensa Nacional-Casa da Moeda, 1993, pp. 175–194.

BARBALHO, Nelson. *Dicionário do Açúcar*, Recife, Editora Massangana, 1984.

BARRETO, Luís Filipe. *Descobrimentos Portugueses e Renascimento. Formas de Ser e de Pensar nos Séculos XV e XVI*, 2ª ed., Lisboa, Imprensa Nacional-Casa da Moeda, 1983.

_____. *Os Descobrimentos e a ordem de saber – uma análise sócio-cultural*, Lisboa, Gradiva, 1987.

BOSI, Alfredo. *História Concisa da Literatura Brasileira*, São Paulo, Ed. Cultrix, s.d.

BOXER, Charles Ralph. *O Império Colonial Português, 1415–1825*, trad. port., Lisboa, Ed. 70, 1975.

BRASIL A/Z, LAROUSSE CULTURAL, Enciclopédia Alfabética, São Paulo, Editora Universo, 1988.

CALMON, Pedro. *História da Fundação da Bahia*, Baía, Pub. do Museu do Estado, 1949.

CARVALHO, Joaquim Barradas de, "O Descobrimento do Brasil através dos Textos", in *Separata da Revista de História*, nºs 80 e 82, São Paulo, 1969–1970.

CASTELLO, José Aderaldo, *Manifestações Literárias do Período Colonial (1500–1808)*, São Paulo, Ed. Cultrix, s.d.

CORTESÃO, Jaime. *A Colonização do Brasil*, Lisboa, Portugália, 1969.

_____. *A Fundação de São Paulo capital geográfica do Brasil*, Rio de Janeiro, Livros de Portugal, 1955.

_____. *Introdução à História das Bandeiras*, 2 vols., Lisboa, Livros Horizonte, 1975.

COUTINHO, Afrânio, dir. *A Literatura no Brasil*, 2ª ed., Rio de Janeiro, Editorial Sul Americana, 1968.

COUTO, Jorge. *A Construção do Brasil. Ameríndios, Portugueses e Africanos do início do povoamento a finais de Quinhentos*, Lisboa, Ed. Cosmos, 1995.

CULTURA PORTUGUESA NA TERRA DE SANTA CRUZ, coord. de Maria Beatriz Nizza da Silva, Lisboa, Ed. Estampa, 1995.

DELUMEAU, Jean. *Uma História do Paraíso. O Jardim das Delícias*, Lisboa, Terramar, 1994.

DIAS, J. Sebastião da Silva. *Os Descobrimentos e a Problemática Cultural do Século XVI*, Coimbra, Universidade de Coimbra, 1973.

INTRODUÇÃO

DICIONÁRIO DA HISTÓRIA DA COLONIZAÇÃO PORTUGUESA NO BRASIL, coord. de Maria Beatriz Nizza da Silva, Lisboa, Ed. Verbo, 1994.

DICIONÁRIO DE HISTÓRIA DE PORTUGAL, 6 vols., dir. de Joel Serrão, Lisboa, Iniciativas Editoriais, 1975.

DICIONÁRIO DE LITERATURA PORTUGUESA, 5 vols., dir. de Jacinto Prado Coelho, 3ª ed., Porto, Figueirinhas, 1978.

DICIONÁRIO DE FOLCLORE BRASILEIRO, org. de Luís da Câmara Cascudo, Rio de Janeiro, Ediouro, 3ªed., 1972.

FEBVRE, Lucien. *O problema da descrença no século XVI*, trad. port., Lisboa, Editorial Início, s.d.

FERRÃO, José E. Mendes. *A Aventura das Plantas e os Descobrimentos Portugueses*, Lisboa, Instituto de Investigação Científica Tropical, Comissão Nacional para as Comemorações dos Descobrimentos Portugueses e Fundação Berardo, 1992.

FREYRE, Gilberto. *Casa Grande e Senzala. Formação da Família Brasileira sob o Regime de Economia Patriarcal*, Lisboa, Ed. Livros do Brasil, s.d.

_____. *Em torno de um novo conceito de Tropicalismo*, Coimbra, Tipografia Coimbra Ed., 1952.

_____. *Interpretação do Brasil. Aspectos da formação social brasileira como processo de amalgamento de raças e culturas*, Lisboa, Ed. Livros do Brasil, s.d.

_____. *Problemas Brasileiros de Antropologia*, 4ª ed., Rio de Janeiro, José Olympio, 1973.

GODINHO, Vitorino Magalhães. *Os Descobrimentos e a Economia Mundial*, 4 vols., Lisboa, Ed. Presença, 1981–1983.

_____. *Mito e mercadoria, utopia e prática de navegar, séculos XII-XVIII*, Lisboa, Difel, 1990.

GUERREIRO, Manuel Viegas. *A Carta de Pêro Vaz de Caminha lida por um etnógrafo*, Lisboa, Edições Cosmo, 1992.

HENRIQUES, Isabel Castro e MARGARIDO, Alfredo. *Plantas e Conhecimento do Mundo nos Séculos XV e XVI*, Lisboa, Pub. Alfa, 1989.

HISTÓRIA DA COLONIZAÇÃO PORTUGUESA DO BRASIL, dir. de Carlos Malheiro Dias, 3 vols., Porto, Litografia Nacional, 1921–1924.

HISTÓRIA DA EXPANSÃO PORTUGUESA NO MUNDO, dir. de Antonio Baião, Hernâni Cidade e Manuel Múrias, 3 vols., Lisboa, Ed. Ática, 1937.

HISTÓRIA GERAL DA CIVILIZAÇÃO BRASILEIRA, dir. de Sérgio Buarque de Holanda, São Paulo, Difel-Difusão Editorial, 1985.

TRATADOS DA TERRA E GENTE DO BRASIL

HISTÓRIA DE PORTUGAL, 15 vols., dir. de João Medina, Lisboa, Ediclube, 1992.

HOLANDA, Sérgio Buarque de. *Raízes do Brasil*, 10ª ed., Rio de Janeiro, Liv. José Olympio, 1976.

_____. *Visão do Paraíso. Os Motivos Edênicos no Descobrimento e Colonização do Brasil*, Rio de Janeiro, Liv. José Olympio, 1959.

LEITE, Serafim. *Novas Páginas da História do Brasil*, Lisboa, Academia Portuguesa de História, 1962.

MARGARIDO, Alfredo. *As surpresas da Flora no tempo dos Descobrimentos*, Lisboa, Ed. Elo, 1994.

MAURO, Frédéric. *O Império Luso-Brasileiro (1620–1750)*, Lisboa, Ed. Estampa, 1991.

_____. *Portugal, o Brasil e o Atlântico (1570–1670)*, Lisboa, Imprensa Universitária, Ed. Estampa, 1989.

MOISÉS, Massaud. *História da Literatura Brasileira*, vol. I, "Origens, Barroco, Arcadismo", 3ª ed., São Paulo, Cultrix, 1990.

MONTEIRO, John M. e MOSCOSO, Francisco. *América Latina Colonial*, São Paulo, Cela, 1990.

MORALES PADRON, Francisco. *Historia del Descubrimiento y Conquista de América*, 3ª ed., Madrid, Ed. Nacional, 1973.

NAS VÉSPERAS DO MUNDO MODERNO – BRASIL, Lisboa, Comissão Nacional para as Comemorações dos Descobrimentos Portugueses, 1991.

NOVA HISTÓRIA DA EXPANSÃO PORTUGUESA, dir. de Joel Serrão e A.H. de Oliveira Marques, Lisboa, Ed. Estampa, 1992.

O CONFRONTO DO OLHAR. O ENCONTRO DOS POVOS NA ÉPOCA DAS NAVEGAÇÕES PORTUGUESAS SÉCULOS XV E XVI, coord. de Antonio Luís Ferronha, Lisboa, Ed. Caminho, 1991.

O IMPÉRIO LUSO-BRASILEIRO (1500–1620), coord. de Harold Johnson e Maria Beatriz Nizza da Silva, vol. VI da *Nova História da Expansão Portuguesa*, dir. de Joel Serrão e A.H. de Oliveira Marques, Lisboa, Ed. Estampa, 1992.

PINTO, João Rocha. *A Viagem, Memória e Espaço*, Lisboa, Liv. Sá da Costa, 1989.

POMBO, Rocha. *História do Brasil*, 11ª ed., Lisboa, Ed. Melhoramentos, 1963.

PRADO JÚNIOR, Caio. *História Econômica do Brasil*, 38ª ed., São Paulo, Brasiliense, 1990.

PRADO, J. F. de Almeida. *Formação Histórica da Nacionalidade Brasileira. Os Primeiros povoadores do Brasil*, São Paulo, Companhia Editora Nacional, 1935.

INTRODUÇÃO

RAMOS, Arthur. *Introdução à Antropologia Brasileira*, Rio de Janeiro, Liv. Editora da Casa do Estudante do Brasil, 1961.

RANDLES, W. G. L. *Da Terra Plana ao Globo Terrestre. Uma Rápida Mutação Epistemológica, 1480–1520*, trad. port., Lisboa, Gradiva, 1990.

RODRIGUES, José Honório. *Teoria da História do Brasil*, 5ª ed., São Paulo, Companhia Editora Nacional, 1978.

_____. *A Pesquisa Histórica no Brasil*, 4ª ed., São Paulo, Companhia Editora Nacional, 1982.

_____. *História da História do Brasil*, 1ª parte – "Historiografia Colonial", São Paulo, Companhia Editora Nacional, 1979.

RUBERT, Arlindo. *A Igreja no Brasil, Origem e Desenvolvimento, Século XVI*, vol. I, Santa Maria- R.S., Livr. Ed. Pallotti, 1981.

SERRÃO, Joaquim Veríssimo. *A Historiografia Portuguesa, Doutrina e Crítica*, vol. I, Séculos XII-XVI, Lisboa, Ed. Verbo, 1972.

_____. *Do Brasil Filipino ao Brasil de 1640*, São Paulo, Companhia Editora Nacional, 1968.

_____. *História de Portugal*, 2ª ed., 12 vols., Lisboa, Ed. Verbo, 1980–1993.

_____. *O Rio de Janeiro no Século XVI*, 2 vols., Lisboa, Comissão Nacional das Comemorações do IV Centenário do Rio de Janeiro, 1965.

_____. *O Tempo dos Filipes em Portugal e no Brasil (1580–1640)*, Lisboa, Ed. Colibri, 1994.

SILVA, Maria Beatriz Nizza da. *Guia da História Colonial*, Porto, Universidade Portucalense, 1992.

SIMONSEN, Roberto C. *História Econômica do Brasil (1500–1820)*, São Paulo, Companhia Editora Nacional, 1962.

SUMA ETNOLÓGICA BRASILEIRA, Comissão ed. Darcy Ribeiro, Berta G. Ribeiro e Carlos de Araújo Moreira Neto, Petrópolis, Vozes, 1986.

VARNHAGEN, Francisco Adolfo de. *História Geral do Brasil antes da sua separação e independência de Portugal*, 4ª ed., São Paulo, Ed. Melhoramentos, 1948.

VIAGENS E VIAJANTES NO ATLÂNTICO QUINHENTISTA, coord. de Maria da Graça M. Ventura, Lisboa, Ed. Colibri, 1996.

VIANA, Hélio. *A Formação Brasileira*, Rio de Janeiro, José Olympio, 1935.

_____. *História do Brasil*, 9ª ed., São Paulo, Ed. Melhoramentos, 1972.

TRATADOS DA TERRA E GENTE DO BRASIL

WEHLING, Arno e WEHLING, Maria José C. de. *Formação do Brasil Colonial*, Rio de Janeiro, Nova Fronteira, 1994.

Estudos sobre Missionação

BEOZZO, José Oscar. *Leis e Regimentos das Missões: política indigenista no Brasil*, São Paulo, Edições Loyola, 1983.

CABRAL, Luís Gonzaga. *Jesuítas no Brasil, (século XVI)*, São Paulo, Melhoramentos, s.d.

COUTO, Jorge. *O Colégio dos Jesuítas do Recife e o destino do seu Património, (1759–1777)*, 2 vols., dissertação de mestrado apresentada à Faculdade de Letras da Universidade de Lisboa, 1990, (policopiada).

HAUBERT, Maxime. *Índios e Jesuítas no Tempo das Missões, (Séculos XVII-XVIII)*, trad. port., São Paulo, Companhia das Letras-Círculo do Livro, 1990.

LEAL, Antonio Henriques. *Apontamentos para a História dos Jesuítas no Brasil*, tomo I, Maranhão, Liv. Popular Magalhães e Cª, 1874.

LEITE, Serafim. *Artes e Ofícios dos Jesuítas no Brasil (1549–1760)*, Lisboa, Ed. Brotéria, 1953.

_____. *História da Companhia de Jesus no Brasil*, 10 vols., Lisboa-Rio de Janeiro, Liv. Portugália-Instituto Nacional do Livro, 1938–1950.

_____. *Monumenta Brasiliae (1528–1568)*, 4vols., Roma, Monumenta Histórica Societatis Iessu, 1956–1960.

_____. *Nóbrega e a Fundação de São Paulo*, Lisboa, Instituto de Intercâmbio Luso-Brasileiro, 1953.

_____. *Breve Itinerário para a biografia do Padre Manuel da Nóbrega*, Lisboa-Rio de Janeiro, s. ed., 1955.

_____. *Novas Cartas Jesuíticas (De Nóbrega a Vieira)*, Brasiliana, vol. 194, 5ª série, São Paulo, Companhia Editora Nacional, 1940.

_____. *Os Governadores Gerais do Brasil e os Jesuítas no Século XVI*, apresentado no I *Congresso de História da Expansão Portuguesa no Mundo*, Lisboa, Soc. Nacional de Tipografia, 1937.

_____. *Suma Histórica da Companhia de Jesus no Brasil (1549–1760), (Assistência de Portugal)*, Lisboa, Junta de Investigação do Ultramar, 1965.

RODRIGUES, Francisco. *A Companhia de Jesus em Portugal e nas Missões*, Porto, Edição do Apostolado de Imprensa, 1935.

_____. *A Formação Intelectual do jesuíta*, Porto, Liv. Magalhães e Moniz ed., 1917.

INTRODUÇÃO

SANTOS, Eugénio dos, "Índios e Missionários no Brasil Quinhentista: do confronto à cooperação", in *Revista da Faculdade de Letras do Porto*, II série, vol. IX, pp. 107–118.

Estudos sobre o Padre Fernão Cardim

AZEVEDO, Ana Maria de. *O Padre Fernão Cardim (1548–1625). Contribuição para o Estudo da sua Vida e Obra*, 2 vols., dissertação de mestrado apresentada à Faculdade de Letras da Universidade de Lisboa, 1996, (policopiada).

ABREU, Capistrano de. artigo apenso de *O Jornal*, de 27 de Janeiro de 1925, in Fernão Cardim. *Tratados da terra e gente do Brasil*, Belo Horizonte/São Paulo, Itatiaia/EdUSP, 1980, pp. 199–206.

CURLY, Maria Odília Dias, "Um texto de Cardim inédito em Português?", in *Revista de História*, São Paulo, 1964, vol. XXVIII, Ano 15, Abril--Junho n°58, pp. 455–482.

ESPINOSA, J. Manuel, "Fernão Cardim: Jesuit Humanist of Colonial Brazil", in *Mid-America: "An Historical Review"*, vol. 24, New Series XIII, n°4, Chicago, Outubro 1942, pp. 252–271.

FERNANDES, Eunícia Barros Barcelos. *Cardim e a colonialidade*, dissertação de mestrado apresentada no departamento de História da PUC/RJ, Rio de Janeiro,1995, (policopiada).

FLOOD, W.H. Grattan, "Portuguese Jesuits in England in Penal Times", in *The Month*, n°143, 1924, pp. 157–159.

LEITE, Serafim, "Fernão Cardim, autor da Informação da Província do Brasil para Nosso Padre, de 31 de Dezembro de 1583", in *Jornal do Commercio*, Rio de Janeiro, 30 de Dezembro de 1945.

PIRES, Maria Antonieta Neves. *A Narrativa epistolar de Fernão Cardim. A "Carta ânua" ou o outro lado da Narrativa*, dissertação de mestrado apresentada à Faculdade de Letras da Universidade de Lisboa, 1996, (policopiada).

Estudos sobre as Sociedades Ameríndias e a Alteridade

ABREU, Aurélio M.G. de. *Culturas Indígenas do Brasil*, São Paulo, Traco, s.d.

AVEVEDO, Eliane. *Raça: conceito e preconceito*, São Paulo, Ática, 1987.

BARBARES & SAUVAGES. IMAGES ET REFLETS DANS LA CULTURE OCCIDENTALE , Actes du Colloque de Caen, 26–27 Fevereiro 1993, coord. de Jean-Louis Chevalier, Mariella Colin e Ann Thomson, Paris, Presses Universitaires de Caen, 1994.

BELTRÃO, Luiz. *O índio, um mito brasileiro*, Petrópolis, Vozes, 1977.

TRATADOS DA TERRA E GENTE DO BRASIL

BERGMANN, Michel. *Nasce um povo: estudo antropológico da população brasileira; como surgiu, composição racial, evolução futura*, Petrópolis, Vozes, 1978.

BUENO, Francisco da Silveira. *Vocabulário Tupi-Guarani/Português*, 5ª ed., São Paulo, Brasillivros, 1982.

CASTRO, Eduardo Viveiros de. *Arawete. Os Deuses Canibais*, Rio de Janeiro, Jorge Zahar Ed., 986.

CLASTRES, Hélène. *Terra Sem Mal. O Profetismo Tupi-Guarani*, trad. port., São Paulo, Brasiliense, 1978.

CUNHA, Antonio Geraldo da. *Dicionário Histórico das Palavras Portuguesas de Origem Tupi*, 3ªed., São Paulo, Melhoramentos, 1989

_____. *Antropologia do Brasil: mito, história, etnicidade*, São Paulo, Brasiliense, 1986.

_____, "Imagens de índios do Brasil: o Século XVI", in *Estudos Avançados da USP*, São Paulo, 1990.

_____(dir.) *História dos índios do Brasil*, São Paulo, Companhia das Letras, 1992.

DESTINS CROISÉS. CINQ SIÈCLES DE RENCONTRES AVEC LES AMÉRINDIENS, Paris, Albin Michel/Unesco, 1992.

DIAS, Maria da Conceição Osório. *O índio do Brasil na Literatura Portuguesa dos Séculos XVI, XVII e XVIII*, tese de licenciatura apresentada à Faculdade de Letras da Universidade de Coimbra, 1961.

DIEGUES JÚNIOR, Manuel. *Etnias e Culturas do Brasil*, Rio de Janeiro, Ed. Letras e Artes, 1963.

DOURADO, Mecenas. *A Conversão do Gentio*, Rio de Janeiro, Liv. São José, 1958.

DUCHET, Michèle (dir.) *L'Amérique de Théodore de Bry. Une collection de voyages protestante du XVI siècle. Quatre Études d'iconographie*, Paris, Centre National de la recherche cientifique, s.d.

_____. *Anthropologie et histoire au siècle des Lumières*, Paris, Albin Michel, 1971.

ELLIOT, J. H. *O Velho e o Novo Mundo*, Lisboa, Querco, 1984.

FERNANDES, Florestan. *A Função Social da Guerra na Sociedade Tupinambá*, São Paulo, Ed. Museu Paulista, 1952.

_____. *A Investigação Etnológica e outros ensaios*, Petrópolis, Vozes, 1975.

_____. *Organização Social dos Tupinambás*, 2ªed., São Paulo, Difusão Europeia do Livro, 1963.

INTRODUÇÃO

FIGUEIREDO, Lima. *Índios do Brasil*, São Paulo, Companhia Ed. Nacional, 1939.

FRANCO, Affonso Arinos de Mello. *O índio Brasileiro e a Revolução Francesa*, Rio de Janeiro, Liv. José Olympio, 1933.

GAMBINI, Roberto. *O espelho índio e a destruição da alma indígena*, Rio de Janeiro, Espaço e Tempo, 1988.

GOMES, Mércio Pereira. *Os índios e o Brasil*, Petrópolis, Vozes, 1988.

HEMMING, John. *Red Gold: The Conquest of the Brazilian Indians, 1500–1760*, Cambridge, Harvard University Press, 1978.

HUMANISMO Y VISIÓN DEL OTRO EN LA ESPAÑA MODERNA: CUATRO ESTUDIOS , coord. Berta Aires, Jesus Bustamante, Francisco Castilla e Fermin del Pino, Madrid, Consejo Superior de Investigaciones Científicas, 1992.

JOURDIN, M. Mollat du, "L'Alterité, découverte des découvertes", in *Voyager à la Renaissance*, Actas do Colóquio de Tours, Paris, Maisoneuve et Larose, 1987.

LESTRINGANT, Frank. *Le Huguenot et le Sauvage*, Paris, Aux Amateurs de Livres, 1990.

———. *Le cannibale*, Paris, Perrin, 1994.

LÉVY-STRAUSS, Claude. *Tristes Trópicos*, Lisboa, Edições 70, 1979.

MAESTRI, Mário. *A Terra dos Males sem Fim. Agonia Tupinambá no Litoral Brasileiro, Século XVI*, Porto Alegre/Bruxelas, 1990/1991.

MARCHANT, Alexander. *Do Escambo à escravidão: as relações económicas de Portugueses e índios na colonização do Brasil, 1500/1580*, São Paulo, Ed. Nacional, 1980.

MELATTI, Júlio Cezar. *Los índios del Brasil*, México, Sep Setentas, 1973.

METRAUX, Álfred. *A Religião dos Tupinambás*, trad. port. de Estevão Pinto, São Paulo, Companhia Ed. Nacional, 1950.

———. *La Civilization matérialle des tribus Tupi-Guarani*, Paris, Paul Geuthner, 1928.

———. *Religions et magies indiennes de l'Amérique du Sud*, Paris, Gallimard, 1989.

MONTEIRO, John Manuel, "Brasil indígena no século XVI: dinâmica histórica tupi e as origens da sociedade colonial", in *Ler História*, n° 19, Lisboa, 1990, pp. 91–103.

———. *Negros da Terra, índios e Bandeirantes nas origens de São Paulo*, São Paulo, Companhia das Letras, 1994.

TRATADOS DA TERRA E GENTE DO BRASIL

MARGARIDO, Alfred, "La Vision de l'Autre (Africains et Indiens d'Amérique) dans la Renaissance Portugaise", in *Actes du Coloque Internacional d'Études Humanistes*, Tours, 1978, Paris, Centro Cultural Português, 1984, pp. 507–555.

PINTO, Estevão. *Os Indígenas do Nordeste*, 2 vols., São Paulo, s. ed., 1935,

PROUS, André. *Arqueologia Brasileira*, Brasília, s. ed., 1992.

RAMINELLI, Ronald. *Imagens da Colonização. A representação do índio de Caminha a Vieira*, Rio de Janeiro, Jorge Zahar Ed., 1996.

RAMOS, Alcida Rita. *Sociedades Indígenas*, São Paulo, Editora Ática, 1986.

RIBEIRO, Berta G. *O índio na Cultura Brasileira*, 2ª ed., Rio de Janeiro, Revan, 1991.

_____. *O índio na História do Brasil*, 6ª ed., São Paulo, Global, 1989.

RIBEIRO, Darcy. *Os índios e a Civilização*, 6ª ed., Petrópolis, Vozes, 1993.

RODRIGUES, Aryon Dall'Igna. *Línguas Brasileiras. Para o Conhecimento das Línguas Indígenas*, São Paulo, Loyola, 1987.

SCHADEN, Egon. *A mitologia heroica das tribos indígenas do Brasil. Ensaio etnossociológico*, São Paulo, Ed. da Universidade, 1989.

SOUZA, Laura de Mello. *O diabo e a Terra de Santa Cruz: feitiçaria e religiosidade popular no Brasil colonial*, São Paulo, Companhia das Letras, 1986.

_____. *Inferno Atlântico; demologia e colonização, séculos XVI-XVIII*, São Paulo, Companhia das Letras, 1993.

THOMAS, Georg. *A Política Indigenista no Brasil 1500–1640*, São Paulo, Loyola, 1982.

TODOROV, Tzetan. *A Conquista da América: a questão do outro*, Lisboa, Litoral Edições, 1990.

VAINFAS, Ronald. *Ideologia e Escravidão*, Petrópolis, Vozes, 1986.

_____, "Idolatrias luso-brasileiras: as santidades indígenas", in *América em tempo de conquista*, Rio de Janeiro, Jorge Zahar Ed., 1992.

_____. *A heresia do trópico, santidades ameríndias no Brasil colonial*, tese de professor titular apresentada ao CEG-ICHF, Universidade Federal Fluminense, Niterói, 1993.

TRATADOS DA TERRA E GENTE DO BRASIL

Do clima e terra do Brasil
e de algumas cousas notáveis que
se acham na terra como no mar[*]

DO CLIMA E TERRA DO BRASIL

O clima do Brasil geralmente é temperado de bons, delicados, e salutíferos ares, donde os homens vivem muito até noventa, cento e mais anos, e a terra é cheia de velhos; geralmente não tem frios, nem calmas, ainda que no Rio de Janeiro até São Vicente há frios, e calmas, mas não muito grandes; os céus são muito puros e claros, principalmente de noite, a lua é mui prejudicial à saúde, e corrompe muito as cousas; as manhãs são salutíferas, têm

5

---

[*]. Estes textos do Padre Fernão Cardim foram publicados pela primeira vez, no ano de 1625, em Londres, incluídos na famosa coleção de viagens *Purchas his Pilgrimes*, sob o título *A Treatise of Brasil written by a Portugal which had long live there*. Cf. Samuel Purchas, *Purchas, his Pilgrimes*, "The Seaventh Booke" – "Voyages to and about the Southerne America, with many Marine Observations and Discourses of those Seas and Lands by Englishmen and others", London, 1625. Os manuscritos encontram-se, em português, na Biblioteca Pública e Arquivo Distrital de Évora, mencionados no já referenciado Catálogo de Cunha Rivara, fazendo parte de uma miscelânea de documentos do século XVI, com o título genérico de *Cousas do Brasil*, códice CXVI/1–33, fls. 13–34. Vide "Introdução" desta obra, p. 25.

TRATADOS DA TERRA E GENTE DO BRASIL

pouco de crepúsculos, assim matutinos, como vespertinos, porque, em sendo manhã, logo se sai o sol, e em se pondo logo anoitece. O inverno começa em março, e acaba em agosto, o verão começa em setembro e acaba em fevereiro;

5 as noites e dias são quase todo o ano iguais.

A terra é algum tanto melancólica, regada de muitas águas, assim de rios caudais, como do céu, e chove muito nela, principalmente no inverno; é cheia de grandes arvoredos que todo o ano são verdes; é terra montuosa,

10 principalmente nas fraldas do mar, e de Pernambuco até à Capitania do Espírito Santo se acha pouca pedra, mas daí até S. Vicente são serras altíssimas, mui fragosas, de grandes penedias e rochedos. Os mantimentos e águas são geralmente sadios, e de fácil digestão. Para vestir há

15 poucas comodidades por não se dar na terra mais que algodão, e do mais é terra farta, principalmente de gados e açúcares.

DOS ANIMAIS

Veado   Na língua brasílica se chama *Sugoaçu;*[1] há uns muito grandes, como formosos cavalos; têm grande ar-

---

1. O veado é a denominação comum a mamíferos artiodáctilos da família dos Cervídeos, que podem apresentar chifres ramificados ou simples. Existem várias espécies no território brasileiro e o próprio Cardim assim o testemunha. São de referir o *suaçuapara* ou "veado-campeiro" (*Ozotocerus bezoarticus*), o *suaçuca atinga* ou "veado-catingueiro" (*Mazama simplicicornis*), o *suacuetê* ou "veado-mateiro" (*Mazama americana*) ou ainda o cervo-do-pantanal (*Blastocerus dichotomus*). É denominado em tupi de *Sugoaçu* ou *Suaçu* composto de *çoo* = "animal" + *guaçu* = "grande", ou seja, "o animal grande", "a

104

DO CLIMA E TERRA DO BRASIL

mação, e alguns têm dez e doze pontas; estes são raros, e acham-se no Rio de S. Francisco e na Capitania de S. Vicente; estes se chamam *Suaçuapara*,[2] são estimados do Carios,[3] e das pontas e nervos fazem os bicos das flechas, e umas bolas de arremesso que usam para derrubar ani- 5 mais ou homens.

Há outros mais pequenos; também têm cornos, mas de uma ponta só. Além destes há três ou quatro espécies, uns que andam somente nos matos, outros somente nos campos em bandos. Das peles fazem muito caso, e da 10 carne.

Tapyretê[4]   Estas são as antas, de cuja pele se fazem as adargas; parecem-se com vacas e muito mais com mulas,

---

caça mais avultada". O termo tupi ocorre a primeira vez num texto português com Fernão Cardim.

2. No caso de *Suaçuapara* a significação do tupi é de "veado de cornos", já que *apará* como adjetivo designa "o que verga", "vergado", "curvo", "contorto".

3. *Carios* é a grafia utilizada pelos autores espanhóis para o nome do grupo tribal Tupi-Guarani, os Carijós, que dominavam o litoral brasileiro de Cananéia para Sul, hoje denominados de Guarani.

4. *Tapyretê* é a anta (*Tapirus americanus*, Briss), um mamífero perissodáctilo, da família dos Tapirídeos, que ocorre desde a Colômbia até à Argentina. É estritamente herbívoro, tem o nariz alongado em curta tromba móvel e apresenta quatro dedos nas patas dianteiras e três nas traseiras. Vive perto de rios e de lagoas. O nome tupi é susceptível de várias explicações, entre as quais a aplicação do sufixo *etê* = "verdadeiro","legítimo", que serviu para diferenciar o ungulado do bovino, que os índios só conheceram depois do contato europeu, e ao qual chamaram de *tapyra*. Este termo ocorre a primeira vez num texto português em 1584, na *Informação dos Casamentos dos índios do Brasil*, do Pe. José de Anchieta.

TRATADOS DA TERRA E GENTE DO BRASIL

o rabo é de um dedo, não têm cornos, têm uma tromba de comprimento de um palmo que encolhe e estende. Nadam e mergulham muito, mas em mergulhando logo tomam fundo, e andando por ele saem em outra parte. Há grande
5 cópia delas nesta terra.

Porco montês Há grande cópia de porcos monteses, e é o ordinário mantimento dos índios desta terra, têm o embigo nas costas e por ele sai um cheiro, como de raposinho, e por este cheiro os seguem os cães e são tomados
10 facilmente. Há outros chamados *Tayaçutirica*,[5] sc.[6] porco que bate, e trinca os dentes, estes são maiores que os comuns, e mais raros, e com seus dentes atassalham quantos animais acham.

Outros se chamam *Tayaçupigta*, sc. porco que aguarda,
15 ou faz finca-pé. Estes acometem os cães, e os homens, e tomando-os os comem, e são tão bravos que é necessário

---

5. *Tayassú*, porco montês ou porco-do-mato, é o ungulado artiodáctilo da família dos Suídeos, gênero Tayaçu. No Brasil existem duas espécies, como descreve Fernão Cardim, *Tauaçu albirostris*, Cuv., que é a maior, cuja denominação tupi é "dente grande", isto é, "o porco do mato", a "queixada" e a outra espécie é *Tayaçu tayaçu*, Cuv., que também se denomina de *caititú* ou *cateto*. Estas devem ser as descritas por Cardim, ainda que a significação atribuída não esteja muito de acordo com a etimologia do tupi, *tayaçu* = "porco" + *tirica* = "medroso", "que foge", "tímido" *tayaçu* = "porco" + *pigta* = "vermelho". Os termos tupi *taiaçu* e *taiaçuetê* ocorrem a primeira vez num texto português em 1587, na *Notícia do Brasil*, de Gabriel Soares de Sousa; por sua vez os termos *taiaçupita* e *taiaçutirica* ocorrem pela primeira vez neste texto de Cardim.

6. (sc.) = *scilicet* ("isto é", em latim), abreviatura utilizada pelo autor ao longo dos textos, que mantivemos.

DO CLIMA E TERRA DO BRASIL

subirem-se os homens nas árvores para lhes escapar, e alguns esperam ao pé das árvores alguns dias até que o homem se desça, e porque lhes sabem esta manha, sobem-se logo com os arcos e flechas às árvores e de lá os matam.

Também há outras espécies de porcos, todos se comem, e são de boa substância.

Acuti   ou *Cutia*[7] Estas Acutis se parecem com os coelhos de Espanha, principalmente nos dentes: a cor é loura, e tira a amarela; são animais domésticos, e tanto que andam por casa, e vão fora, e tornam a ela; quando comem tudo tomam com as mãos e assim o levam à boca, e comem muito depressa, e o que lhes sobeja escondem para quando têm fome. Destas há muitas espécies, todas se comem.

Paca[8]   Estas Pacas são como leitões, e há grande abundância delas: a carne é gostosa, mas carregada; não parem

7. *Acuti* ou *cutia* é o nome atribuído a três espécies de mamíferos roedores da família dos Dasiproctídeos, de 50 a 60 cm, com pelo áspero e cauda rudimentar, como o *Dasyprocta aguti*, L. que ocorre do norte do Brasil até ao Rio de Janeiro e Minas Gerais, o *D. azarae*, no sul do Rio de Janeiro, Minas Gerais e Paraguai e o *D. leporina*, que existe na América do Sul. Segundo o termo tupi é um animal roedor, que comia depressa, o que confirma a descrição de Cardim. Assim *a* = "gente" + *cur-ti* = "modo de comer ou tragar com as patas dianteiras". O termo tupi ocorre pela primeira vez num texto português em 1576, com Pêro de Magalhães de Gândavo, na *História da Província Santa Cruz*. Mas coube a André Thevet, nas *Singularités de la France Antarctique*, em 1557, a primeira descrição deste animal, que chamou *agoutin*.

8. *Paca* é um mamífero roedor da família dos Cuniculídeos (*Cuniculus paca, L.*) que tem patas curtas, cauda rudimentar e vive em regiões próximas de água. A sua carne é muito apreciada ainda hoje como alimento. O termo tupi vem do verbo *pag* = "acordar", "despertar", expresso no gerúndio-supino *paca* = "a esperta", a "vívida".

TRATADOS DA TERRA E GENTE DO BRASIL

mais que um só filho. Há outras muito brancas, são raras, e acham-se no Rio de São Francisco.

Iagoaretê[9] Há muitas onças, umas pretas, outras pardas, outras pintadas: é animal muito cruel, e feroz; aco-
5 metem os homens sobremaneira, e nem em árvores, principalmente se são grossas, lhes escapam; quando andam cevadas de carne não há quem espere principalmente de noite; matam logo muitas reses juntas, desbaratam uma casa de galinhas, uma manada de porcos, e basta darem
10 uma unhada em um homem, ou qualquer animal para o abrirem ao meio; porém são os índios tão ferozes que arremete com uma, e tem mão nela e depois a matam em terreiro como fazem aos contrários, tomando nome, e fazendo-lhes todas as cerimônias que fazem aos mesmos
15 contrários. Das cabeças delas usam por trombetas, e as mulheres Portuguesas usam das peles para alcatifas, *maxime*[10] das pintadas, e na capitania de São Vicente.

Sarigué[11] Este animal se parece com as raposas de Espanha, mas são mais pequenos, do tamanho de gatos;

Este nome ocorre pela primeira vez num texto português em 1576, no *Tratado da Província do Brasil*, de Pêro de Magalhães de Gândavo.

9. *Iagoaretê, Jaguareté* ou *onça pintada* é a espécie típica do gênero *Felis*, da família dos Felídeos, das quais existem no Brasil nove espécies. A descrita por Cardim é a onça pintada, *Felis onça*, L., que é de todas a maior. O nome tupi *jaguaretê* é composto de *jaguar* = "onça", "cão" + *etê* = "verdadeiro". Este termo ocorre pela primeira vez num texto português com Fernão Cardim.

10. "Principalmente", em latim. [N. do E.]

11. *Sarigué, sariguê, sarué, mucurá* e *gambá* são os nomes que na sinonímia popular significam as espécies de marsupiais da família dos

DO CLIMA E TERRA DO BRASIL

cheiram muito pior a raposinhos que as mesmas de Espanha, e são pardos como elas. Têm uma bolsa das mãos até às pernas com seis ou sete mamas, e ali trazem os filhos escondidos até que sabem buscar de comer, e parem de ordinário seis, sete. Estes animais destroem as galinhas porque não andam de dia, senão de noite, e trepam pelas árvores e casas, e não lhes escapam pássaros, nem galinhas.

Tamanduá[12] Este animal é de natural admiração: é do tamanho de um grande cão, mais redondo que comprido; e o rabo será de dois comprimentos do corpo, e cheio de tantas sedas, que pela calma, e chuva, frio, e ventos, se agasalha todo debaixo dele sem lhe aparecer nada; a cabeça é pequena, o focinho delgado, nem tem maior boca que de uma almotolia, redonda, e não rasgada, a

Didelfídeos, que usualmente se designa por gambá, o *Didelphis aurita*, L., ou "raposas de Espanha", como menciona Cardim. A palavra tupi vem de *çoó-r-iguê* = "animal de saco ou bolsa" (em referência ao saco em que cria os filhotes) e ocorre pela primeira vez num texto português em 1560, numa carta do Pe. José de Anchieta. Mas já em 1535, Oviedo na *Historia natural y general de las Indias* tinha descrito este animal, que desde aí passou a figurar com o nome indígena em todos os tratados das regiões americanas.

12. *Tamanduá* é a designação usual para os mamíferos desdentados, da família dos Mirmecofagídeos, que se alimentam, principalmente, de formigas e cupins. Este seu hábito e o aspecto exótico causaram grande admiração entre os primeiros cronistas do Brasil, não deixando de o descrever minuciosamente. O termo tupi ocorre pela primeira vez em 1560, numa carta do Pe. José de Anchieta. Este tem sido explicado de várias formas, considerando-se que *ta* = contração de *tacy* = "formiga" + *monduar* = "caçador", ou seja, "caçador de formigas".

TRATADOS DA TERRA E GENTE DO BRASIL

língua será de grandes três palmos de comprimento, e com ela lambe as formigas de que somente se sustenta: é diligente em buscar os formigueiros, e com as unhas, que são do comprimento dos dedos da mão de um homem
5 o desmancha, e deitando a língua fora pegam-se nela as formigas, e assim a sorve porque não tem boca para mais que quanto lhe cabe a língua cheia delas; é de grande ferocidade, e acomete muito a gente e animais. As onças lhe dão medo, nem prestam para mais que para desancar
10 os formigueiros, e são eles tantos, que nunca estes animais os desbaratarão de todo.

Tatu[13] Este animal é do tamanho de um leitão, de cor como branca, o focinho tem muito comprido, o corpo cheio de unhas como lâminas com que fica armado, e des-
15 cem-lhe uns pedaços como têm as Badas. Estas lâminas são tão duras que nenhuma flecha as pode passar se lhe não dá pelas ilhargas; furam de tal maneira, que já aconteceu vinte e sete homens com enxadas não poderem cavar tanto, como uma cavava com o focinho. Porém, se lhe dei-

13. *Tatu* é o nome genérico dos desdentados da família dos Dasipodídeos, dos quais cerca de 24 espécies existem no Brasil. Vivem em galerias subterrâneas, alimentam-se de insetos, larvas e vermes. Apresentam uma carapaça dorsal, córnea, protetora, apoiada sobre placas ósseas, na pele, em geral dividida por sulcos transversais de pele mais mole para que o animal se possa dobrar. Tal como o anterior, a sua aparência exótica despertou a atenção e admiração dos primeiros escritores que descreveram a fauna brasílica. O termo é tupi, *ta-tu* que significa "casca encorpada ou densa", "encouraçada", ocorre pela primeira vez num texto português em 1560, numa carta do Pe. José de Anchieta.

DO CLIMA E TERRA DO BRASIL

tam água na cova logo são tomados; é animal para ver, e chamam-lhe cavalo armado: a carne parece de galinha, ou leitão, muito gostosa, das peles fazem bolsas, e são muito galantes, e de dura; fazem-se domésticos e criam-se em casa. Destes há muitas espécies e há grande abundância. 5

Canduaçu[14]   Este animal é o porco-espinho de África: tem também espinhos brancos e pretos tão grandes que são de palmo e meio; e mais; e também os despedem como os de África.

Há outros destes que se chamam Candumiri,[15] por 10 serem mais pequenos, e também têm espinhos da mesma maneira.

Há outros mais pequenos do tamanho de gatos, e também têm espinhos amarelos e nas pontas pretos. Todos estes espinhos têm esta qualidade que entrando na carne, 15 por pouco que seja, por si mesmo passam a carne de parte

14. *Canduaçu, Coandu* ou *Candumini* são os nomes para designar as várias espécies de mamíferos roedores, da subordem dos histrico-morfos, da família dos Eretizontídeos, cuja espécie maior é a *Coendu villosus*, Licht, vulgarmente denominados de *ouriço-cacheiro*. São caracterizados por terem o corpo guarnecido de espinhos e a capacidade de se enrolar formando uma bola. O nome tupi *cuandu* pode derivar-se de *guã* = "pelo" + *tu* = alteração de *mbo-tu* = "bater", ou *ty* = "elevado", "erguido". Este termo tupi ocorre pela primeira vez num texto português com Cardim. É, ainda, designado por *cuim* em outros autores, como em 1587, na *Notícia do Brasil*, de Gabriel Soares de Sousa.

15. *Candumiri* é o mesmo animal só que como Cardim menciona é de pequeno porte, o que coincide com o nome tupi já que o sufixo *mirim* é o formativo de diminutivos.

TRATADOS DA TERRA E GENTE DO BRASIL

a parte, e por esta causa servem estes espinhos de instrumentos aos índios para furar as orelhas, porque, metendo um pouco por elas, em uma noite as fura de banda a banda.

Há outros mais pequenos, como ouriços, também têm espinhos, mas não nos despedem; todos estes animais são de boa carne e gosto.

Eirara[16]   Este animal se parece com gato-de-Algália:[17] ainda que alguns dizem que o não é, são de muitas cores, sc. pardos pretos, e brancos: não comem mais que mel, e neste ofício são tão terríveis que por mais pequeno que seja o buraco das abelhas o fazem tamanho que possam entrar, e achando mel não no comem até não chamar os outros, e entrando o maior dentro não faz senão tirar, e dar aos outros, cousa de grande admiração e exemplo de caridade para os homens, e ser isto assim afirmam os índios naturais.

16. *Eirara, irara* ou *papa-mel* é um carnívoro da família dos Mustelídeos (*Tayra Barbara*, L.). A cor é usualmente parda, com uma mancha amarelada na garganta. O nome tupi deriva de *ira* ou *eira* = "mel" + *ra* = "tomar", "colher", assim será "aquele que colhe mel", o "papa-mel", que é de fato o apelido que lhe cabe já que tem por hábito lascar os troncos das árvores onde se encontram os ninhos de Meliponídeos ou o mel-de-pau, de que se alimenta. O termo tupi ocorre pela primeira vez num texto português com Cardim.

17. O *gato-de-Algália* é a designação por que é conhecido um animal quadrúpede semelhante à marta, também designado de *almiscareiro*.

DO CLIMA E TERRA DO BRASIL

Aquigquig[18] Estes bugios[19] são muito grandes como um bom cão, pretos, e muito feios, assim os machos, como as fêmeas, têm grande barba somente no queixo debaixo, nasce às vezes um macho tão ruivo que tira a vermelho, o qual dizem que é seu Rei. Este tem o rosto branco, e a barba de orelha a orelha, como feita à tesoura; têm uma cousa muito para notar, e é, que se põem em uma árvore, e fazem tamanho ruído que se ouve muito longe, no qual atura muito sem descansar, e para isto tem particular instrumento esta casta: o instrumento é certa cousa côncava como feita de pergaminho muito rijo, e tão lisa que serve para brunir, do tamanho de um ovo de pata, e começa do princípio da goela até junto da campainha, entre ambos os queixos, e é este instrumento tão ligeiro que em lhe tocando se move como a tecla de um cravo. E, quando este bugio assim está pregando espuma muito, e um dos

18. *Aquigquig*: não há referência a este animal na sinonímia vulgar, mas tratando-se de um bugio, como descreve Cardim, é um macaco ululador, originário da América tropical. Pode-se relacionar com o *buriqui* ou *muriqui*, símio da família dos Cebídeos (*Eriodes arachnoides*, Cuv.) que é o maior macaco existente no território brasileiro. Aparece em outros textos da época designado por *guigo*, que ainda hoje é a denominação local baiana para certa espécie de saguis grandes. O termo tupi *aquiqui* ocorre pela primeira vez num texto português com Fernão Cardim.

19. Bugio é a designação genérica dos macacos ululadores originários da América tropical, da família dos Cebídeos, do gênero *Alouatta*, tais como o bugio-preto (*Alouatta caraya*), guariba-preto e o bugio-ruivo, ou barbado (*Alouatta fusca*) que têm cauda preênsil, são arborícolas e alimentam-se de folhas e frutos.

TRATADOS DA TERRA E GENTE DO BRASIL

pequenos que há-de ficar em seu lugar lhe limpa muitas vezes a espuma da barba.

Há outros de muitas castas, e em grande multidão sc. pretos, pardos, amarelos; dizem os naturais que alguns destes quando lhes atiram uma flecha a tomam na mão e tornam com ela a atirar à pessoa; e quando os ferem buscam certa folha e a mastigam, e metem na ferida para sararem: e porque andam sempre nas árvores, e são muito ligeiros, quando o salto é grande que os pequenos não podem passar, um deles se atravessa como ponte, e por cima dela passam os outros, o rabo lhe serve tanto como mão, e se algum é ferido com o rabo se cinge, e ao ramo onde está, e assim fica morrendo dependurado sem cair. Têm outras muitas habilidades que se veem cada dia, como é tomar um pau, e dar pancadas em alguém que lhes faz mal; outro achando um cestinho de ovos e dependurou pela corda ao pescoço, e subindo a um telhado fazia de lá muitos momos ao senhor que o ia buscar, e quebrando-os os sorveu todos diante dele, atirando-lhe as cascas.

Coati[20]   Este animal é pardo, parece-se com os texugos de Portugal, tem o focinho muito comprido, e as unhas; trepam pelas árvores como bugios, não lhes escapam cobra, nem ovo, nem pássaro, nem quanto podem apanhar;

---

20. *Coati* ou *cuati* é um mamífero carnívoro da família dos Procio-nídeos, que existe no sul do território brasileiro, o *Nasua narica*, L. e no norte, o *Nasua nasua*, Wied. O nome tupi pode ser traduzido por *agua* = "ponta" + *tî* = "nariz", ou seja, "nariz de ponta", "nariz pontiagudo", "focinho", o que condiz com a descrição cardiniana, que é a primeira vez num texto português.

DO CLIMA E TERRA DO BRASIL

fazem-se domésticos em casa, mas não há quem os sofra, porque tudo comem, brincam com gatinhos, e cachorrinhos, e são maliciosos, aprazíveis, e têm muitas habilidades.

Há outras duas, ou três castas maiores, como grandes cães, e têm dentes como porcos javalis de Portugal; estes comem animais e gente, e achando presa, acercam uns por uma parte, outros por outra, até a despedaçarem.

Gatos-bravos[21]   Destes há muitas castas, uns pretos, outros brancos açafroados,[22] e são muito galantes para qualquer forro; são estes gatos muito terríveis e ligeiros: vivem de caça e pássaros, e também acometem a gente; alguns são tamanhos como cães.

Iaguaruçu[23]   Estes são os cães do Brasil, são de um pardo almiscarado de branco, são muito ligeiros, e quando

---

21. *Gatos bravos* ou *gatos-do-mato* é a designação coletiva para os Felídeos menores do gênero *Felis*, (*Felis tigrine*, *Felis wiedii* e *felis geoffroyi*) de pequeno porte, com pelagem lisa ou manchada.

22. O autor utiliza a expressão "assafroados", possivelmente para especificar a cor do animal branca, mas com tons de açafrão, pelo que será de escrever "açafroados".

23. *Iaguaruçu*, *joquara-guaçu* ou *guará* (como se diz por abreviação no Brasil) é da família dos Canídeos, da qual é o maior dos representantes (*Canis jubatus*, Desm.). Também é designado por "cachorro-do-mato" (*Dusicyon thous*) e podem ser encontrados em quase todas as matas da América do Sul. Existem muitas espécies no território brasileiro, como o *Canis cancrivorus*, Desm., *Canis microtis*, Mivart, *Canis azarae*, Wied, *Canis urostictus*, Mivart, *Canis parvidens*, Mivart e o *Canis venaticus*, Lund, segundo o *Catalogus Mammalium*, de Trouessart, Paris, 1898. O termo tupi vem de *jaguar* = "onça" + *uçu*, por *açu* = "grande", logo "onça grande" e *guará* ocorre pela primeira vez, para designar este mamífero carnívoro em 1618, no *Diálogo das*

TRATADOS DA TERRA E GENTE DO BRASIL

choram parecem cães; têm o rabo muito felpudo, comem frutas e caça, e mordem terrivelmente.

Tapiti[24] Este animal se parece com os coelhos de Portugal, estes ladram cá nesta terra como cães, *maxime* de noite, e muito amiúde. Os índios têm estes ladridos por agouro; criam três e quatro filhos; são raros porque têm muitos adversários, como aves de rapina, e outros animais que os comem.

Iaguacini[25] Este animal é tamanho como raposa de Portugal, tem a mesma cor de raposa, sustenta-se somente de

Grandezas do Brasil. Note-se a alusão de Cardim de que o cão não existia no Brasil, para onde foi levado pelos colonos portugueses e por quem rapidamente os índios se afeiçoaram, devido, em grande parte, ao seu contributo na caça.

24. *Tapiti*, mamífero lagomorfo roedor da família dos Leporídeos (*Lepus brasiliensis*, Briss.), também chamado de coelho, ou lebre, dadas as semelhanças entre esses animais. Aparece designado, noutros autores contemporâneos de Cardim, por *Tapotim* ou *Tapeti*. Pode ainda ser denominado de "coelho-do-mato" (*Sylvilagus brasiliensis*) e ocorre, com várias subespécies, em campos e beira de matas, em todo o Brasil. O termo *tapiti* ou *tapeti*, para designar um animal semelhante ao coelho, ocorre pela primeira vez num texto português com Cardim.

25. *Iaguacini* ou *guaxinim* é um carnívoro da família dos Procionídeos (*Procyon cancrivorus*, Cuv.) que também é designado por "mão-pelada", das quais existem sete espécies no território brasileiro. Vivem em florestas, perto de água e lavam os alimentos antes de comê-los. Devido a este costume também são denominados de "urso-lavadeiro". O nome tupi é explicado por *gua-chi-ni* = "aquele que rosna", o "roncador", alusão ao hábito desse animal de roncar quando se lhe tocava na cauda. O termo tupi *jaguacininga* ocorre pela primeira vez num texto português com Cardim.

DO CLIMA E TERRA DO BRASIL

caranguejos, e dos canaviais de açúcar, e destroem muitos deles; são muito dorminhocos, e dormindo os matam, não fazem mal.

Biarataca[26]   Este animal é do tamanho de um gato, parece-se com Furão,[27] pelo lombo tem uma mancha branca, e outra parda, que lhe ficam em cruz muito bem feita; sustentam-se de pássaros, e seus ovos, e outras cousas, *maxime* de âmbar, e gosta tanto dele que toda a noite anda pelas praias a buscá-lo, e onde o há ele é o primeiro; é muito temido, não porque tenha dentes nem outra arma com que se defenda, mas dá certa ventosidade tão forte, e de tão ruim, que os paus, pedras, e quando diante de si acha, penetra, e é tanto que alguns índios morreram já de tal fedor; já cão que a ele se achega, não escapa, e dura este cheiro quinze, vinte e mais dias, e é tal que se dá esta ventosidade junto de alguma aldeia logo se despovoa para não serem sentidos, cavam no chão, e dentro dão a ventosidade, e a cobrem com a terra; e quando os acham

---

26. *Biarataca, jaritataca, jaraticaca* ou *maritataca* é um mamífero marsupial carnívoro da família dos Mustelídeos (*Conepatus suffocans*, Azara), também chamado de "gambá", "cangambá" ou "zorrilho". O nome deve-se ao fato de este animal produzir uma secreção anal que expele para defender-se, de tal sorte nauseabunda, que afugenta os perseguidores. Segundo os naturalistas a substância que dá à secreção o repelente cheiro é o sulfidrato de etila, mais conhecido pelo nome de mercaptan, e quando são muito repetidas formam vapores esverdeados.

27. Cardim menciona o Furão, da família dos Mustelídeos, porque a semelhança é grande entre estes dois animais, só que este não emite o cheiro forte e nauseabundo dos *Biarataca*.

TRATADOS DA TERRA E GENTE DO BRASIL

para não serem tomados, sua defensa é disparar aquela ventosidade. Há outras espécies destes animais que não têm tão mau cheiro; criam-se em casa, e ficam domésticos, e os índios os estimam.

5 **Preguiça**[28]   A preguiça que chamam do Brasil, é o animal para ver, parece-se com cães felpudos, os perdigueiros; são muito feios, e o rosto parece de mulher mal toucada; têm as mãos e pés compridos, e grandes unhas, e cruéis, andam com o peito pelo chão, e os filhos abraçados na 10 barriga, por mais que lhe deem, andam tão devagar que hão mister muito tempo para subir a uma árvore, e por isso são tomados facilmente; sustentam-se de certas folhas de figueiras,[29] e por isso não podem ir a Portugal, porque como lhes faltam, morrem logo.

15 **Ratos**[30]   Nestas partes há grande número de ratos, e haverá deles algumas dez, ou doze castas, uns pretos, outros

28. *Preguiça* é a designação comum às espécies de desdentados da família dos Bradipodídeos que vivem nas florestas tropicais. No Brasil existem sobretudo as espécies preguiça-de-dois-dedos ou unau (*Choloepus didactylus*), a preguiça-de-bentinho ou preguiça-aí (*Bradypus tridactylus*) e a preguiça-de-coleira (*Bradypus torquatus*).

29. A árvore de cujas folhas a preguiça se alimenta é a imbaúba (*Cecropia*, sp.).

30. Cardim refere-se aos ratos de espécie indígena da família dos Cricetídeos, vulgarmente chamados de "ratos-do-mato". As principais espécies pertencem aos gêneros *Oryzomys* (rato-dos-bambus, rato-de-fava, calunga, rato-de-algodão), *Holochilus* (rato-de-capim, rato-capivara, rato-de-cana) ou ainda *Nectomys* (rato-de-água), entre outros.

DO CLIMA E TERRA DO BRASIL

ruivos, outros pardos, todos se comem, e são gostosos, *maxime* alguns grandes são como coelhos; em alguns tempos são tantos que dando em uma roça, a destroem.

DAS COBRAS QUE ANDAM NA
TERRA E NÃO TÊM PEÇONHA

Gibóia[31]   Esta cobra é das grandes que por cá há, e algumas se acham de vinte pés de comprido; são galantes, mas mais o são em engolir um veado inteiro; não têm peçonha, nem os dentes são grandes conforme ao corpo; para tomar a caça que se sustenta usa desta manha: estende-se pelos caminhos, e em perpassando a caça lança-se sobre ela, e de tal maneira se enrodilha, e aperta que lhe quebra quantos ossos tem, e depois a lambe, e seu lamber tem tal virtude que a mói toda, e então a engole, e traga.

Há outras que chamam *Guigraupiagoara*,[32] sc. comedora dos ovos dos pássaros, é muita preta, comprida, e tem

31. *Gibóia, jiboya* ou *jebóia* é uma das cobras da família dos Boídeos (*Constrictor constrictor*, L.). O termo tupi *yibói* é explicado como "cobra-d'água" ou "cobra-de-pau", atendendo a que a jiboia é sempre terrestre, o segundo termo parece mais adequado. A jiboia existe em todo o território brasileiro, sendo um dos maiores ofídios. Não é venenosa, tem hábitos arborícolas, vive em campos e florestas, alimentando-se de rocdorcs e aves. Este ofídio impressionou bastante os primeiros cronistas do Brasil, que a ele se referem pormenorizadamente. O termo tupi ocorre pela primeira vez num texto português com Cardim.

32. *Guigraupiagoara, papa-ovo* ou *papa-pinto* é uma das cobras da família dos Colubrídeos (*Herpetodryas carinatus*, L.). A descrição de Cardim está adequada, já que a decomposição do termo tupi é *guirá* = "pássaro" + *upiá* = "ovo" + *guara* = particípio do verbo *ú* = "o que come", "comedor", logo "o que come ovos e pássaros". O termo tupi

TRATADOS DA TERRA E GENTE DO BRASIL

os peitos amarelos, andam por cima das árvores, como nadando por água, e não há pessoa que tanto corra por terra, como elas pelas árvores. Esta destrói os pássaros e seus ovos.

5 Há outra muito grossa, e comprida, chamada *Caninana*:[33] é toda verde, e de notável formosura. Esta também come ovos, pássaros, e mata os pintainhos.

Há outra chamada *Boitiapoá*,[34] sc. cobra que tem focinho comprido, é muito delgada e comprida, e sus-
10 tenta-se somente de rãs, têm os índios com esta um agouro que quando a mulher não tem filhos tomam esta cobra, dando-lhe com ela nas cadeiras e dizem que logo há-de parir.

guiraupiaguara ocorre pela primeira vez num texto português com Cardim.

33. *Caninana* é uma cobra da família dos Colubrídeos (*Spilotes pullatus*, L.) que aparece em alguns autores antigos com o nome de *caninam*. O termo tupi utilizado neste texto designa "cobra não venenosa" e ocorre pela primeira vez com Cardim.

34. *Boitiapoá, cobra-de-cipó* é uma cobra também da família dos Colubrídeos (*herpetodryas Fucus*, L.). Existem várias cobras-de-cipó no território brasileiro, com o corpo afilado e hábitos arborícolas. Os índios tinham por tradição apoitar os assentos das mulheres estéreis com estas cobras, como refere Cardim no seu texto. O termo tupi *boitiapuã* seria "cobra de focinho redondo", de *boi* = "cobra" + *tiapuã* = "focinho comprido", como Cardim traduz no seu texto, que é onde ocorre pela primeira vez.

DO CLIMA E TERRA DO BRASIL

Há outra chamada *Gaitiepia*,[35] acha-se somente no Rari; é de notável grandura, cheira tanto a raposinhos que por onde quer que vai que não há quem a sofra.

Há outra, a qual se chama *Boyuna*,[36] sc. cobra preta, é muito comprida, e delgada, também cheira muito a raposinhos.

5

35. Não conseguimos identificar esta espécie de cobra, que é apenas apresentada por Cardim neste seu texto, que alega existir apenas no Rari. Consideramos ainda que esta região pode ser Pari ou Ari, já que a designação cardiniana parece não existir no território brasileiro. Se for *Pari* é um rio de Mato Grosso, mas se for *Peri* é uma povoação do Maranhão; mas pode ainda ser *Ari* ou *Airi*, que é a designação para um local com palmeiras denominadas de *airi*.

36. *Boyuna, mussurana* ou *cobra-preta* é também da mesma família dos Colubrídeos (*Oxyrhopus cloetia*, Daud.). O termo tupi significa exatamente "cobra negra, preta", de *boi* = "cobra" + *una* = "preta, negra". Os índios criaram mesmo o mito da *Boiúna*, que existe sobretudo nas populações ribeirinhas da Amazônia, onde foi identificada com a "mãe-de-água", entidade maléfica que persegue e ataca os homens e os animais. É uma cobra gigantesca que habita o rio e engole pessoas. Aparece de noite, com grandes olhos de fogo para perseguir e virar embarcações. Pode ainda surgir como uma embarcação fantasma de grandes ou pequenas dimensões, muito iluminada, que segue outros barcos e muda bruscamente de direção quando se aproxima, chegando a entrar pelo mato e a engolir as pessoas que encontra. As origens deste mito são atribuídas, quer a uma jibóia que se tenha desenvolvido mais e abandonando as florestas se tenha fixado junto ao rio, quer a um ente nascido das relações entre uma mulher e um fantasma mau. Era também denominada pelos indígenas de *paranamaia*, "mãe-do-rio" numa associação de água e serpente muito usual nos povos ameríndios. O termo tupi ocorre pela primeira vez num texto português com Cardim.

TRATADOS DA TERRA E GENTE DO BRASIL

Há outra que se chama *Bom*,[37] sc. porque quando anda vai dizendo bom, bom, também é grande, e não faz mal.

Há outra, a qual se chama *Boicupecanga*,[38] sc. cobra que tem espinhos pelas costas, é muito grande, e grossa, as espinhas são muito peçonhentas, e todos se guardam muito delas.

DAS COBRAS QUE TÊM PEÇONHA

Jararaca[39] Jararaca é nome que compreende quatro gêneros de cobras muito peçonhentas: a primeira e maior, é *Jararacuçu*,[40] sc. jararaca grande, e são dez palmos; têm

37. Não encontramos qualquer referência a esta espécie de cobra, ainda que a descrição de Cardim não nos pareça fora de usual, já que, por vezes, os índios atribuíam nomes aos animais consoante os sons que emitiam, como parece ser este o caso.

38. *Boicupecanga*: também é uma cobra difícil de identificar pela descrição de Cardim, e seguindo a formação da palavra em tupi o seu étimo é em parte satisfatório, já que *boi* = "cobra" + *cupé* = "dorso", "costas" + *acanga* = que pode significar "ramo", "galho", mas que não aparece nos dicionários tupi-guarani com a acepção de espinho. Este termo ocorre pela primeira vez num texto português com Cardim.

39. *Jararaca* é uma das cobras venenosas da família dos Viperídeos (*Lachesis lanceolatus*, Lacep.). É a designação comum para as cobras venenosas do gênero *Bothrops*, que atingem em média um metro de comprimento. Existem por quase todo o território brasileiro com várias espécies como Cardim menciona no seu texto. O termo tupi pode derivar de *yara* + *roág* = "que envenena quem agarra". Este ocorre, pela primeira vez num texto português, em 1560, numa carta de José de Anchieta. Por extensão ficou ainda na terminologia brasileira para designar "pessoa de gênio irascível" ou "indivíduo intratável".

40. *Jararacuçu*: da mesma família da anterior (*Lachesis jararacuçu*, Lacerda). A designação em tupi é exatamente "jararaca grande" de *jararaca* + *uçu* = grande. Pode vir a atingir cerca de 2,20 m de compri-

DO CLIMA E TERRA DO BRASIL

grandes presas na boca, escondidas ao longo do queixo, e quando mordem estendem-no como dedo da mão, têm a peçonha nas gengivas, têm os dentes curvos, e nas costas deles um rego por onde lhes corre a peçonha. Outros dizem que a têm dentro do dente que é furado por dentro. 5 Têm tão veemente peçonha, que em 24 horas, e menos, mata uma pessoa; a peçonha é muito amarela como água de açafrão, parem muitos filhos, e algumas se acham treze na barriga.

Há outra que se chama *Jararagoaipigtanga*,[41] sc. que 10 tem a ponta do rabo mais branco que pardo; estas são tão peçonhentas como as víboras de Espanha, e têm a mesma cor e feição.

Há outra *Jararacopeba*,[42] é peçonhentíssima, tem uma côdea pelo lombo vermelho, e os peitos e o mais corpo é 15 todo pardo.

Há outras Jararacas mais pequenas, que a maior será de dois palmos; são de cor de terra, têm umas veias pela cabeça como as víboras, e também cacarejam como elas.

mento, e ocorre nas zonas baixas e alagadas do território brasileiro, desde o litoral sul e do leste até à região centro-oeste. Da família dos Crotalídeos (*Bothrops jararacussu*). O termo tupi ocorre pela primeira vez num texto português com Cardim.

41. *Jaragoaipigtanga* é a mesma *Lachesis lenceolatus*, vulgarmente conhecida por "jararaca-do-rabo-branco", enquanto é nova. O nome tupi explica-se por *jararaca* = "a cobra" + *iguai* = "cauda", "rabo" + *pitinga* = "branco" e apenas é mencionado neste texto cardiniano.

42. *Jararacopeba*: pela descrição de Cardim deve ser a *Lachesis atrox*, Linn. O termo tupi vem de *jararaca* = "cobra" + *peba* = "chato", "achatado" e ocorre pela primeira vez num texto português com Cardim.

TRATADOS DA TERRA E GENTE DO BRASIL

Surucucu[43]   Esta cobra é espantosa, e medonha; acham-se de quinze palmos; quando os índios naturais as matam, logo lhes enterram a cabeça por ter muita peçonha; para tomar caça, e gente, mede-se com uma árvore,
5   e em vendo a presa se deixa cair ela e assim a mata.

Boicininga[44]   Esta cobra se chama cascavel; é de grande peçonha, porém faz tanto ruído com um cascavel que tem na cauda, que a poucos toma: ainda que é tão ligeira que lhe chamam a cobra que voa: seu comprimento é de doze
10   e treze palmos.

43. *Surucucu*: cobra da mesma família das anteriores dos Crotalídeos (*Lachesis mutus*, L.). É a mais temível serpente venenosa brasileira e a maior das víboras, chegando a atingir 3,60 m de comprimento. Existem várias espécies, como a *Surucucu-de-fogo*, *Surucucu-pico-de-jaca*, *Surucutinga* e *Sururucutinga*. O termo indígena vem de *suú-u-u* = "o que dá dentadas", "o que dá muitos botes", ou seja, "cobra venenosa que ataca com repetidos botes". Este nome tupi ocorre pela primeira vez num texto português em 1576, no *Tratado da Província do Brasil*, de Pêro de Magalhães de Gândavo. Tal como aconteceu com o termo "jararaca", este nome tupi *surucucu* ficou por extensão na terminologia brasileira para designar uma pessoa de mau gênio, irascível.

44. *Boicininga*: usualmente denominada de *cascavel*, como o faz o próprio Cardim no texto, é uma cobra da mesma família das anteriores (*Crotalus terrificus*, Laur.) que se alimenta sobretudo de roedores. Ocorre nas regiões secas do território brasileiro e é reconhecida pelo guizo, ou chocalho, que apresenta na extremidade da cauda, e que faz vibrar como sinal de advertência para os seus predadores. O termo tupi é formado de *boi* = "cobra" + *cininga* = "tintinante", "ressonante", "chocalhante" e ocorre pela primeira vez num texto português em 1560, numa carta do Pe. José de Anchieta.

DO CLIMA E TERRA DO BRASIL

Há outra chamada *Boiciningbeba*;[45] esta também tem cascavel, mas mais pequeno, é preta, e tem muita peçonha.

Igbigracuâ[46]   É tão veemente a peçonha desta cobra que em mordendo a uma pessoa, logo lhe faz deitar o sangue por todos os meatos que tem, sc. olhos, narizes, boca, orelhas, e por quantas feridas tem em seu corpo, e corre-lhe por muito espaço de tempo, e se lhe não acodem todo se vai em sangue, e morre.

Igbigboboca[47]   Esta cobra é muito formosa, a cabeça tem vermelha, branca e preta, e assim todo o corpo manchado destas três cores. Esta é mais peçonhenta de todas, anda devagar, e vive em gretas da terra, e por outro nome se chama a cobra dos corais. Não se pode explicar a grande veemência que têm estas cobras peçonhentas sobreditas, nem as grandes dores que causam, nem as muitas pessoas que cada dia morrem delas, e são tantas em

45. *Boiciningbeba* é uma das espécies de cascavel, ainda que seja difícil encontrar uma explicação para o termo tupi. Possivelmente será "cobra cascavel achatada" já que *beba* ou *peba* = "chato" ou "achatado". Este ocorre pela primeira vez num texto português com Cardim.

46. *Igbigracuâ*: de difícil identificação já que não encontramos referência a um ofídio com este nome tupi. Outro autor contemporâneo Gabriel Soares de Sousa descreve esta cobra com o nome de *ubiracoá*.

47. *Igbigboboca, ibiboboca* ou *cobra-coral*, da família dos Colubrídeos (*Elaps marcgravi*, Wied.). Normalmente designada apenas por "cobra-coral" é identificada como sendo da família dos Elapídeos (*Micrurus corallinus*), com cerca de treze espécies distribuídas pelo Brasil, são muito venenosas. A designação tupi caiu em desuso passando a ser utilizado o termo mais vulgar de "cobra-coral" ou *bacorá*. O nome tupi *ibiboboca* ocorre pela primeira vez num texto português em 1560, numa carta do Pe. José de Anchieta.

TRATADOS DA TERRA E GENTE DO BRASIL

número, que não somente os campos, e matos, mas até as casas andam cheias delas, acham-se nas camas, dentro das botas, quando as querem calçar. Indo os Irmãos para o repouso as acham nele, enrodilhadas nos pés dos ban-
5 cos, e se lhe não acodem, quando mordem, sarjando-lhe a ferida, sangrando-se, bebendo unicórnio, ou carimá,[48] ou água do pau-de-cobra, ou qualquer outro remédio, eficaz, em 24 horas, e menos, morre uma pessoa com grandes gritos, e dores, e são espantosas, que como uma pessoa é
10 mordida logo pede a confissão, e faz conta que morre, e assim dispõe de suas cousas.

Há outras cobras principalmente as Jararacas que cheiram muito a almíscar, e onde quer que estão dão sinal de si pelo bom e suave cheiro.

15 Há muitos *Alacrás*[49] que se acham nas camas cada dia, e entre os livros nos cubículos; de ordinário não matam, mas dentro de 24 horas não há viver com dores.

---

48. A *carimá* ou *carimã* é a farinha de mandioca seca e fina, que tem funções de contraveneno e medicinais. O nome tupi ocorre pela primeira vez num texto português, em 1554, numa carta de Luís da Grã e às suas qualidades se refere Gabriel Soares de Sousa, em 1587, na sua *Notícia do Brasil*, "[...] Muito é para notar que de uma mesma cousa saia peçonha e a mesma raiz seca é contrapeçonha, a qual se chama carimá...".

49. Os *Alacrás*, *lacraus* ou *lacraias* aparecem indevidamente incluídos por Cardim no grupo das "cobras que têm peçonha". Este fato deve-se, possivelmente, pelo mal-estar que causam as suas picadas. São Escorpionídeos do gênero *Tytius*.

DO CLIMA E TERRA DO BRASIL

Parece que este clima influi peçonha, assim pelas infinitas cobras que há, como pelos muitos Alacrás, aranhas, e outros animais imundos, e as lagartixas são tantas que cobrem as paredes das casas, e agulheiros delas.

DAS AVES QUE HÁ NA TERRA
E DELA SE SUSTENTAM

Assim como este clima influi peçonha, assim parece influir formosuras nos pássaros, e assim como toda a terra é cheia de bosques, e arvoredos, assim o é de formosíssimos pássaros de todo gênero de cores.

Papagaios[50]   Os papagaios nesta terra são infinitos, mais que gralhas, zorzais, estorninhos, nem pardais de Espanha, e assim fazem gralhada como os sobreditos pássaros; destroem as milharadas; sempre andam em bandos, e são tantos que há ilhas onde são lá mais que papagaios; comem-se e é boa carne, são de ordinário muito formosos e de muito várias cores, e várias espécies, e quase todos falam, se os ensinam.

50. Os papagaios são diversas espécies de aves psitaciformes, pertencentes à família dos Psitacídeos. Existem várias espécies no território brasileiro, como o *papagaio-campeiro, papagaio-de-cor-roxa, papagaio-de-peito-roxo, papagaio-galego, papagaio-moleiro*, entre muitos outros.

TRATADOS DA TERRA E GENTE DO BRASIL

Arara[51]   Estes papagaios são os que por outro nome se chamam *Macaos*:[52] é pássaro grande, e são raros, e pela fralda do mar não se acham; é uma formosa ave em cores, os peitos tem vermelhos como grã; do meio para o rabo alguns são amarelos, outros verdes, outros azuis, e por todo o corpo têm algumas penas espargidas, verdes, amarelas, azuis, e de ordinário cada pena tem três, quatro cores, e o rabo é muito comprido. Estes não põem mais de dois ovos, criam nas tocas das árvores, e em rochas de pedras. Os índios os estimam muito, e de suas penas fazem suas galanterias, e empenaduras para suas espadas; é pássaro bem estreado, faz-se muito doméstico, e manso, e falam muito bem, se os ensinam.

Anapúru[53]   Este papagaio é formosíssimo e, nele se acham quase todas as cores em grande perfeição, sc. ver-

---

51. *Arara* é o nome comum aos Psitacídeos maiores que os papagaios, dos gêneros *Anodorhynchus, Ara e Cyanopsitta*. Vivem em bandos e alimentam-se de frutos e sementes. No que concerne ao termo indígena se for de origem tupi pode ser *ará* por *guirá* = "pássaro", exprimindo o significativo *ará-ra* = "pássaro grande", mas se for na língua aimará, *arara* = "palrador", "falador", o que também se adequa ao pássaro em questão. O termo tupi *arara* ocorre pela primeira vez num texto português em 1576, com Pêro de Magalhães de Gândavo na sua *História da Província Santa Cruz*.

52. O nome *Macao* designa o *Ara macao*, L., também denominado de *arara-canga, arara-piranga e arara-vermelha*.

53. *Anapúru* é uma espécie de papagaio da mesma família dos Psitacídeos, mas não conseguimos encontrar uma melhor identificação, ainda que em outros autores apareça referido como sendo valioso, chegando a valer, entre os índios, dois a três escravos. O termo tupi ocorre pela primeira vez num texto português em 1576, na *História da Província Santa Cruz*, de Pêro de Magalhães de Gândavo.

DO CLIMA E TERRA DO BRASIL

melho, verde, amarelo, preto, azul, pardo, cor de rosma-
ninho, e de todas estas cores têm o corpo salpicado, e
espargido. Estes também falam, e têm uma vantagem que
é criar em casa, e tirar seus filhos, pelo que são de grande
estima. 5

Ajurucurao[54] Estes papagaios são formosíssimos: são
todos verdes, têm um barrete, e coleira amarela muito
formosa, e em cima do bico umas poucas de penas de
azul muito claro, que lhe dão muito lustre, e graça; têm
os encontros das asas vermelhos, e as penas do rabo de 10
vermelho, e amarelo salpicadas de azul.

Tuin[55] O tuin é uma espécie de papagaio pequeno do
tamanho de um pardal; são verdes espargidos de outras
várias cores, são muito estimados, assim pela sua formosura, como também porque falam muito, e bem, e são 15
muito domésticos, e tão mansinhos que andam correndo
por toda uma pessoa, saltando-lhe nas mãos, nos peitos,
nos ombros, e cabeça, e com o bico lhe esgravatam os
dentes, e estão tirando o comer da boca à pessoa que os
cria, e fazem muitos momos, e sempre falam, ou cantam 20
a seu modo.

54. *Ajurucurao, ajuru-carau* é também da mesma família dos anteriores (*Amazona amazonica*, L.). O termo tupi deriva de *ajuru* = que é o
nome genérico tupi dos papagaios + *ouraú* = "falador", "maldizente",
"que solta a língua" ou "resmungador". Este ocorre pela primeira vez
num texto português com Cardim.

55. *Tuin, tuim, tuî* é o nome genérico dos Psitacídeos pequenos
(*Forpus xanthopterygius*). Nos dicionários de tupi-português aparece
traduzido como Periquito. O termo tupi *tuim* ocorre pela primeira
vez num texto português em 1511, no *Livro da Nau Bretoa*.

129

TRATADOS DA TERRA E GENTE DO BRASIL

Guigrajuba[56]   Chama-se este pássaro *Guigrajuba*, sc. pássaro amarelo; não falam, nem brincam, antes são muito melancolizados, e tristes, mas muito estimados, por se trazerem de duzentas, e trezentas léguas, e não se
5 acham, senão em casas de grandes principais, e têm-nos em tanta estima que dão resgate, e valia de duas pessoas por um deles, e tanto o estimam como os Japões as trempes, e panelas, e quaisquer outros senhores alguma cousa de grande preço, como falcão, girifalte etc.

10 **Iapu**[57]   Este pássaro é do tamanho de uma pega, o corpo tem de um preto fino, e o rabo todo amarelo gracioso; na cabeça tem três penachozinhos, que não parecem senão cornitos quando os levanta; os olhos têm azuis, o bico muito amarelo, é pássaro formoso, e tem um cheiro muito
15 forte quando se agasta; são muito solicitados em busca de comer, não lhes escapa aranha, barata, grilo, e são grande limpeza de uma casa, e andam por elas como pegas, não lhes fica cousa que não corram; é perigo grande terem-no na mão, porque arremetem aos olhos e tiram-nos.

56. *Guigrajuba, guirajuba, guarúba* ou *guarajuba* é um papagaio da mesma família dos Psitacídeos (*Conurus guarouba*, Gm.). O termo em tupi vem de *guirá* = "pássaro" + *juba* = "amarelo", o que confirma a significação apresentada por Cardim no texto. Forma depois as várias variantes por aglutinação. Este nome tupi ocorre a primeira vez num texto português com Cardim.

57. *Iapu, japu* é o nome comum a diversas aves da família dos Icterídeos (*Ostinops decumanus*, Pall.). O termo tupi explica-se por *ya* = "o que", "aquele que" + *pu* = "soar", "fazer rumor" ou seja "o que soa" ou "rumoreja", "o que faz barulho". Este ocorre pela primeira vez num texto português com Cardim.

DO CLIMA E TERRA DO BRASIL

Guainumbig[58]   Destes passarinhos há várias espécies, sc., *Guaracigá*, sc. fruta do sol, por outro nome *Guaracigoba*, sc. cobertura do sol, ou *Guaracigaba*, sc. cabelo do sol; nas Antilhas lhe chamam "o pássaro ressuscitado", e dizem que seis meses dorme e seis meses vive; é o mais fino pássaro que se pode imaginar, tem um barrete sobre sua cabeça, a qual se não pode dar cor própria, porque de qualquer parte que a tomam mostra vermelho, verde, preto, e mais cores todas muito finas, e resplandecentes, e o papo é tão formoso que de qualquer parte que o tomam, mostra todas as cores principalmente um amarelo mais fino que ouro.

O corpo é pardo, tem o bico muito comprido, e a língua de dois comprimentos do bico; são muito ligeiros no voar, e quando voam fazem estrondo como abelhas, e mais parecem abelhas na ligeireza que pássaros, porque

---

58. *Guainumbig, Guainumbi, Gainambi* é a designação atribuída às aves da família dos Trochilídeos, usualmente denominados de "beija-flor". O termo aparece pela primeira vez em português numa carta, do Pe. José de Anchieta, em 1560. As espécies referidas por Cardim estão corretas etimologicamente, já que o nome *guaracigá* ou *guaraciá* significa "fruto do sol", por *coaracy* = "sol" e *á* = "fruto"; *guaracigóba* ou *guaracióba* indica "cobertura do sol", de *óba* = "folha", mas implica o sentido de "cobrir", "o que cobre", "cobertura" e *guaracigaba*, ou *guaraciaba* significa por sua vez "cabelo do sol", de *aba* = "cabelo". Esta variedade de expressões, morfológicas e semânticas, porque foram designadas algumas das espécies desta ave, deve-se, sem dúvida, à admiração que causaram aos indígenas e aos primeiros colonizadores europeus as cores brilhantes, resplandecentes e belas dos beija-flores. Algumas destas designações foram utilizadas pela primeira vez num texto português com Cardim.

TRATADOS DA TERRA E GENTE DO BRASIL

sempre comem de voo sem pousar na árvore; assim como abelhas andam chupando o mel das flores; têm dois princípios de sua geração; uns se geram de ovos como outros pássaros, outros de borboletas, e é cousa para ver, uma borboleta começar-se a converter neste passarinho, porque juntamente é borboleta e pássaro, e assim se vai convertendo até ficar neste formosíssimo passarinho; cousa maravilhosa, e ignota aos filósofos pois um vivente sem corrupção se converte noutro.

Guigranheengetá[59]   Este pássaro é do tamanho de um pintassilgo, tem as costas, e asas azuis, e o peito, e barriga de um amarelo finíssimo. Na testa tem um diadema amarelo que o faz muito formoso; é pássaro excelente para gaiola, por falar de muitas maneiras, arremedando muitos pássaros, e fazendo muitos trocados e mudando a fala em mil maneiras, e atura muito no canto, e são de estima, e destes de gaiola há muitos e formosos, e de várias cores.

Tangará[60]   Este é do tamanho de um pardal: todo preto, a cabeça tem de um amarelo laranjado muito fino; não

59. *Guigranheegetá, guirá-nheengetá*, da família dos Tiranídeos (*Taenioptera mengeta*, L.). O termo tupi vem de *guirá* = "pássaro" + *nheeng* = "falar" + *etá* = "muito", ou seja, "pássaro que fala ou canta muito". O nome vem desaparecendo dando origem a *gronhatá* ou *grunhatá*. A nível vulgar é conhecido por "pombinha-das-almas" e "maria-branca".

60. *Tangará* é o nome comum a diversas espécies de aves da família dos Piprídeos, sobretudo a *Chirosophia caudata*, Sw. vulgarmente chamada "dançador", o que confirma com a descrição deste texto cardiniano, que foi onde o termo ocorreu pela primeira vez.

DO CLIMA E TERRA DO BRASIL

canta, mas tem uma cousa maravilhosa que tem acidentes como de gota coral, e por esta razão o não comem os índios por não terem a doença; tem um gênero de baile gracioso, sc. um deles se faz morto, e os outros o cercam ao redor, saltando, e fazendo um cantar de gritos estranhos que se ouve muito longe, e como acabam esta festa, grita, e então todos se vão, e acabam sua festa, e nela estão tão embebidos quanto a fazem que ainda que sejam vistos, e os espreitem não fogem; destes há muitas espécies, e todos têm acidentes.

Quereiuá[61]   Este pássaro é dos mais estimados da terra, não pelo canto, mas pela formosura da pena; são de azul claro em parte, e escuro, e todo o peito roxo finíssimo, e as asas quase pretas, são tão estimadas, que os índios os esfolam, e dão duas e três pessoas por uma delas, e com as penas fazem esmaltes, diademas, e outras galanterias.

Tucana[62]   Este pássaro é do tamanho de uma pega; é todo preto, tirando o peito, o qual é todo amarelo com um

---

61. *Quereiuá quiruá* ou *querejuá*, da família dos Cotingídeos (*Cotinga cincta*, Kuhl.). O nome tupi é difícil de explicar tendo ocorrido pela primeira vez neste texto de Cardim.

62. *Tucana*: vulgarmente denominado de *tucano*, para designar diversas aves da família dos Ranfastídeos, como o *Ramphastos vitellinus*, tucano-de-bico-preto, *R. dicolorus*, tucano-de-bico-verde, *R. tucanus*, o tucano-de-bico-vermelho e o *R. toco*, que é o tucano boi ou tucanuçu. O termo tupi parece ser formado por *ti* = "bico" + *cang* = "osso", ou seja, "bico em osso" e ocorre pela primeira vez num texto português com Cardim. Mas, parece ter sido André Thevet quem descreveu pela primeira vez esta ave, à qual dedica um capítulo, dando-lhe o nome indígena *toucan*: "[...] Na costa o principal produto comerciado é a plumagem dum pássaro que eles chamam na sua língua *toucan*...".

TRATADOS DA TERRA E GENTE DO BRASIL

círculo vermelho; o bico é de um grande palmo, muito grosso e amarelo, e por dentro muito vermelho, tão brunido e lustroso, que parece envernizado; fazem-se domésticos, e criam-se em casa, são bons para comer, e a pena
5 se estima muito por ser fina.

Guigraponga[63] Este pássaro é branco, e sendo não muito grande, dão tais brados que não parece senão um sino, e ouve-se meia légua, e seu cantar é ao modo de repique de sino.

10 **Macucaguá**[64] Esta ave é maior que nenhuma galinha de Portugal; parece-se com faisão, e assim lhe chamam os portugueses, tem três titelas uma sobre a outra, e muita carne, e gostosa, põe duas vezes no ano, e de cada vez treze ou quinze ovos; andam sempre pelo chão, mas quando
15 vem gente se sobem nas árvores, e à noite quando se

Cf. Frank Lestringant, *Le Brésil d'André Thevet, Les Singularités de la France Antarctique (1557)*, Paris, Ed. Chandeigne, 1997, cap. XLVII, pp. 185–188.

63. *Guigraponga* ou *araponga*, da família dos Cotingídeos (*Chasmorhynchus nudicollis*, Vieill.). É um pássaro frugívoro das florestas da América do Sul, e o seu canto é de tom metálico, semelhante ao bater de um martelo sobre a bigorna, o que faz com que vulgarmente seja denominado de "ferreiro" ou "ferrador". Ocorre pela primeira vez neste texto de Cardim, com a primeira designação. O termo tupi vem de *guirá* = "pássaro" + *ponga* = "sonante", "que soa".

64. *Macucaguá, macaguá, macucaua* ou *macacáua*, ave da família dos Falconídeos (*Herpetotheres cachinnans*, L.). Ocorre pela primeira em textos portugueses em 1576, com Pêro de Magalhães de Gândavo, na *História da Província do Brasil*. O termo tupi é formado por *má* por *ybá* = "fruto" + *cugiguar*, por *currinhar* = "que come", "comedor", ou seja, "comedor de frutos".

DO CLIMA E TERRA DO BRASIL

empoleiram como fazem as galinhas. Quando se põem nas árvores, não põem os pés nos paus, mas as canelas das pernas, e mais da parte dianteira. Destas há muitas espécies, e multidão, e facilmente se flecham.

Entre elas há uma das mais pequenas, tem muitas ha- 5
bilidades: adivinha quando canta a chuva, dá tão grandes brados que se não pode crer pássaro tão pequeno, e a razão é porque tem a goela muito grande, começa na cabeça, e sai pelo peito ao longo da carne, e chega ao sesso, e faz volta, e torna-se a meter no papo, e então procede como 10 aos outros pássaros, e fica como trombeta com suas voltas. Correm após qualquer pessoa, às picadas brincando como cachorrinhos, se lhe deitam ovos de galinha choca-os, e cria os pintainhos, e se vê as galinhas com pintainhos tanto as persegue até que lhos toma e os cria. 15

Mutu[65]   Esta galinha é muito caseira, tem uma crista de galo espargida de branco e preto, os ovos são grandes como de pata, muito alvos, tão rijos que batendo um no outro, tinem como ferro, e deles fazem os seus maracas, sc. cascavéis; todo cão que lhe come os ossos, e aos homens 20 nenhum prejuízo lhes faz.

---

65. *Mutu* ou *mutum* é o nome genérico para as aves galiformes da família dos Cracídeos, que ocorrem por quase toda a América do Sul. Existem várias espécies como *Carx globulosa*, que é o mutum-fava ou mutum-açu, *C. blumenbachii*, o mutum-do-sudeste, o *C. fasciolata pinima*, que é o mutum-de-penacho, entre outras espécies. Ocorre pela primeira vez num texto português com Cardim.

TRATADOS DA TERRA E GENTE DO BRASIL

Uru[66]   Nesta terra há muitas espécies de perdizes que ainda que se não pareçam em todo com as de Espanha, todavia são muito semelhantes na cor, e no gosto, e na abundância.

5   Há nesta terra muitas espécies de rolas, tordos, melros, e pombas de muitas castas, e todas estas aves se parecem muito com as de Portugal; e as pombas e rolas são em tanta multidão que em certos campos muito dentro do sertão são tantas que quando se levantam impedem a claridade do sol, 10 e fazem estrondo, como de um trovão; põem tantos ovos, e tão alvos, que de longe se veem os campos alvejar com os ovos como se fosse neve, e com servirem de mantimento aos índios não se podem desençar, antes dali em certos tempos parece que correm todas as partes desta província.

15   **Nhandugoaçu**[67]   Nesta terra há muitas emas, mas não andam senão pelo sertão dentro.

66. *Uru* é o nome comum a duas espécies de aves da família dos Fasianídeos: o *Odotophorus guyanensis*, Gm. e o *O. capueira*, Spix. O primeiro existente na região amazônica e o segundo no litoral. Cardim deve ter descrito o segundo, e foi exatamente neste texto que ocorreu pela primeira vez em português.

67. *Nhandugoaçu*: tal como Cardim refere trata-se da *Ema* da família dos Reídeos (*Rhea americana*, L.), erradamente chamada de avestruz e que é a maior das aves brasileiras, chegando o macho, o *congo*, a atingir 34 quilos de peso. Ocorre pela primeira vez em português neste texto de Cardim. O termo tupi explica-se por *nhan* = "corre" + *tu* (ou *ub* = perna) = "estrepitante" + *guaçu* = "grande".

DO CLIMA E TERRA DO BRASIL

Anhigma[68] Este pássaro é de rapina, grande, e dá brados que se ouvem meia légua, ou mais; é todo preto, os olhos tem formosos, e o bico maior que de galo, sobre este bico tem um cornito de comprimento de um palmo; dizem os naturais que este corno é grande medicina para os que se lhe tolhem a fala como já aconteceu que, pondo ao pescoço de um menino que não falava, falou logo.

Há outras muitas aves de rapina, sc. águias, falcões, açores,[69] esmerilhões,[70] francelhos,[71] e outras muitas, mas são todas de ordinário tão bravas que não servem para caçar, nem acodem à mão.

DAS ÁRVORES DE FRUTO

Acaju[72] Estas árvores são muito grandes, e formosas, perdem a folha em seus tempos, e a flor se dá nos cachos

---

68. *Anhigma, anhuma* ou *inhuma* é uma ave da família dos Anhimídeos (*Palamedea cornuta*, L.), de grande porte, patas longas que ocorre sobretudo nas regiões alagadiças da Amazônia, Nordeste, vale do rio São Francisco, Centro-Oeste, São Paulo e Paraná. Ocorre pela primeira vez em 1560, numa carta do Pe. José de Anchieta.

69. O autor refere-se ao *açor* que é uma ave de rapina, diurna, da família dos Falconídeos, semelhante ao gavião, mas de maior envergadura.

70. *Esmerilhão* é uma ave de rapina, diurna, da família dos Falconídeos.

71. Trata-se do nome vulgar por que também são designados, especialmente, o mioto e o peneireiro, ambas aves de rapina.

72. *Acaju* ou *caju* é o fruto e árvore da família das Anacardiáceas (*Anacardium occidentale*, L.). Hoje o nome *caju* reserva-se para a *Cedrela guyanensis*, J. da família das Meliáceas, que vegeta na Amazônia. É originário da América do litoral atlântico tropical, incluindo as Antilhas. O termo tupi vem de *acã* = "caroço" + *yu*, por *y-ub* = "que dá",

TRATADOS DA TERRA E GENTE DO BRASIL

que fazem umas pontas como dedos, e nas ditas pontas nasce uma flor vermelha de bom cheiro, e após ela nasce uma castanha, e da castanha nasce um pomo do tamanho de um repinaldo, ou maçã camoeza; é fruta muito
5 formosa, e são alguns amarelos, e outros vermelhos, e tudo é sumo: são bons para a calma, refrescam muito, e o sumo põe nódoa em pano branco que se não tira senão quando se acaba. A castanha é tão boa, e melhor que as de Portugal; comem-se assadas, e cruas deitadas em água
10 como amêndoas piladas, e delas fazem maçapães, e bocados doces como amêndoas. A madeira desta árvore serve pouco ainda para o fogo, deita de si goma boa para pintar, e escrever em muita abundância. Com a casca tingem o fiado, e as cuias[73] que lhe servem de panelas. Esta pirada
15 e cozida com algum cobre até se gastar a terça de água, é único remédio para chagas velhas e saram depressa. Destas árvores há tantas como os castanheiros em Portugal,

"que tem", logo "que tem caroço". Os portugueses encontraram-no no Brasil onde se integrava no conjunto das árvores mais apreciadas e utilizadas pelos ameríndios, de onde obtinham tudo, da raiz aos frutos, alimentos, madeira, lenha, gomas, repelentes, conservantes para embarcações e redes, além de remédios e uma bebida fermentada. São expressivas, amplas e minuciosas as descrições desta árvore e do seu fruto em textos dos séculos XVI e XVII, ocorrendo pela primeira vez em Pêro de Magalhães de Gândavo, em 1576, no *Tratado da Província do Brasil.*

73. Cardim refere-se às *cuias* que eram uma espécie de vasilha, de forma semielipsoidal ou semiesférica, feita com a casca da cuieira, planta da família das Bignoniáceas, ou seja, uma cabaça. Este termo tupi ocorre pela primeira vez em textos portugueses com Cardim.

DO CLIMA E TERRA DO BRASIL

e dão-se por esses matos, e se colhem muitos molhos de castanhas, e a fruta em seus tempos a todos farta. Destes acajus fazem os índios vinho.[74]

Mangaba[75] Destas árvores há grande cópia, *maxime* na Bahia, porque nas outras partes são raras; na feição se parece com macieira de anafega, e na folha com a de freixo; são árvores graciosas, e sempre têm folhas verdes. Dão duas vezes fruto no ano: a primeira de botão, porque não deitam então flor, mas o mesmo botão é a fruta; acabada esta camada que dura dois ou três meses, dá outra, tornando primeiro flor, a qual é toda como de jasmim, e de tão bom cheiro, mas mais esperto; a fruta é do tamanho de abricós, amarela, e salpicada de algumas pintas pretas, dentro tem algumas pevides, mas tudo se come, ou sorve como sorve as de Portugal; são de muito bom gosto, sadias, e tão leves que por mais que comam, parecem que não comem fruta; não amadurecem na árvore, mas caem no chão, e daí as apanham já maduras, ou colhendo-as verdes as põem em madureiro; delas fazem os índios vinhos; a árvore é a mesma fruta em verde, toda está cheia de leite branco, que pega muito nas mãos, e amarga.

74. O Pe. Fernão Cardim menciona o *cuuim* que era uma bebida fermentada com o fruto do caju e que é descrita noutro texto deste autor de forma pormenorizada.

75. *Mangaba* é o fruto e árvore, a mangabeira da família das Apocináceas (*Hancornia speciosa*, Gomez). O fruto tem a aparência de maçã, sendo comestível *in natura* e apropriado para compotas, doces, gelados e refrigerantes. Ocorre pela primeira vez em português num texto de 1554, numa carta do jesuíta Brás Lourenço. O termo tupi *manguaba* designa "coisa de comer".

TRATADOS DA TERRA E GENTE DO BRASIL

Macuoé[76]   Esta fruta se dá em umas árvores altas; parece-se com peras-de-mato de Portugal, o pé tem muito comprido, colhem-se verdes, e põem-se a madurar, e maduros são muito gostosos, e de fácil digestão; quando se
5   hão-de colher sempre se corta toda a árvore e por serem muito altas, e se não fora esta destruição houvera mais abundância, e por isso são raras; o tronco tem grande cópia de leite branco, e coalha-se; pode servir de lacre se quiserem usar dele.

10   **Araçá**[77]   Destas árvores há grande cópia, de muitas castas; o fruto são uns perinhos, amarelos, vermelhos, outros verdes: são gostosos, desenfastiados, apetitosos, por terem alguma ponta de agro. Dão fruto quase todo o ano.

Ombu[78]   Este ombu é árvore grande, não muito alta,
15   mas muito espalhada; dá certa fruta como ameixas alvares, amarela, e redonda, e por esta razão lhe chamam os portugueses ameixas; faz perder os dentes e os índios que

76. *Macuoé, mucuoé, mucugê, macugé* ou *mucuruje*, da mesma família das Apocináceas (*Couma rigida*, Mull. Arg.) O termo tupi é de étimo desconhecido.

77. *Araçá* é o nome atribuído às Mirtáceas do gênero *Psidium cattleyanum*, fruto do araçazeiro, das quais há várias espécies e que os escritores quinhentistas e seiscentistas mostram conhecer. Ocorre pela primeira vez num texto português em 1561, numa carta do Pe. Manuel da Nóbrega.

78. *Ombu, umbu, imbu* ou *ambu* é o fruto do umbuzeiro da família das Anacardiáceas (*Spondias purpurea*, L.). Os frutos são pequenas drupas oblongas, amarelo-esverdeadas, de polpa verde-clara, doce e aromática, comestíveis *in natura*, e utilizados em doces e compotas. É difícil de atribuir uma significação ao termo tupi.

DO CLIMA E TERRA DO BRASIL

as comem os perdem facilmente; as raízes desta árvore se comem, e são gostosas e mais saborosas que a balancia,[79] porque são mais doces, e a doçura parece de açúcar. São frios, sadios, e dão-se aos doentes de febres; e aos que vão para o sertão serve de água quando não têm outra.

Jaçapucaya[80] Esta árvore é das grandes e formosas desta terra; cria uma fruta como panela, do tamanho de uma grande bola de grossura de dois dedos, com uma cobertura por cima, e dentro está cheia de umas castanhas como mirabólanos, e assim parece que são os mesmos da Índia.[81] Quando estão já de vez se abre aquela sapadoura, e cai a fruta; se comem muita dela verde, pela uma pessoa quantos cabelos tem em seu corpo; assadas é boa fruta. Das panelas usam para grais[82] e são de dura; a madeira

79. Considera-se que Cardim se refere à *melancia*, atendendo ao contexto em que está inserido este nome, assim como pela descrição cardiniana.

80. *Jaçapucaya* ou *sapucaia* é o nome comum às diversas espécies de Lecitidáceas, do gênero *Lecythis*, cujos frutos, lenhosos, em geral cilíndricos, quando abertos, apresentam a forma de uma cuia. Ocorre pela primeira vez num texto português de 1574 num *Livro de Contas*, e dois anos depois é referido por Gândavo na *História da Província do Brasil*. O nome tupi forma-se de *ya* = "fruto de árvore" + *eçá pucá í* = "que tem saltamento do olho", segundo Baptista Caetano.

81. Cardim compara as castanhas da *sapucaia* aos mirabólanos do Índico, que procedem da *Terminalia chebula*, Retz, da família das Combretáceas, que existem no Oriente, nas regiões de Bengala, Cambaia, Guzerate, Malaca e Bornéu e que são utilizados na alimentação, farmacopeia e tinturaria. Garcia da Orta descreve-os nos *Colóquios dos simples e das drogas da Índia*, ed. fac-simile, de 1861, com notas do Conde de Ficalho, Lisboa, Imprensa Nacional/Casa da Moeda, 1987, colóquio 37º.

82. Cardim refere-se aos almofarizes.

TRATADOS DA TERRA E GENTE DO BRASIL

da árvore é muito rija, não apodrece, e é de estima para os eixos dos engenhos.

Araticu[83]   Araticu é uma árvore do tamanho de laranjeira, e maior; a folha parece de cidreira, ou limoeiro; é árvore fresca e graciosa, dá uma fruta da feição e tamanho de pinhas, e cheira bem, tem arrazoado, e é fruta desenfastiada.

Destas árvores há muitas castas, e uma delas chamada araticu-paná;[84] se comem muito da fruta fica em fina peçonha, e faz muito mal. Das raízes destas árvores fazem boias para redes, e são tão leves como cortiças.

Pequeá[85]   Destas árvores há duas castas; uma delas dá uma fruta do tamanho de uma boa laranja, e assim tem a

83. *Araticu* ou *ariticum* é o nome comum a diversas Anonáceas dos gêneros *Anona* e *Rollinia*. Ocorre pela primeira vez num texto português neste escrito de Cardim. O termo tupi aparece também como *aratycu* significando uma fruta conhecida como "cabeça de negro", de consistência mole, grumosa e de sabor adocicado. Existem várias espécies no território brasileiro, como o Araticum-alvadio (*Rollinia exalbida*), o Araticum-apê (*Anona pisonis*), o Araticum-cagão (*Anona cacans*), Araticum-da-areia (*A. senegalensis*), Araticum-do-brejo (*A. glabra*), entre outras.

84. *Araticum-paná* é uma das plantas da família das Anonáceas e do seu fruto. Atendendo à descrição de Cardim deve tratar-se da espécie designada de Araticum-cortiça (*Anona crassiflora*) que é uma árvore que chega a atingir 10 m de altura e de flores amarelas, cuja casca serve de cortiça, mas que não é totalmente impermeável. Este termo tupi ocorre pela primeira vez num texto português com Cardim.

85. *Pequeá, pequiá* ou *piquiá*: da família das Cariocariáceas, das quais existem várias espécies como a *Caryocar barbinerve*, a *C. coriaceum.*, a *C. butisorum* e a *C. crenatum*. Todas fornecem madeira resistente e as sementes óleo, como o "sebo de pequiá" ou "manteiga de pequiá", ou o látex conhecido como chicle ou chiclete. Ocorre pela

DO CLIMA E TERRA DO BRASIL

casca grossa como laranja; dentro desta casca não há mais que mel tão claro, e doce como açúcar em quantidade de um ovo, e misturado com ele tem as pevides.

Há outra árvore Pequeá: é madeira das mais pesadas desta terra; em Portugal se chama cetim;[86] tem ondas muito galantes, dura muito, e não apodrece.

Jaboticaba[87] Nesta árvore se dá uma fruta do tamanho de um limão-de-ceitil; a casca e gosto parece de uva-ferral, desde a raiz da árvore por todo o tronco até o derradeiro raminho; é fruta rara, e acha-se somente pelo sertão adentro da capitania de São Vicente. Desta fruta fazem os índios vinho e o cozem como vinho de uvas.

Neste Brasil há muitos coqueiros,[88] que dão cocos excelentes como os da Índia; estes de ordinário se plantam,

primeira vez num texto português com Cardim. O termo tupi pode derivar-se de *pé* = "casca" + *quiá* = "suja", "manchada".

86. Pau-cetim. [N. do E.]

87. *Jaboticaba* ou *jabuticaba*: árvore, a jabuticabeira pertence à família das Mirtáceas (*Myrciaria cauliflora*, Berg.). O termo tupi é *yauti-guaba* = "comida de cágado". Ocorre pela primeira vez num texto português em Cardim.

88. O coqueiro (*Cocos nucifera*, L.) não é espontâneo do Brasil, tendo sido trazido da Índia pelos portugueses, levado para África e daí para o Brasil, onde se veio a dar melhor, alcançando grandes dimensões. Foi uma árvore que atraiu muito os navegadores, pela sua abundância e pela sua grande utilidade. A descrição de Duarte Barbosa, que é uma das primeiras a ser feita, em língua latina, é muito precisa, "[...] esta terra, ou por melhor dizer toda a do Malabar, é coberta ao longo do mar de palmeiras, tão altas como altos ciprestes, tem os pés mui limpos e lisos; e em cima uma copa de ramos, entre os quais nasce uma fruta grande que chamam cocos; é fruta de que eles muito aproveitam, e de cada ano carregam muitas naus". Cf. Duarte Barbosa, *Livro do que viu e ouviu no Oriente Duarte Barbosa*, in *Colecção de*

TRATADOS DA TERRA E GENTE DO BRASIL

e não se dão pelos matos, senão nas hortas, e quintais; e há mais de vinte espécies de palmeira e quase todas dão fruto, mas não tão bom como os cocos; com algumas destas palmeiras cobrem as casas.

5 Além destas árvores de fruto há muitas outras que dão vários frutos, de que se aproveitaram e sustentaram muitas nações de índios, juntamente com o mel,[89] de que há muita abundância, e com as caças, porque não têm outros mantimentos.

10 **Pinheiro**[90] No sertão da Capitania de São Vicente até ao Paraguai há muitos e grandes pinhais propriamente como os de Portugal, e dão pinhas como pinhões; as pinhas não são tão compridas, mas mais redondas, e maiores; os pinhões são maiores, e não são tão quentes, mas 15 de bom temperamento e sadios.

Notícias para a História e Geografia das Nações Ultramarinas, que vivem nos domínios portugueses publicada pela Academia Real das Ciências, Lisboa, Tipografia da Academia, 1867, p. 343.

89. As sociedades ameríndias semissedentárias adotaram um padrão de subsistência fundamentalmente assente no cultivo de raízes, sobretudo da mandioca, na pesca, na caça e na recoleção. Estas atividades forneciam-lhe os alimentos essenciais à sua subsistência a par da obtenção do mel, que consumiam das abelhas selvagens e domesticadas. Os índios designavam-nas por *heru* ou *tapiúja*, ocorrendo estes nomes pela primeira vez num texto em português, em 1587, na *Notícia do Brasil*, de Gabriel Soares de Sousa.

90. Cardim menciona o *Pinheiro* ou *pinheiro-do-paraná*, que é da família das Coníferas (*Araucaria angustifolia*, A. Rich. Lamb.) também denominada de *araucária*.

DO CLIMA E TERRA DO BRASIL

DAS ÁRVORES QUE SERVEM PARA MEZINHAS

Cabureigba[91]   Esta árvore é muito estimada, e grande,
por causa do bálsamo que tem; para se tirar este bálsamo
se pica a casca da árvore, e lhe põem um pequeno de algodão nos golpes, e de certos em certos dias vão recolher
o óleo que ali se estila; chamam-lhe os portugueses bál-   5
samo por se parecer muito com o verdadeiro das vinhas
de Engaddi;[92] serve muito para feridas frescas, e tira todo
o sinal, cheira muito bem, e dele, e das cascas do pão se
fazem rosários e outras cousas de cheiro; os matos onde
os há cheiram bem, e os animais se vão roçar nesta ár-   10
vore, parece que para sararem de algumas enfermidades.
A madeira é das melhores deste Brasil, por ser muito forte,

91. *Cabureigba, caburahida, cabureiba* ou *cabreúva* é uma árvore da
família das Leguminosas, subfamília das Papilionáceas (*Myrocarpus
fastigiatos*, Fr. All.). Ocorre pela primeira vez num texto português
com Pêro de Magalhães de Gândavo, na *História da Província Santa
Cruz*, em 1576. O nome tupi vem de *cahuré* = "a coruja" + *ybá* –
"árvore", "pau". A resina mencionada no texto, extraída do pericarpo,
é conhecida por *caburé-icica*.

92. Cardim compara esta mezinha extraída de *cabureigba* com o
bálsamo das vinhas de Engaddi, que era uma das vinhas mais conhecidas entre os Hebreus, como as de Hebron, as quais gozaram de justa
e enorme fama, pela sua frondosidade e rendimento. Eram ainda fa-
mosos os vinhedos das colinas de Samaria e do Carmelo, além dos do
vale do Jordão. Sendo Fernão Cardim um eclesiástico era conhecedor
das Escrituras, daí a referência às vinhas de Engaddi, mencionadas
no Antigo Testamento, que eram como um bálsamo. Cf. *Cântico dos
Cânticos*, cap. 1, vers. 14, "[...] *Como um racimo de flores de hena nas
vinhas de En-Gedi, é para mim o meu amado*".

TRATADOS DA TERRA E GENTE DO BRASIL

pesada, eliada e de tal grossura que delas se fazem as gangorras,[93] eixos, e fusos para os engenhos. Estas são raras,
acham-se principalmente na Capitania do Espírito Santo.

Cupaigba[94] É uma figueira comumente muito alta, di-
5 reita e grossa; tem dentro dela muito óleo; para se tirar
a cortam pelo meio, onde tem o vento, e aí tem este óleo
em tanta abundância, que algumas dão um quarto, e mais
de óleo; é muito claro, de cor de azeite; para feridas é
muito estimado, e tira todo sinal. Também serve para as
10 candeias e arde bem; os animais, sentindo sua virtude, se
vêm esfregar nelas; há grande abundância, a madeira não
vale nada.

93. As gangorras eram peças de engenhos de água, feitas de madeira
muito resistente e destinadas a espremer o bagaço da cana moída.
Também eram assim designados os engenhos de madeira, manuais,
constantes apenas de dois rolos entre os dois esteios verticais e os
engenhos de pau usados por pequenos plantadores de cana-de-açúcar
para o fabrico de rapaduras, sobretudo na zona canavieira pernambu-
cana.

94. *Cupaigba* ou *copahiba*: também da família das Leguminosas,
subfamília das Caesalpináceas (*Copahiba langsdorfii*, Desf.). Ocorre
pela primeira vez num texto português com Gândavo, *História.*, em
1576, com uma descrição muito semelhante à de Cardim. O termo
tupi é de étimo incerto.

DO CLIMA E TERRA DO BRASIL

Ambaigba[95]   Estas figueiras não são muito grandes, nem se acham nos matos verdadeiros, mas nas copueras,[96] onde este roça; a casca desta figueira, raspando-lhe da parte de dentro, e espremendo aquelas raspas na ferida, pondo-lhas em cima, e atando-as com a mesma casca, em breve sara. Delas há muita abundância, e são muito estimadas por sua grande virtude; as folhas são ásperas, e servem para alisar qualquer pau; a madeira não serve para nada.

Ambaigtinga[97]   Esta figueira é a que chamam do inferno: acham-se em taperas,[98] dão certo azeite que serve para a candeia: têm grande virtude, como escreve Monardes,[99] e as folhas são muito estimadas para quem arrevessa, e não pode ter o que come, untando o estômago

95. *Ambaigba, ambahiba, embaúba* ou *imbaúba* é uma árvore da família das Moráceas (*Cecropia adenops*, Mart.). Ocorre pela primeira vez num texto português com Cardim. É uma árvore típica das florestas úmidas do Brasil tropical e equatorial. É muito procurada pela preguiça que se alimenta das suas folhas e brotos. Os índios utilizam os ramos para obter fogo e aproveitam o caule na produção de instrumentos musicais. O termo tupi vem de *ambá* = "oco" + *yba* = "árvore".

96. *Capoeiras*, mata secundária. [N. do E.]

97. *Ambaigtinga* ou *imbaúba-branca*: também da família das Moráceas (*Cecropia palmata*, Willd.).

98. *Tapera* era a designação, em tupi, para a aldeia indígena abandonada ou para a habitação em ruínas. Este ocorre pela primeira vez num texto em português, em 1562, numa *Carta de Sesmaria*, "[...] partindo pela banda do campo ao longo dos midos (sic) de terra e pela tapera, que foi do Grilo...", in Serafim Leite, *Cartas dos Primeiros Jesuítas do Brasil (1538–1563)*, III, Roma, 1958, p. 508.

99. O Pe. Fernão Cardim refere-se a Nicolás Monardes (1493–1588), médico e naturalista espanhol, de Sevilha, que apesar de nunca ter atravessado o Oceano dedicou-se ao estudo das produções naturais

TRATADOS DA TERRA E GENTE DO BRASIL

com óleo, tira as opilações, e cólica; para se tirar este óleo, põem-na ao sol alguns dias, e depois a pisam, e cozem, e logo lhe vem aquele azeite acima que se colhe para os sobreditos efeitos.

5 **Igbacamuci**[100] Destas árvores há muitas em São Vicente: dão umas frutas, como bons marmelos da feição de uma panela, ou pote; tem algumas sementes dentro muito pequenas, são único remédio para as câmaras de sangue.[101]

10 **Igcigca**[102] Esta árvore dá a almécega;[103] onde está cheira muito por um bom espaço, dão-se alguns golpes na árvore,

---

da América, que conseguia obter por meio dos viajantes. Desse modo conseguiu formar um pequeno museu de História Natural, em Sevilha, que foi dos mais antigos, existindo já em 1554. A principal de suas obras intitula-se de *Primera y segunda y tercera partes de la Historia medicinal de las cosas que se traen de nuestras Indias Occidentales, que sirven en Medicina etc.*, publicada em Sevilha em 1574, e onde se acham reunidos diversos tratados anteriormente dados à estampa. A primeira parte foi publicada em 1565 e depois em 1569; a segunda em 1571. A referência de Cardim encontra-se in fl. 6v. da primeira parte do livro de Monardes, quando trata do azeite da figueira do inferno.

100. *Igbacamuci*: não encontramos referência científica a esta árvore. O termo tupi vem de *ybá* = "fruta" + *cambucy* ou *camucy* = "pote", ou seja, "pote de fruta", como descreve Cardim neste texto.

101. Diarreia. [N. do E.]

102. *Igcigca, icica* ou *almecegueira*, da família das Burseráceas (*Protium brasiliense*, Eng.). Ocorre pela primeira vez num texto português com Cardim. O termo tupi vem de *y-cyca* = "água pegajosa", "goma", "resina".

103. Cardim refere-se à *almécega* que é uma goma resinosa aromática, translúcida e adstringente extraída da aroeira, almecegueira ou lentisco, usada em produtos farmacêuticos e vernizes, o que coincide com o termo tupi mencionado por Cardim.

DO CLIMA E TERRA DO BRASIL

e logo incontinente estila um óleo branco que se coalha; serve para emplastos em doenças de frialdade, e para se defumarem; também serve em lugar de incenso.

Há outra árvore desta casta chamada *Igtaigcigca*,[104] sc. almécega dura como pedra, assim mais parece anime[105] do que almécega, e é tão dura e resplandecente, que parece vidro, e serve de dar vidro à louça, e para isto é muito estimada entre os índios, e serve também para doenças de frialdade.

Há um rio entre Porto Seguro, e os Ilhéus[106] que vem mais de 300 léguas pelo sertão: traz muita cópia de resina que é o mesmo anime, a que os índios chamam *Igatigcica* e os portugueses incenso branco, e tem os mesmos efeitos que o incenso.

Curupicaigba[107] Esta árvore parece na folha com os pessegueiros de Portugal; as folhas estilam um leite como o das figueiras de Espanha, o qual é único remédio para

104. *Igtaigcica* ou *itaycyca* é a almecegueira (*Protium icicariba*) que é um arbusto da família das Anacardiáceas, também denominada de *almécega, aroeira* ou *lentisco*, que produz uma goma chamada almécega. O nome tupi significa resina ou goma de pedra, enxofre, o que confirma a descrição cardiniana, onde ocorre pela primeira vez.

105. Cardim distingue o *anime* da *almécega*, ainda que ambas sejam espécies de resina cor de enxofre e muito aromática, também denominada ainda de *goma-copal*.

106. O rio que Cardim diz lançar-se ao mar entre Ilhéus e Porto Seguro, e que vem do sertão alto, deve ser o Jequitinhonha

107. *Curupicaigba* ou *curupicahiba* é uma planta da família das Euforbiáceas, usualmente designada por "leiteira" ou "pau-de-leite", o que condiz com a descrição de Cardim. Ocorre pela primeira vez num texto português com Cardim.

TRATADOS DA TERRA E GENTE DO BRASIL

feridas frescas e velhas, e para boubas,[108] e das feridas tira todo sinal; se lhe picam a casca deita grande quantidade de visco com que se tomam os passarinhos.

Caaroba[109]   Destas árvores há uma grande abundância,
5   as folhas delas mastigadas, e postas nas boubas as fazem secar, e sarar de maneira que não tornam mais, e parece que o pau tem o mesmo efeito que o da China, e Antilhas para o mesmo mal. Da flor se faz conserva para os doentes de boubas.

108. Ao longo dos seus textos este autor menciona muitas vezes as *boubas*, que eram a doença mais comum entre os indígenas, denominada em tupi *piã*, que é uma treponematose não venérea que provoca lesões cutâneas e ósseas. Do contato com os ameríndios esta doença, assim como a sífilis, acabou por ser introduzida na Europa. Cf. Jorge Couto, *A Construção do Brasil. Ameríndios, Portugueses e Africanos, do início do povoamento a finais de Quinhentos*, Lisboa, Ed. Cosmos, 1995, pp. 326–330.

109. *Caaroba* ou *caroba* é uma árvore da família das Bignoniáceas, do gênero Jacarandá (*Jacaranda caroba*, Vell.). Algumas espécies fornecem madeira de boa qualidade para a marcenaria e carpintaria. Esta espécie descrita por Cardim parece ser a *Jacaranda brasiliana*, que é um pequeno arbusto de casca acinzentada, folhas pecioladas e flores azuis, campanuladas, grandes, que fornece através da casca um produto utilizado pela medicina popular contra afecções do sistema urinário. O termo tupi vem de *caá* = "folha de planta" + *roba* = "amargosa", "acre". Ocorre pela primeira vez num texto em português com Cardim.

DO CLIMA E TERRA DO BRASIL

Caarobmoçorandigba[110] Este pau parece que é o da China: toma-se da mesma madeira que o de lá, e sara os corrimentos, boubas, e mais doenças de frialdade; é pardo, e tem o âmago duro como pau-da-China.[111]

Iabigrandi[112] Esta árvore há pouco que foi achada, e é, como dizem alguns indiáticos, o Betele[113] nomeado da Índia; os rios e ribeiros estão cheios destas árvores: as

5

110. *Caarobmoçorandigba, maçarandiba* ou *maçaranduba*: da família das Sapotáceas (*Mimusops elata*, Fr. All.) do gênero *Manikara*. São árvores de grande porte, de tronco reto, que fornecem madeira escura, compacta e resistente, própria para obras externas, carpintaria e marcenaria. Ocorre pela primeira vez num texto português em Cardim. O termo tupi é de étimo incerto.

111. Cardim menciona o *Pau da China* que possivelmente era o *Pau-de-cobra* ou *Pau-de-maluco*, ambas originárias do Oriente, de origem vegetal e que tinham utilidade na farmacopeia.

112. *Iabigrandi* ou *jaburandi* é um arbusto da família das Piperáceas e Rutáceas (*Pilocarpus pinatifolius*, Linn.). São plantas que fornecem folhas consideradas medicinais e utilizadas como sudoríferas e excitantes das glândulas salivares. O termo tupi é de difícil explicação e ocorre pela primeira vez num texto português com Cardim.

113. Cardim menciona o *betele* que é um arbusto existente na Índia, o *Piper betle*, Linn. *Betle, betre, bétele* ou *bétel*, é, conforme o conde de Ficalho em nota aos *Colóquios*, de Garcia da Orta (vol. II, p. 402), a adaptação portuguesa do tamil *vettilei* e do malaio *vetilla*, que se diz significar apenas "folha". A folha desta planta é habitualmente mascada juntamente com a areca, tanto na Índia como no Sueste Asiático. A esta planta se refere Duarte Barbosa, que a descreve e explica mesmo a sua utilização: "[...] não dão estas árvores nenhum fruto, somente uma folha muito hemática que em todas as Índias costumam muito comer assim homens como mulheres, assim de dia como de noite: pelas praças e caminhos de dia; e até de noite na cama, de maneira que nunca deixam de comer, a qual folha é misturada com uma pome pequena que chamam areca; e quando a hão-de comer, primeiro a untam com cal molhada que é feita de casca de mexilhões

TRATADOS DA TERRA E GENTE DO BRASIL

folhas comidas são o único remédio para as doenças de fígado, e muitos neste Brasil sararam já de mui graves enfermidades do fígado, comendo delas.

Há outra árvore também chamada Betele, mais pe-
5 quena, e de folha redonda; as raízes dela são excelente remédio para a dor de dentes, metendo-a na cova deles, queima como gengibre.

Dizem também que há neste Brasil a árvore da canafístula;[114] é ignota aos índios; os Espanhóis usam
10 dela e dizem que é tão boa como a da Índia.

e amêijoas". Cf. Duarte Barbosa, *op. cit.*, pp. 202–203. Mais tarde, Garcia da Orta mostra como os portugueses acabaram por servir-se desta planta, mesmo nos seus pormenores menos aceitáveis, sempre do ponto de vista médico, como menciona igualmente Cardim. Cf. Garcia da Orta, *op. cit.*, pp. 343–352.

114. *Canafístula* (*Cassia ferruginea*, Schrad.), da família das Leguminosas-Cesalpináceas. É uma árvore de cerca de 10 m de altura, de casca cinzenta, rugosa, de folhas compostas e flores amarelas, dispostas em longos racimos pêndulos e aromáticas. Fornece madeira clara, porosa, própria para carpintaria e caixotaria. As vagens tinham aplicações medicinais e a casca, sendo rica em tanino, é utilizada nos curtumes e na tinturaria. Existe uma variedade originária da região de Cambaia, na Índia, a *Cassia fistula*, que os Venezianos já distribuíam na Europa. Coube aos portugueses a difusão da variedade brasílica (*Cassia ferruginea*). Há referência à sua introdução no Reino em um auto notarial redigido em Lisboa a 20 de maio de 1503, onde o impressor Valentim Fernandes sublinhava que as mercadorias que os navios lusos traziam da Terra Santa Cruz eram as seguintes: "[...] pau-brasil, *cassia linea* e outras *cassia fístulas*, bem como papagaios de diversas espécies". Cf. in António Alberto de Andrade, "O auto notarial de Valentim Fernandes (1503) e o seu significado como fonte histórica", in *Arquivos do Centro Cultural Português* (Paris), v, (1972), p. 544, cit. in Jorge Couto, *op. cit.*, pp. 282–283. Existem várias espécies ao longo do território brasileiro, como a Canafístula-do-brejo (*Cassia nana*) de pequeno porte e a Canafístula-verdadeira (*C. fistula*) que atinge

DO CLIMA E TERRA DO BRASIL

DOS ÓLEOS DE QUE USAM OS ÍNDIOS PARA SE UNTAREM

Andá[115]   Estas árvores são formosas, e grandes, e a madeira para tudo serve; da fruta se tira um azeite com que os índios se untam, e as mulheres, os cabelos, e também serve para feridas, e as seca logo. E também fazem muitas galanterias pelo corpo, braços e pernas com este óleo, pintando-se.

Moxerecuigba[116]   Esta árvore se acha no sertão nos campos; é pequena, dá uma fruta do tamanho de laranja, e dentro dela tem umas pevides, e de tudo junto fazem um azeite para se untarem; a casca serve para barbasco dos peixes, e todo animal que bebe da água donde se deita, morre.

Aiuruatubira[117]   Esta árvore que é pequena dá uma fruta vermelha, e dela se tira um óleo vermelho com que se untam os índios.

---

grandes dimensões. Os índios denominavam-na de *geneúna, geneuva, janauba* ou *úanauma*.

115. *Andá* ou *andá-açu*, árvore da família das Euforbiáceas (*Johannesia princeps*, Vell.). Fornece madeira branca, macia, usada para a fabricação de palitos de fósforos, caixotaria e papel. A casca e as sementes são consideradas medicinais. Ocorre pela primeira vez num texto português com Cardim. O termo tupi vem de *a-ãtã* – "fruto rijo", "a noz", "amêndoa dura".

116. *Moxerecuigba* ou *moxiricuíba*: árvore ou arbusto difícil de identificar que ocorre a primeira vez num texto português com Cardim.

117. *Airuatubira* ou *ajuruatubira*: tal como a anterior, é uma árvore difícil de identificar e que ocorre a primeira vez num texto português com Cardim.

TRATADOS DA TERRA E GENTE DO BRASIL

Aiabutipigta[118]   Esta árvore será do comprimento de cinco, seis palmos; é como amêndoas, e preta, e assim é o azeite que estimam muito, e se untam com ele em suas enfermidades.

5   **Ianipaba**[119]   Esta árvore é muito formosa, de um verde alegre, todos os meses muda a folha que se parece com folha de nogueira; as árvores são grandes, e a madeira muito boa, e doce de lavrar; a fruta é como grandes laranjas, e se parece com marmelos, ou peras pardas; o sabor é
10   de marmelo: é boa mezinha para câmaras de toda ordem. Desta fruta se faz tinta preta, quando se tira é branca, e em untando-se com ela não tinge logo, mas daí a algumas horas fica uma pessoa tão preta como azeviche; é dos

118. *Aiabutipigta*, *jabotapita* ou *jabutapitá*: planta da família das Ocnáceas, é segundo Martius a *Gomphia parviflora*, D.C. O termo tupi ocorre pela primeira vez num texto português com Cardim.

119. *Ianipaba*, *genipapo* ou *jenipapo*, fruto e árvore da família das Rubiáceas (*Genipa americana*, L.). É uma árvore de caule reto, ramificada na copa, folhas opostas e flores branco-amareladas. O fruto é uma baga globosa de casca mole, aromática, com polpa adocicada sendo muito utilizado no fabrico de licores e compotas. A casca é rica em tanino e serve para curtume, fornece madeira clara, flexível e resistente, com utilização diversificada. O fruto fornece suco de cor azul escura, que se torna negro, por oxidação e que era muito utilizado pelos indígenas na pintura corporal. O nome tupi explica-se por *nhandipab* ou *jandipab* = "fruta de esfregar" ou "que serve para pintar", o que coincide com a descrição de Cardim. Este termo ocorre pela primeira vez num texto português em 1574, num *Inventário*, pub. in *Documentos para a História do Açúcar*, "Engenho, Sergipe do Conde", Espólio de Mem de Sá (1569–1579), Instituto do Açúcar e do Álcool, Rio de Janeiro, vol. III, 1963, p. 335: "[...] outra caixa de pau de jenipapo" e com maior desenvolvimento, em 1576, no *Tratado da Província do Brasil*, de Pêro de Magalhães de Gândavo.

DO CLIMA E TERRA DO BRASIL

índios muito estimada, e com esta fazem em seu corpo imperiais gibões, e dão certos riscos pelo rosto, orelhas, narizes, barba, pernas e braços, e o mesmo fazem as mulheres, e ficam muito galantes, e este é o seu vestido assim de semana, como de festa, ajuntando-lhe algumas penas com que se ornam, e outras joias de osso; dura esta tinta no corpo assim preta nove dias, e depois não fica nada, faz o couro muito duro, e para tingir há-de-se colher a fruta verde, porque madura não tinge.

Iequigtiygoaçu[120]   Esta árvore dá umas frutas como madronhos, e dentro uma conta tão rija como um pau que é a semente; são das melhores contas que se podem haver porque são muito iguais, e muito pretas, e tem um resplandor como de azeviche; a casca que cobre estas contas, amarga mais que piorno, serve de sabão e assim ensaboam como o melhor de Portugal.

DA ÁRVORE QUE TEM ÁGUA

Esta árvore se dá nos campos e sertão da Bahia em lugares onde não há água; é muito grande e larga, nos ramos tem uns buracos de comprimento de um braço que estão cheios de água que não tresborda nem no Inverno,

---

120. *Iequigtygoaçu*: segundo o texto cardiniano, deve ser o *saboeiro* da família das Sapindáceas (*Sapindus divaricatus*, Will e Camb.). A casca polposa do fruto, esfregada na água, produz espuma e é empregada como sabão para lavar roupa; as sementes servem para botões, ou segundo o texto de Cardim para contas. O termo tupi é difícil de explicar, no entanto *quity* = "esfregar" ou "limpar" pode aplicar-se às árvores que se chamam vulgarmente de saponárias.

TRATADOS DA TERRA E GENTE DO BRASIL

nem no Verão, nem se sabe donde vem esta água, e quer dela bebam muitos, quer poucos, sempre está no mesmo ser, e assim serve não somente de fonte mas ainda de um grande rio caudal, e acontece chegarem 100 almas ao pé
5 dela, e todos ficam agasalhados, bebem, e levam tudo o que querem, e nunca falta água; é muito gostosa, e clara, e grande remédio para os que vão ao sertão quando não acham outra.[121]

DAS ÁRVORES QUE SERVEM PARA MADEIRA

Neste Brasil há arvoredos em que se acham árvores
10 de notável grossura, e comprimento, de que se fazem mui grandes canoas, de largura de 7 e 8 palmos de vão, e de comprimento de cinquenta e mais palmos, que carregam como uma grande barca, e levam 20 e 30 remeiros; também se fazem mui grandes gangorras para os engenhos.
15 Há muitos paus como incorruptíveis que metidos na terra não apodrecem, e outros metidos na água cada vez

---

121. A árvore a que o Pe. Fernão Cardim se refere deve ser uma leguminosa da família das Papelionáceas, a *Geoffraea spinosa*, L., vulgarmente conhecida por *umary*, que vegeta no nordeste brasileiro e que, dos espinhos que a cobrem toda, verte líquido em tal quantidade, que, às vezes, no inverno, chega a molhar o solo, o que para o sertanejo é presságio de chuva. O próprio termo tupi é contração de *ymbo-ri-y* = "árvore que faz com que verta água". No entanto, o fenômeno descrito pelo Pe. Fernão Cardim, da "árvore fonte", está um pouco exagerado. Ocorre pela primeira vez num texto português com a designação do termo tupi em 1618, no *Diálogo das Grandezas do Brasil*.

DO CLIMA E TERRA DO BRASIL

são mais verdes, e rijos. Há pau santo,[122] de umas águas brancas de que se fazem leitos muito ricos, e formosos. Pau do Brasil,[123] de que se faz tinta vermelha, e outras madeiras de várias cores, de que se fazem tintas muito estimadas, e todas as obras de torno e marcenaria. Há paus de cheiro, como Jacarandá,[124] e outros de muito preço e estima. Acham-se sândalos brancos[125] em quantidade. Pau

122. *Pau-santo*, árvore da família das Leguminosas, Cesalpináceas, (*Zollernia paraensis*, Hub.). De grande porte, de casca clara, folhas lanceoladas e flores dispostas em panículas. Fornece madeira vermelho-escura, quase preta, com grandes manchas amarelo-esverdeadas, pesada, resistente, utilizada em marcenaria.

123. *Pau-brasil*, árvore da mesma família e subfamília da anterior (*Caesalpinia echinata*, Lamk.). É de grande porte que pode atingir 30 metros de altura, de tronco e ramos armados de espinhos, folhas bipinadas e flores amarelas e aromáticas. Fornece madeira pesada, dura, alaranjada, quando fresca, passando a vermelho-violácea. Esta cor é devido à presença de um corante solúvel em água conhecido como *brasilina*, que depois de extraído oxida dando origem à *brasileína*, que era utilizado para tingir tecidos e fabricar tinta de escrever. O nome tupi é *Ibirapitinga*, por *ybyrá* = "árvore", "pau", "madeira" + *pitanga* = "vermelho".

124. *Jacarandá* é a designação comum a diversas espécies da família das Leguminosas e das Papilionáceas. São árvores de porte regular ou arbustos grandes que fornecem madeira com diversas utilidades, geralmente resistentes em obras expostas e muito procuradas no comércio das madeiras. Entre as diversas espécies existem no território brasileiro a Jacarandá-cabiúna (*Dalbergia lateriflora*), a Jacarandá-da-Bahia (*D. nigra*), a Jacarandá-de-espinho (*Machaerium leucopterum*), a Jacarandá-do-campo (*Swartzia fugax*), a Jacarandá-mimoso (*Jacaranda mimosaefoliae*), entre outras. Ocorre pela primeira vez num texto português com Cardim.

125. *Sândalo branco* é originário do sul da Índia e apesar de Cardim a ele se referir não parece que tenha sido introduzido no Brasil.

TRATADOS DA TERRA E GENTE DO BRASIL

de aquila[126] em grande abundância que se fazem navios dele, cedros,[127] pau de angelim,[128] e árvore de noz moscada;[129] e ainda que estas madeiras não sejam tão finas, e de tão grande cheiro como as da Índia, todavia falta-lhes
5 pouco, e são de grande preço, e estima.

126. *Pau d'aquila* ou *pau de aguila* é da família da Aquilarináceas (*Aquilaria agallocha*) originário da Indochina e, tal como a anterior, não parece que tenha sido introduzida no Brasil.

127. *Cedro*: da família das Meliáceas (*Cedrela glaziovii.*), existem diversas espécies no território brasileiro, mais precisamente cerca de 130. A madeira é resistente e útil para obras hidráulicas, construção civil e marcenaria.

128. *Pau d'angelim* ou *angelim* é a designação para certas árvores Leguminosas, Caesalpináceas, como a *Machaerium heterptenium*, Fr. All e a *Hymenolobium* comumente denominada de Angelim-do-Pará, entre muitas outras como Angelim-coco ou Angelim-doce, Angelim-de-espinho, Angelim-do-campo, Angelim-rosa e Angelim-pinima. São árvores de grande porte e crescem nas regiões tropicais da Ásia e da América. É árvore de madeira muito valiosa e largamente utilizada no Malabar. A palavra corresponde ao indo-britânico *angelywood*; também é conhecida na Índia como *Jaqueira-brava* .

129. *Noz moscada* é a semente ou caroço do fruto da *Myristica fragrans*, Houtt., pequena árvore da família das Miristicáceas. É uma árvore ou arbusto de folhas alternas, persistentes e flores dioicas. Os frutos são bagas carnosas, aromáticas, cujo arilo fornece a noz-moscada e o macis, ambos utilizados em culinária, como especiarias. Na época da expansão portuguesa na Ásia apenas se dava nas ilhas de Banda, vindo somente em finais do século XVIII a ser aclimatada nas Antilhas pelos Franceses e Ingleses e pelos Portugueses no Brasil. Existe uma árvore, a *noz-moscada-do-Brasil* (*Cryptocarya moschata*), de grande porte, de casca lisa e esbranquiçada, e cujos frutos possuem polpa carnosa e um caroço sulcado como o da noz moscada asiática. Fornece madeira escura, pesada e aromática, utilizada em obras internas e carpintaria.

DAS ERVAS QUE SÃO FRUTO E SE COMEM

Mandioca[130] O mantimento ordinário desta terra que serve de pão se chama mandioca, e são umas raízes como de cenouras, ainda que mais grossas e compridas. Estas deitam umas varas, ou ramos, e crescem até à altura de quinze palmos. Estes ramos são muito tenros, e têm um   5
miolo branco por dentro, e de palmo em palmo têm certos nós. E desta grandura se quebram, e plantam na terra em uma pequena cova, e lhes ajuntam terra ao pé, e ficam metidos tanto quanto basta para se terem, e daí a seis, ou nove meses têm já raízes tão grossas que servem de   10
mantimento.

130. *Mandioca* é da família das Euforbiáceas a *Manihot esculenta Grantz*, antigamente classificada de *Manihot utilissima*, Pohl. É um arbusto de raízes tuberosas, folhas palmiformes de cor verde-azulada e flores de cálice amarelo, dispostas em panículas, com uma altura que varia entre 1,50 e 2,40 m. Os tubérculos são ricos em amido, comestíveis depois de cozidos ou utilizados na fabricação do polvilho e da farinha de mandioca, alimento básico em muitas regiões do Brasil. Com esta planta preparam-se inúmeras iguarias, como descreve no seu texto o Pe. Fernão Cardim. A atestar a sua importância como alimento indispensável aos indígenas e até aos primeiros colonizadores que a ela se adaptaram, existe um grande número de documentos que a ela se referem. Nenhum outro vocábulo de origem tupi está mesmo tão amplamente documentado na língua portuguesa como a mandioca. Todos os autores são unânimes em atribuir-lhe as mais notáveis qualidades alimentícias e alguns colocam na imediatamente abaixo do trigo, considerando-a superior ao milho e aos outros cereais. Ocorre pela primeira vez num texto português em 1549, numa carta do Pe. Manuel da Nóbrega: "[...] O mantimento comum da terra é uma raiz de pau, que chamam mandioca, do qual fazem uma farinha, de que comemos todos. E dá também milho, o qual misturado com a farinha faz um pão, que escusa o de trigo".

TRATADOS DA TERRA E GENTE DO BRASIL

Contém esta mandioca debaixo de si muitas espécies,[131] e todas se comem e conservam-se dentro na terra, e até oito anos, e não é necessário celeiro, porque não fazem senão tirá-las, e fazer o mantimento fresco de cada dia, e quanto mais estão na terra, tanto mais grossas se fazem, e rendem mais.

Tem algumas cousas de nota, sc. que tirado o homem, todo animal se perde por ela crua, e a todos engorda, e cria grandemente, porém se acaba de espremer, beberem aquela água só por si, não têm mais vida que enquanto lhe não chega ao estômago. Destas raízes espremidas, e raladas se faz farinha que se come; também se deita de molho até apodrecer, e depois de limpa, espremida, se faz também farinha, e uns certos beijus[132] como filhós, muito alvos, e mimosos. Esta mesma raiz depois de curtida na água feita com as mãos em pilouros se põe em caniços ao

131. Além de dezenas de variedades de mandioca amarga, como a *mandiocamirim, manaibuçu, manaibaru, manaitinga*, entre outras, os ameríndios plantavam mandioca doce, macaxeira ou *aipim* (antigamente classificada como *M. dulcis Baill*). Cf. Darrell A. Posey, "Etnobiologia: Teoria e Prática", in *Suma Etnológica Brasileira*, 1., *Etnobiologia*, pp. 21–22, cit., in Jorge Couto, *op. cit.*, p. 68.

132. Os *beijus* são bolos de farinha de mandioca ou tapioca que os índios fabricavam e cujos processos de fabrico foram transmitidos aos colonizadores, sendo com pequenas modificações, ainda hoje empregados em várias regiões do Brasil, particularmente no nordeste. Os portugueses acrescentaram açúcar e outros condimentos à massa e os escravos negros enriqueceram-nos molhando no leite de coco. A descrição desta iguaria ocorre pela primeira vez num texto português em 1576, no *Tratado da Província do Brasil*, de Pêro de Magalhães de Gândavo.

DO CLIMA E TERRA DO BRASIL

fumo, onde se enxuga e seca de maneira que se guarda sem corrupção quanto querem e raspada do fumo, pisada em uns pilões grandes, fica uma farinha tão alva, e mais que de trigo, da qual misturada em certa têmpera com a crua se faz uma farinha biscoitada que chama de guerra, que serve aos índios e portugueses pelo mar, e quando vão à guerra como biscoito.

Outra farinha se faz biscoitada da mesma água da mandioca verde se a deixam coalhar e enxugar ao sol, ou fogo; esta é sobre todas alvíssima, e tão gostosa, e mimosa que não faz para quem quer. Desta mandioca curada ao fumo se fazem muitas maneiras de caldos que chamam mingaus,[133] tão sadios, e delicados que se dão aos doentes de febres em lugar de amido, e tisanas, e da mesma se fazem muitas maneiras de bolos, coscorões,[134] tartes, empenadilhas, queijadinhas de açúcar, etc, e misturada com farinha de milho, ou de arroz, se faz pão com fermento, e lêvedo que parece de trigo. Esta mesma mandioca curada ao fumo é grande remédio contra a peçonha, principalmente de cobras.

133. O Pe. Fernão Cardim refere-se ao *mingau* que é um alimento de consistência pastosa, uma espécie de papa preparada com farinha de mandioca ou de trigo, ou ainda fubá, aveia, ou outra farinha, diluída e cozida em água ou em leite e a que se adicionam açúcar, ovos, canela, entre outros condimentos. O nome tupi ocorre pela primeira vez em português neste texto de Cardim.

134. Outro alimento fabricado com farinha de mandioca, neste caso o *coscorão* que é uma filhó feita de farinha e ovos.

TRATADOS DA TERRA E GENTE DO BRASIL

Desta mandioca há uma que chamam *aipim*[135] que contém também debaixo de si muitas espécies. Esta não mata crua, e cozida, ou assada, que é de bom gosto, e dela se faz farinha, e beijus, etc. Os índios fazem vinho dela, e
5 é tão fresco e medicinal para o fígado que a ele se atribui não haver entre eles doentes do fígado. Certo gênero de Tapuias come a mandioca peçonhenta crua sem lhe fazer mal por serem criados nisso.

Os ramos desta erva, ou árvores são a mesma semente,
10 porque os paus dela se plantam, as folhas, em necessidade, cozidas servem de mantimento.

Naná[136]   Esta erva é muito comum, parece-se com erva babosa, e assim tem as folhas, mas não tão grossas e todas

135. *Aipim* é uma das variedades da mandioca que também é muito descrita nos primeiros textos. O Pe. Simão de Vasconcelos, em 1663, na sua obra *Coisas do Brasil*, apresenta treze variedades distintas de aipim, nomeando-as de acordo com a terminologia indígena. O nome tupi ocorre pela primeira vez em castelhano, em 1554, numa carta do Pe. Luís da Grã e em português, em 1576, no *Tratado da Província do Brasil*, de Pêro de Magalhães de Gândavo.

136. *Naná* ou *ananás*, da família das Bromeliáceas (*Ananassa sativa*, Lindl.). É uma planta originária da América tropical, cultivada em muitas regiões quentes. O ananás despertou significativo interesse entre os primeiros autores que escreveram sobre o Brasil, considerando todos que se tratava de uma planta com inúmeras qualidades, alimentares e medicinais. O interesse era de tal forma que há referências do envio de ananases em conserva para o Reino desde o início do período de colonização. A isso se refere o Pe. Manuel da Nóbrega, em carta datada de 1561, mencionando o seu valor para tratamento dos doentes de "dor de pedra": "[...] O mestre leva estas conservas pera os enfermos, scilicet, os ananazes, pera dor de pedra, os quais posto que não tenham tanta virtude como verdes, todavia fazem proveito". Cf. Pe. Manuel da Nóbrega, in *Cartas*, Serafim Leite, 1955, p.

DO CLIMA E TERRA DO BRASIL

em redondo estão cheias de uns bicos muito cruéis; no meio desta erva nasce uma fruta como pinha, toda cheia de flores de várias cores muito formosas, e ao pé desta quatro, ou cinco olhos que se plantam; a fruta é muito cheirosa, gostosa, e uma das boas do mundo, muito cheia de sumo 5 e gostoso, e tem sabor de melão ainda que melhor, e mais cheiroso; é boa para doentes de pedra, e para febres muito prejudicial. Desta fruta fazem vinho os índios muito forte, e de bom gosto. A casca gasta muito o ferro ao aparar, e o sumo tira as nódoas da roupa. Há tanta abundância 10 desta fruta que se cevam os porcos com ela, e não se faz tanto caso pela muita abundância: e também se fazem em conserva, e cruas desenjoam muito no mar, e pelas manhãs com vinho são medicinais.

377. O termo tupi ocorre pela primeira vez num texto português em 1557, na *Relação do Descobrimento da Florida*, de D. Fernando Souto. Não há dados precisos sobre a origem tupi desta planta, mas se for esse o caso, vem de *na-nã* = "cheira-cheira", o que coincide com as características dessa planta.

TRATADOS DA TERRA E GENTE DO BRASIL

Pacoba[137]   Esta é a figueira que dizem de Adão,[138] nem
é árvore, nem erva, porque por uma parte se faz muito

137. *Pacoba* ou *pacova* é o nome do fruto das Musáceas ou bananeiras indígenas, que se agrupa em cachos de tamanhos variados; a casca
de cor amarela (mais comum), verde ou avermelhada, recobre a polpa
amilácea, nutritiva e saborosa, comestível crua ou cozida, e utilizada
ainda na produção de doces. Existem várias espécies de bananeiras
no território brasileiro, como a banana-da-terra (*Musa paradisiaca*),
banana-do-mato (*Monstera deliciosa*), banana-figo (*Musa sapientum*),
banana-nanica (*Musa cavendishii*), entre outras. Os botânicos acreditam que a bananeira de São Tomé foi transplantada pelos portugueses
no início do século XVI, apesar de Jean de Léry e Gabriel Soares de
Sousa afirmarem que as bananas, em tupi *pacovas* ou *pacobas*, eram
naturais da terra. Afirma este último: "Pacoba é uma fruta natural
desta terra, a qual se dá em uma árvore muito mole e fácil de cortar,
cujas folhas são de doze a vinte palmos de comprido e de três a quatro
de largo...", in Gabriel Soares de Sousa, *Notícia do Brasil*, Lisboa, Pub.
Alfa, 1989, p. 123. No entanto, quer este autor, quer Léry chegaram ao
Brasil apenas na segunda metade do Quinhentos, sendo possível que
a sua difusão tenha ficado a dever-se aos membros das guarnições das
feitorias de Cabo Frio e Igaraçu ou aos primeiros colonos. Cf. Carl O.
Sauer, "As Plantas Cultivadas na América do Sul Tropical", in *Suma
Etnológica Brasileira, 1. Etnobiologia*, coord. de Berta G. Ribeiro, 2ª ed.,
Petrópolis, 1987, pp. 77-78 e Jorge Couto, *op. cit.*, p. 329. O nome tupi
ocorre pela primeira vez na língua portuguesa em 1576, com Pêro de
Magalhães de Gândavo, no *Tratado da Província Santa Cruz*. O termo
tupi vem de *pac-oba* = "folha de enrolar", o que coincide com a forma
como a folha da bananeira era utilizada pelos índios.

138. O nome *Figueira-de-Adão* é um termo botânico para designar a *bananeira*. Mas a designação da bananeira nas descrições dos
cronistas portugueses, e não só, encontrou uma certa incerteza clas-
sificatória. Clúsio, na sua viagem a Portugal, dá notícia de que viu
"algumas plantas pouco frutíferas", chamando-lhe "figueira bana, isto
é, que produz um figo banana", in *Aromatum ed simplicium Aliquot
medicamentorium apud indos nascentium historia*, Antuérpia, 1567, na
Ex-oficina de Christophori Plantinii, trad. em latim de Garcia da Orta,
acompanhada pelas notas de Clúsio, ed. facsimilada, trad. portuguesa
org. por Jaime Alves e Pe. Manuel Alves, Lisboa, Junta de Investiga-

DO CLIMA E TERRA DO BRASIL

grossa, e cresce até vinte palmos em alto; o talo é muito mole, e poroso, as folhas que deita são formosíssimas e algumas de comprimento de uma braça, e mais, todas rachadas como veludo de Bragança, tão finas que se escreve nelas, tão verdes, e frias, e frescas que deitando-se um doente de febres sobre elas fica a febre temperada com sua frialdade, são muito frescas para enramar as casas e igrejas. Esta erva deita em cada pé muitos filhos, cada um deles dá um cacho cheio de uns como figos, que terá às vezes duzentos, e como está de vez se corta o pé em que está o cacho, e outros vão crescendo, e assim vão multiplicando *in infinitum*; a fruta se põe a madurar e fica muito amarela, gostosa, e sadia, *maxime* para os enfermos de febres, e peitos que deitaram sangue; e assadas são gostosas e sadias. É fruta ordinária de que as hortas estão cheias, e são tantas que é uma fartura, e dão-se todo o ano.

Maracujá[139] Estas ervas são muito formosas, *maxime* nas folhas; trepam pelas paredes, e árvores como a hera;

ções do Ultramar, 1964; cit. in Alfredo Margarido, *As surpresas da Flora no tempo dos Descobrimentos*, Lisboa, Ed. Elo, 1994, nota 28, p. 126.

139. *Maracujá* ou *murucujá* é o nome genérico das Passifloráceas indígenas, de que há diversas espécies, cerca de quatrocentas. São plantas usualmente trepadeiras, cujas folhas e raizes contêm a passiflorina, de efeito semelhante à morfina, utilizada em medicina como calmante. Existem dezenas de espécies, sendo as mais significativas o maracujá-de-cobra, maracujá-azul (*P. caerulea*), o maracujá-azedo, maracujá-mirim (*P. edulis*), maracujá-mamão (*P. maliformis*), entre outros. Ocorre pela primeira vez num texto português precisamente com o Pe. Fernão Cardim. O nome tupi vem de *mborucuyá* = "fruto que faz vaso", "que dá vasilha", o que condiz com a descrição cardiniana e de outros contemporâneos.

TRATADOS DA TERRA E GENTE DO BRASIL

as folhas espremidas com verdete é o único remédio para chagas velhas, e boubas. Dá uma fruta redonda como laranjas, outras à feição de ovo, uns amarelos, outros pretos, e de outras várias castas. Dentro tem uma substância de pevides e sumo com certa teia que as cobre, e tudo junto se come, e é de bom gosto, tem ponta de azedo, e é fruta de que se faz caso.

Nesta terra há outros gêneros de frutas, como camarinhas[140] pretas, e vermelhas, batatas,[141] outras raízes que chamam mangará,[142] outra que chamam cará,[143] que se pa-

---

140. As *camarinhas* são pequenos frutos drupáceos.

141. A batateira (*Solanum tuberosum*, L.) é originária da América do Sul das terras altas andinas, possivelmente do Chile à Colômbia. O seu tubérculo já era muito utilizado pelas populações ameríndias antes da chegada dos europeus. Mas no território brasileiro era apenas utilizada a *jetica* ou batata-doce (*Ipomoea batatas*, L.), daí a referência de Cardim ao fabrico de coisas doces com essa planta, a par do pão. Este tubérculo pode desenvolver duas espécies: uma de polpa solta, farinhenta, enxuta, de coloração branco-amarelada e outra de polpa mole, aquosa, mais açucarada, o que coincide com a descrição cardiniana. Talvez, devido ao seu sabor adocicado, tenha existido um maior interesse por esta planta do que pela simples batata, cuja banalização na Europa só se faz a partir do século XVIII. Cf. Alfredo Margarido, *op. cit.*, pp. 103–104. O nome indígena da batata-doce, *jetica*, ocorre pela primeira vez num texto português em 1631, com Frei Cristóvão de Lisboa, na *História dos Animais e Árvores do Maranhão*, fl. 176v.: "[...] gitica quer dizer batata e há três castas amarelas e brancas e são muito boas cozidas ou assadas...".

142. *Mangara*: nome comum a diversas espécies de Aroideáceas, tubérculos comestíveis. Ocorre pela primeira vez num texto português, precisamente com o Pe. Fernão Cardim neste *Tratado* e na *Narrativa Epistolar*. O termo tupi vem de *ybá-cará* = "fruto redondo".

143. *Cará*: nome habitual a diversas espécies de Dioscoreáceas indígenas, que também produzem tubérculos comestíveis, cozidos,

DO CLIMA E TERRA DO BRASIL

rece com nabos, e túberas da terra. Das batatas fazem pão
e várias cousas doces; têm estes índios outros muitos legumes, sc. favas, mais sadias e melhores que as de Portugal,
e em grande abundância, muitos gêneros de abóboras,[144]
e algumas tão grandes que fazem cabaças para carretar   5
água que levaram dois almudes, ou mais; feijões[145] de muitas castas, são gostosos, e como os de Portugal. Milho[146]

assados ou em forma de farinha. Esta planta (*Dioscorea trifida*) é a
variedade americana do inhame. Tal como a planta anterior ocorre
pela primeira vez num texto português com Cardim.

144. *Abóbora* é o nome comum a diversas espécies de Cucurbitáceas
de polpa comestível, que variam consoante a cor, forma e dimensão.
Uma destas espécies, possivelmente a Abóbora-menina (*Cucurbira
maxima*) era denominada de *Jerimum* ou *gerumu*, em tupi, cujo nome
ocorre pela primeira vez num texto português em 1587, na *Notícia do
Brasil*, de Gabriel Soares de Sousa. A planta e a palavra instalaram-se
em Portugal, já que no Minho continua a chamar-se *jerimu* a uma
cucurbitácea cuja origem americana é evidente e que desempenha
um papel importante não só na alimentação corrente, mas no próprio
ritual culinário do Natal, quando se preparam bolinhos de jerimu, que
são fritos em azeite e polvilhados de canela, mostrando o intercâmbio
de sabores entre os portugueses e os povos com que contactaram.

145. O *feijão* é a semente de gêneros e espécies diferentes dos Fei-
joeiros (*Phaseolus* sp.) da família das Leguminosas. São originárias
de diversas regiões da Índia, Japão ou da América. Neste último caso
conta-se o *Phaseolus vulgaris*, L. que vem modificar profundamente os
hábitos alimentares das populações rurais pelo uso de uma nova leguminosa seca concorrente da fava, ervilha e lentilha, que já eram muito
utilizadas. Existem no território brasileiro várias espécies desta planta,
como a isso se refere Cardim no seu texto, como o Feijão-de-porco
(*Canavalia ensiformis*), o Feijão-fradinho (*Viga sinensis mona chalis*),
Feijão-de-boi (*Capparis flexuosa*), entre muitas outras.

146. O *milho*, denominado de "americano" (*Zea mays*, L.), já existia no Brasil e era muito aproveitado pelas populações pertencentes
aos grupos tribais Tupi-Guarani, da região subtropical. Apesar de

TRATADOS DA TERRA E GENTE DO BRASIL

de muitas castas, e dele fazem pão, vinho, e se come assado e com ele engordam os cavalos, porcos, galinhas, e umas tajaobas,[147] que são como couves, e fazem purgar, e uma erva por nome Jambig,[148] único remédio para os
5 doentes de fígado e pedra; também há muitos gêneros de pimentas, que dão muito gosto ao comer.[149]

ser o mais pobre dos cereais em proteínas, o milho tornou-se o produto essencial da sua dieta alimentar. Os portugueses difundiram esta cultura na África e no Oriente, tendo a sua penetração sido mais profunda que a da mandioca e da batata doce, que exigiam temperaturas mais elevadas.

147. *Tajaoba* ou *tayoba*, da família das Aroideáceas (*Xanthosma violaceum*, Shott.), é uma planta de folhas radicais, triangulares, violáceas e rizoma tuberoso, ambos comestíveis, cultivada na América tropical. As folhas picadas e cozidas são semelhantes à couve. O termo tupi provém de *taya-oba* = "folha picante" de *oba* = "folha" + *taya* = "picante" ou "pimenta que arde". Ocorre pela primeira vez num texto português com o Pe. Fernão Cardim

148. *Jambig, jambi* ou *nhambi* é o nome comum de duas plantas, a *Opilanthes acnella* da família das Compostas também conhecida por *agrião-do-pará* e a *Eryngium foetidum* da família das umbelíferas também chamada *coentro-de-cabloco* e *coentro-do-maranhão*. Ocorre pela primeira vez num texto português com Cardim, com a primeira designação. Se esta planta é de fato, como parece, o coentro, originário do Oriente, terá sido introduzido no Brasil no início da colonização, como condimento e aromatizante na culinária, além de ser também aplicado com fins medicinais, por ser considerado como estimulante para o aparelho digestivo.

149. A *pimenta* é uma das numerosas variedades picantes do *Capsicum annuum*, Linn. da família das Solanáceas. Como especiaria utilizavam-se também espécies vizinhas, em particular o *Capsicum frutescens*, Lin., de fruto mais pequeno e fusiforme, conhecido sobretudo por *piripiri* ou *malagueta*. A mais antiga referência que se conhece da existência das pimentas, no Brasil, é a de um documento alemão de 1515, a *Newen Zeitung ausz Presillig Landt*, missiva envi-

DO CLIMA E TERRA DO BRASIL

DAS ERVAS QUE SERVEM PARA MEZINHAS

Tetigcucu[150]   Este é o Mechoacão das Antilhas; são umas raízes compridas como rabãos, mas de boa grossura, serve de purga; toma-se esta raiz moída em vinho, ou água para febres, toma-se em conserva de açúcar como marmelada, coze-se com galinha, faz muita sede, mas é proveitosa, e obra grandemente. 5

ada da Madeira para Antuérpia com notícias do regresso de uma nau que fora reconhecer a costa brasileira, onde se afirma: "[...] eles têm na terra uma qualidade de especiaria que arde na língua como pimenta, e ainda mais; se cria em uma vagem, com muitos grãozinhos dentro, sendo o grão do mesmo tamanho da ervilha". Pub. em tradução portuguesa in *História da Colonização Portuguesa do Brasil [...]*, dir. de Carlos Malheiro Dias, vol. II, Porto, 1923, apêndice B, pp. 385–386. Pela descrição corresponde melhor à pimenta-de-bruge ou pimenta-de-macaco, que é uma espécie de *Xylopia*. Cf. Luís Filipe Thomaz, "Especiarias do Velho e Novo Mundo", in *Arquivos do Centro Cultural Calouste Gulbenkian*, vol. XXXIV, Lisboa/Paris, 1995, pp. 310–311. O primeiro autor português a descrever detalhadamente as pimentas brasileiras é Gabriel Soares de Sousa, em 1587, na sua *Notícia do Brasil*, em que enumera e declara várias castas de pimenta-da-terra: *cuihem, sabaa, cuihemoçu, cujepia, cuihejurimu* e *comari*.

150. *Tetigcucu, ietigcucu* ou *jeticucu*, da família das Convolvuláceas (*Ipomoea hederacea*, Jacq.), é uma trepadeira de raiz tuberosa, folhas alternas e flores azuis de corola branca. A raiz fornece fécula de ação purgante, daí ser também conhecida por "batata de purga" ou "tapioca de purga" e ainda, "mechoacão", como a isso se refere Cardim no seu texto, onde ocorre pela primeira vez na língua portuguesa. Nicolás Monardes trata na primeira parte da sua obra, já citada, do *mechoacão* ou *mechoacan* (fls. 28v). Parece ter sido originária da Ásia. O termo tupi vem de *yetica* = "batata" + *pucu* = "longa", "comprida".

TRATADOS DA TERRA E GENTE DO BRASIL

Igpecacóaya[151]   Esta erva é proveitosa para câmaras de sangue: a sua haste é de comprimento de um palmo, e as raízes de outro, ou mais; deita somente quatro ou cinco folhinhas, cheira muito onde quer que está, mas o cheiro é
5 *fartum*[152] e terrível; esta raiz moída, botada em um pouco de água se põe a serenar uma noite toda, e pela manhã se aguenta a água com a mesma raiz moída, e coada se bebe somente a água, e logo se faz purgar de maneira que cessam as câmaras de todo.

10 **Cayapiá**[153]   Esta erva é pouco que é descoberta, é único remédio para peçonha de toda a sorte, *maxime* de cobras, e assim se chama erva de cobra, e é tão bom remédio

---

151. *Igpecacóaya* ou *ipecacuanha*, da família das Rubiáceas (*Cephaelis ipecuanha*, Baill.), é uma erva perene, lenhosa, rasteira, de folhas oblongas e pequenas flores brancas, com raízes, longas e nodulosas, de onde se extrai o alcaloide emetina, com propriedades medicinais. Ocorre pela primeira vez num texto português com o Pe. Cardim.

152. Em latim no manuscrito, "odor nauseabundo".

153. *Cayapa, caapiá* ou *capiá*, da família das Moráceas (*Dorstenis brasiliensis*, Lam.), são ervas tenras, leitosas, de flores muito pequenas inseridas num amplo receptáculo discoide. Ocorre pela primeira vez num texto português com Cardim. O termo tupi vem de *caá* = "erva" + *apiá* = "testículos".

DO CLIMA E TERRA DO BRASIL

como unicórnio de Bada,[154] pedra de bazar,[155] ou coco de Maldiva.[156] Não se aproveita dela mais que a raiz, que é delgada, e no meio faz um nó como botão; esta moída, deitada em água e bebida mata a peçonha da cobra; também é grande remédio para as feridas de flechas ervadas, e   5

154. O *unicórnio de Bada* é uma substância do corno do rinoceronte, utilizada como afrodisíaco, quando reduzida a pó e cujo hábito é originário da Ásia. Este animal, o unicórnio, despertou alguma surpresa e curiosidade aos viajantes, desde Marco Polo, que percorreu a Ásia entre 1275–1292, até mais tarde, no século XVI, aos portugueses que descrevem o rinoceronte detalhadamente e que até importaram numerosos exemplares para a Europa. Cf. *O Livro de Marco Polo*, Lisboa, 1502, ed. de F. M. Esteves Pereira, Lisboa, 1922.

155. *Pedra de bazar* ou *pedra bezoar* era o nome atribuído às concreções calcárias formadas em diversas partes do corpo de certos animais, principalmente ruminantes, às quais se atribuía na época quinhentista grande reputação. O próprio Nicolás Monardes, citado diversas vezes pelo Pe. Fernão Cardim, escreveu um *Tratado de la piedra bezoar*, in *Dos Libros, el uno que trata de todas las cosas que traen de nuestras Indias Occidentales, que sirven al uso de la Medicina, y el otro que trata de la piedra bezoar, y de layerva escuerçonera*, Sevilha, en casa de Hernando Diaz, 1569, aplicando com proveito na Espanha como contraveneno, mandando-a vir expressamente de Lisboa.

156. *Coco-de-maldiva* ou *coco-das-maldivas*, ou ainda *coco-do-mar* é o fruto da palmeira *Ludoicea seychellarum*, Labill., usual em algumas das ilhas Seicheles, e apesar deste arquipélago só ter sido descoberto no século XVIII e, como tal esta palmeira, os cocos já eram conhecidos porque caindo ao mar, flutuavam mercê das correntes e dos ventos e eram impelidos para as praias das Maldivas, daí os nomes que adquiriu. Esta origem foi apresentada pelos escritores portugueses quinhentistas como João de Barros, nas *Décadas*, Garcia da Orta, nos *Colóquios*, entre outros. O próprio Luís de Camões refere-se a estes cocos e às suas qualidades antídotas, em *Os Lusíadas*, Canto X, estr. 136: "[...] Nas ilhas de Maldiva nasce a planta/ No profundo das águas, soberana/ Cujo pomo contra o veneno urgente/ É tido como antídoto excelente."

TRATADOS DA TERRA E GENTE DO BRASIL

quando algum é ferido fica sem medo, e seguro, bebendo a água desta raiz; também é grande remédio para as febres, continuando-a, e bebendo-a algumas manhãs; cheira esta erva à folha de figueira de Espanha.

5 **Tareroquig**[157] Também esta erva é único remédio para câmaras de sangue: as raízes são todas retalhadas, os ramos muito delgadinhos, as folhas parecem de alfavaca,[158] as flores são vermelhas, e tiram algum tanto roxo, e dão-se nas pontinhas. Desta há muita abundância, quando se 10 colhe é amarela, e depois de seca fica branca; toma-se da própria maneira que a precedente. Com esta erva se perfumam os índios doentes para não morrerem, e para certa enfermidade que é comum nesta terra, e que se chama doença do bicho, é grande remédio, serve para matar os 15 bichos dos bois, e porcos, e para postemas. Esta erva toda a noite está murcha, e como dormente, e em nascendo o sol torna a abrir, e quando se põe torna a fechar.

157. *Tareroquig* ou *tareroqui*: da família das Leguminosas (*Cassia occidentalis*, L.) que tem propriedades medicinais, forrageiras e ornamentais. Tem outros nomes comuns, como *tararacu, mangirióba, fedegoso, matapasto, crista-de-gelo, lava-pratos*, entre outros. O nome tupi é difícil de identificar e ocorre pela primeira vez num texto português com Fernão Cardim.

158. *Alfavaca* é uma planta herbácea, muito aromática, da família das Labiadas, semelhante ao *manjericão*, também chamada *alfádega* e *alfávega*. No território brasileiro existem várias espécies, como a Alfavaca-cheirosa (*Ocimum basilicum*) e a Alfavaca-do-campo (*O. gratissimum*) e ainda a Alfavaca-de-cobra (*Monnieria trifolia*), que deve ser a descrita por Cardim, já que a raiz é considerada diurética e eficiente contra dores de ouvido e cólicas.

DO CLIMA E TERRA DO BRASIL

Goembegoaçu[159]   Esta erva serve muito para fluxo de sangue, *maxime* de mulheres; as raízes são muito compridas e algumas de trinta, e quarenta braças. Tem uma casca rija, de que se fazem muito fortes cordas, e amarras para navios, e são de muita dura, porque na água reverdecem; esta tomando-a, sc. a casca dela, e defumando a pessoa na parte do fluxo, logo estanca. 5

Caáobetinga[160]   Esta erva é pequena, deita poucas folhas, as quais começa a lançar logo da terra, são brancas, de banda de baixo, e de cima verdes, deitam uma flor do tamanho de avelãs; as raízes e folhas pisadas são excelente remédio para chagas de qualquer sorte, e também se usa da folha por pisar, a qual posta na chaga pega muito e sara. 10

Sobaúra[161]   Esta erva serve para chagas velhas, que já não têm outro remédio: deita-se moída e queimada na 15

---

159. *Goembegoaçu, guembé-guaçu* ou *imbéguaçu*, ou ainda *imbé*: planta da família das Aráceas (*Philodendron, imbé*, Schott.), conhecida vulgarmente por *cipó-de-imbé*, tem longas raízes adventícias de caule grosso marcado pelas cicatrizes das folhas que caíram; folhas longo-pecioladas, coriáceas, flores sem perianto e frutos que são bagas presas ao tubo da espata. O termo tupi *imbéguaçu* é formado de *ymbé* = "planta rasteira" + *guaçu* = "grande", o que confirma a descrição cardiniana, onde esta planta ocorre pela primeira vez num texto português.

160. *Caáobetinga*: planta difícil de identificar cujo termo tupi traduz-se por *caá* = "folha" + *obi* = "verde" + *tinga* = "branca", o que condiz com a descrição cardiniana, onde ocorre pela primeira vez num texto português.

161. *Sobaúra*: planta difícil de identificar, cujo termo deve ter desaparecido da toponímia. Ocorre pela primeira vez num texto português com Cardim e, mais tarde, em 1590, com Francisco Soares, em *Coi-*

TRATADOS DA TERRA E GENTE DO BRASIL

chaga, logo come todo o câncer, e cria couro o novo; também se põe pisada e a folha somente para encourar.

Erva santa[162]   Esta erva santa serve muito para várias enfermidades, como feridas, catarros, e principalmente

---

sas *Notáveis do Brasil*, cujo testemunho coincide com o de Cardim, "*Cobaura* Serve em pós, seca e verde, para feridas, e a própria folha é como a caubetinga, ainda que a folha fica direita; há muita por grão, seca que vá. E há outra como esta, tem o mesmo efeito". Cf. Francisco Soares, *op. cit.*, in *O Reconhecimento do Brasil*, dir. de Luís de Albuquerque, Lisboa, Pub. Alfa, 1989, p. 168.

162. *Erva-santa, fumo, tabaco, petigma* ou *petume* é a planta da família das Solanáceas (*Nicotiana tabacum*, L.) usualmente designada por "tabaco". É uma planta herbácea, anual, que chega a atingir 2 m de altura, tomentosa, de folhas amplas, oblongas, acuminadas e macias, e flores avermelhadas. A infusão das folhas é utilizada como insetífuga, e, quando dessecadas, as folhas constituem o fumo ou tabaco. Ocorre pela primeira vez num texto português em 1566, com Damião de Góis na *Crónica do Felicíssimo Rei Dom Manuel*, p. 1ª, cap. 56, fl. 52, "[...] A terra é muito viçosa, muito temperada e de muito bons ares, muito sadia, [...] há muitas ervas odoríferas e medicinais, delas diferentes das nossas, entre as quais é a que chamamos de fumo, e eu chamaria erva santa, e que dizem que eles chamam Betum...". Este dá ainda a conhecer, no mesmo texto, que terá sido Luís de Góis que trouxe o tabaco pela primeira vez, do Brasil para Portugal. Mas o nome latino que define o lugar da planta na flora mundial, *Nicotiana tabacum*, sp., é atribuído a Jean Nicot (1559–1561), embaixador francês, em Lisboa, que a enviou para Paris, com destino à regente Catarina de Médicis, com recomendações sobre as suas virtualidades medicinais. Divulgou-se, inicialmente, na França com a designação de "erva da rainha" e, depois, em homenagem àquele diplomata francês, passado a chamar-se "nicotina". Cf. Edmond Falgairolle, *Jean Nicot: Sa Correspondance Diplomatique*, Paris, 1897, p. 66; Carlos França, "Os Portugueses do século XVI e a História Natural do Brasil", in *Revista de História* (Lisboa), XV (57–60), 1926, pp. 81–84 e Jorge Couto, *op. cit.*, pp. 328–329. Cardim elabora um texto mais pormenorizado sobre esta erva e a sua utilização, no *Tratado* referente aos índios do Brasil.

DO CLIMA E TERRA DO BRASIL

serve para doentes da cabeça, estômago e asmáticos. Nesta terra se fazem umas cangueras[163] de folha de palma cheia desta erva seca, e pondo-lhe o fogo por uma parte põem a outra na boca, e bebem o fumo; é uma das delícias, e mimos desta terra, e são todos os naturais, e ainda os portugueses perdidos por ela, e têm por grande vício estar todo o dia e noite deitados nas redes a beber fumo, e assim se embebedam dela, como se fora vinho.

Guaraquigynha[164]   Esta é a erva moura de Portugal, e além de outras bondades que tem como a erva moura, tem somente que é único remédio para lombrigas, e de ordinário quem as come logo as lança.

---

163. A *canguera* ou *cangoeira* é uma espécie de canudo, confeccionado com folhas de palmeira, que os indígenas utilizavam para fumar, como menciona Cardim neste texto e descreve de forma mais cuidada no *Tratado* referente aos índios. É também uma espécie de flauta rústica, fabricada com ossos descarnados, utilizada pelos índios nas suas festividades. O termo tupi é formado de *cang* = "osso", com o sufixo de pretérito *cuer*, passa a designar "osso já fora do corpo", "osso de canela", "tíbia" e depois "canudo", "tubo". Ocorre, com o sentido de "canudo para fumar", pela primeira vez num texto português com o Pe. Fernão Cardim.

164. *Guaraquigynha, guaraquim, erva-de-bicho, erva-moura, pimenta-de-rato* ou *caraohichú* é uma planta da família das Solanáceas (*Solanum nigrum*, L.) ou segundo outros autores trata-se de uma planta da família das Poligonáceas (*Polygonum hydropiper*) que atinge 50 cm de altura, anual, de folhas lineares e pequenas flores brancas dispostas em espigas. O caule, as folhas e a flor possuem sabor apimentado e são utilizados no combate ao reumatismo, artrite e disenteria, sendo também considerada abortiva.

TRATADOS DA TERRA E GENTE DO BRASIL

Camará[165]   Esta erva se parece com silvas de Portugal: coze-se em água, e a dita água é único remédio para sarnas, boubas, e feridas frescas, e quando as feridas se curam com as folhas de figueira de que se disse no título
5   das árvores, se lava a ferida com a água desta erva, cuja flor é formosíssima, parece cravo amarelo, e vermelho, almiscarado, e destas se fazem ramalhetes para os altares.

Aipo[166]   Esta erva é o próprio aipo de Portugal, e tem todas as suas virtudes: acha-se somente pelas praias, principalmente no Rio de Janeiro, e por esta razão é mais áspero, e não tem doce ao gosto, como o de Portugal: deve ser por causa das marés.

Malvaísco[167]   Há grande abundância de malvaísco nesta terra; tem os mesmos efeitos, tem umas flores do tamanho

165. *Camará* ou *cambará*, da família das Verbenáceas (*Lantana camara*, L.) ou da família das Compostas (*Eupatorium laevigatum*), é um arbusto com até 2 m de altura, de ramos lisos, folhas opostas e flores amareladas, cujas folhas são consideradas úteis na preparação de unguentos. Existem várias espécies, como o cambará-branco (*Lantana brasiliensis*), cambará-de-espinho (*Lanatana camara*), cambará-guaçu (*Vernonia polyanthes*), entre outros. Ocorre pela primeira vez num texto português com Cardim. O termo tupi parece significar "folha pintada", de *caá=* "folha" + *mbará* = "pintada" ou "variegada de várias cores".

166. *Aipo*, da família das Umbeliferáceas (*Apium graveolens*, Linn., *Apium australe* ou *Apium ranunculifolium*), adquirindo os nomes vulgares de "aipo-do-Rio-Grande" ou "aipo-falso", são ervas condimentares, de pequenas flores brancas, também muito utilizadas no tratamento de ferimentos de armas de fogo.

167. *Malvaísco*: da família das Malváceas com várias espécies, como a malva-branca (*Althaea officinalis*) originária da Europa, a malva-rosa-do-campo (*Pavonia hastata*) o malvaísco-do-sul (*Sphae-*

DO CLIMA E TERRA DO BRASIL

de um tostão, de um vermelho gracioso, que parecem rosas de Portugal.

Caraguatá[168]   Este Caraguatá é certo gênero de cardos, dão umas frutas de comprimento de um dedo, amarelas; cruas fazem empolar os beiços; cozidas ou assadas não fazem mal; porém toda a mulher prenhe que as come de ordinário morre logo.

Há outros caraguatás que dão umas folhas como espadana muito comprida, de duas ou três braças, e dão umas alcachofras como o naná, mas não são de bom gosto. Estas folhas deitadas de molho dão um linho muito fino, de que se faz todo gênero de cordas, e até linhas para cozer e pescar.

Timbó[169]   Timbó são umas ervas maravilhosas, crescem do chão como cordões até o mais alto dos arvoredos onde estão, e alguns vão sempre arrimados à árvore como era;

ralcea cisplatina) que produz umas flores rosadas e que tem aproveitamento medicinal, anticatarral. Esta última espécie deve ser a que Cardim menciona no seu texto.

168. *Caraguatá, carauqatá, carautá, crautá, crauá ou gravatá* é a designação comum a diversas plantas da família das Bromeliáceas (*Bromelia Karatas*, L.). Ocorre pela primeira vez num texto português com Cardim. O termo tupi deve ser formado de *caá+ragua+ãtã* = "erva de ponta fina" ou "folha de ponta aguda".

169. *Timbó*, designação comum a várias plantas da família das Sapindáceas (*Paullinia pinnata*, L.) ou das Leguminosas, cuja seiva é tóxica, que contém o alcaloide timboína, e que serve para atordoar os peixes e, por isso, utilizada para a pesca. Este costume praticado pelos índios foi transmitido aos portugueses e ainda hoje é praticado no interior do Brasil. Ocorre pela primeira vez num texto português em 1560, numa carta do Pe. José de Anchieta.

TRATADOS DA TERRA E GENTE DO BRASIL

são muito rijos, e servem de atilhos, e alguns há que tão grossos como a perna de homem, e por mais que os torçam não há quebrarem; a casca destes é fina peçonha, e serve de barbasco para os peixes, e é tão forte que nos rios
5 onde se deita não fica peixe vivo até onde chega com sua virtude, e destes há muitas castas, e proveitosas assim para atilhos como para matar os peixes.

Outras ervas há que também servem para medicinas, como são serralhas,[170] beldroegas,[171] bredos,[172] almei-
10 rões,[173] avencas,[174] e de tudo há grande abundância, ainda que não têm estas ervas a perfeição das de Espanha, nem

170. *Serralha*, nome comum a várias ervas da família das Compostas, entre as quais a serralha-lisa (*Sonchus oleraceus*) é uma erva anual, de folhas denteadas e flores amarelas, cujas folhas novas, aromáticas e de leve sabor amargo, são consumidas em saladas ou como espinafre, cuja raiz é medicinal e o látex é utilizado contra inflamações dos olhos, e ainda a serralha-de-espinho (*S. asper*) que tem idêntica utilização.

171. *Beldroegas* são plantas das famílias das Urticáceas ou das Portulacáceas, com várias espécies e cujas folhas são comestíveis, cruas ou cozidas, tendo algumas propriedades emolientes, como a beldroega-de-Cuba (*Tainum racemossum*) originária de Cuba.

172. *Bredos*, da família das Amarantáceas (*Amarantus hypocondriacus*), é uma erva grande, de folhas avermelhadas, carnosas e flores roxas, pequenas e numerosas, tem várias espécies como a bredo-fedorenta (*Cleome polygama*) da família das Caparidáceas que é aromática e que tem fins medicinais, o bredo-verdadeiro (*Amarantus graecizans*) cujas folhas depois de secas são consideradas diuréticas e que é originária da Europa.

173. *Almeirão*, da família das Compostas (*Chicorium intybus*), é uma erva perene, de raiz oblonga, flores azuis, grandes, às vezes brancas ou róseas que são comestíveis cruas ou cozidas. É originária da Europa.

174. *Avenca* é a designação comum a várias plantas criptogâmicas da família das Polipodiáceas, dos gêneros *Adiantum* e *Asplenium* com longos pecíolos finos, negros, folhas pequenas e recortadas.

DO CLIMA E TERRA DO BRASIL

faltam amoras de silva brancas, e pretas como as de Portugal,[175] e muito bom perrexil[176] pelas praias, de que se faz conserva muito boa, nem falta macela.[177]

DAS ERVAS CHEIROSAS

Nesta terra há muitos mentrastos,[178] principalmente em Piratininga: não cheiram tão bem como os de Portugal; também há umas malvas[179] francesas de umas flores roxas, e graciosas que servem de ramalhetes. Muitos Lírios, não são tão finos, nem tão roxos como os do Reino, e alguns se acham brancos.

5

175. A *amora*, pequena drupa vermelho-escuro comestível, da família das Rosáceas, das quais existem no Brasil as espécies amora-brava (*Rubus imperialis*) e a amora-vermelha (*R. rosaefolius*).

176. *Perrexil* é o nome vulgar do *Chrithmum maritimum*, da família das Umbelíferas, também conhecido por *funcho-marítimo*.

177. *Macela* é a designação mais usual para a camomila, asterácea cujas flores servem para infusões.

178. *Mentrasto, menstrate, mentraste* ou *mentastro* são as designações atribuídas a uma planta da família das Labiadas (*Mentha rottundifolia*) que é uma espécie de hortelã silvestre, com propriedades medicinais.

179. *Malva* é o nome vulgar de várias herbáceas emolientes, da família das Malváceas, entre as quais se destaca a *Malva silvestris* e a Malva-rosa (*Althaea rosea*).

TRATADOS DA TERRA E GENTE DO BRASIL

Erva que dorme[180] Esta erva se dá cá na Primavera, e parece-se com os Maios de Portugal,[181] e assim como eles se murcha e dorme em se pondo o sol, e em nascendo torna a abrir e mostrar sua formosura. O cheiro é algum
5 tanto farto. Também há outra árvore que dorme da mesma maneira, e dá umas flores graciosas, mas não cheiram muito.

Erva viva[182] Estas ervas são de boa altura, e dão ramos, umas folhas farpadas de um verde gracioso; chamam-se
10 erva-viva, porque são tão vivas e sentidas que em lhes tocando com a mão, ou qualquer outra cousa, logo se engelham, murcham e encolhem como se as agravaram muito, e daí a pouco tornam em sua perfeição tantas vezes lhes tocam, tantas tornam a murchar-se, e tornam em seu
15 ser como dantes.

Outras muitas ervas há, como orégãos, e poejos,[183] e outras muitas flores várias, porém parece que este clima,

---

180. *Erva que dorme, dormideira* ou *papoila*, da família das Papaveráceas (*Papayer somniferum*, L.) ou da família das Leguminosas-Mimosáceas (*Mimosa pudica*), é uma planta que atinge 1 m de altura, com ramos armados de espinhos esparsos, folhas compostas e pequenas flores lilases, cuja casca é utilizada como vermífugo e as folhas são consideradas venenosas.

181. Cardim refere-se a uma espécie de lírio campestre, de flores amarelas.

182. *Erva-viva, sensitiva, malícia-de-mulher* são designações atribuídas a uma planta da família das Leguminosas, subfamília das Mimosáceas (*Mimosa sp.*).

183. *Orégão* e *poejo* são plantas da família das Labiadas (*Mentha piperita*, L.) e (*M. Pulegium*, L.) utilizadas usualmente na culinária como cheiros.

DO CLIMA E TERRA DO BRASIL

ou pelas muitas águas, ou por causa do sol, não influi nas
ervas cheiro, antes parece que lho tira.

DAS CANAS

Nesta terra há muitas espécies de canas e tacoara;[184]
há de grossura de uma coxa de um homem, outras que têm
uns canudos de comprimento de uma braça, outras de que   5
fazem flechas e são estimadas; outras tão compridas que
têm três ou quatro lanças de comprimento; dão-se estas
canas por entre os arvoredos, e assim como há muitas,
assim há muitos e compridos canaviais de muitas léguas,
e como estão entre as árvores vão buscar o sol, e por isso   10
são tão compridas.

DOS PEIXES QUE HÁ NA ÁGUA SALGADA

Peixe boi[185]   Este peixe é nestas partes real, e estimado
sobre todos os demais peixes, e para se comer muito sadio,

---

184. *Tacoará* ou *taquará*, da família das Gramíneas (*Chusquea gau-
dichaudii*, Kunth), também conhecida pela designação de taboca ou
bambu. Os indígenas utilizavam as taquaras, particularmente para
a confecção de suas flechas. O termo tupi explica-se por *tâ-quara* =
"haste furada" ou "cheia de buracos" e ocorre a primeira vez num
texto português com Cardim.

185. *Peixe boi* é um cetáceo da família dos Triquequídeos (*Trichechus
inunguis*, Natterer) mamífero aquático que ocorre, ainda hoje, na
Amazônia. O termo tupi para este peixe de água salgada é *Guaraguá*,
que se traduz por *guara-guara* = "come-come", "comilão", ou ainda
por *yguá-ri-guá* = "morador em enseadas", o que é um costume deste
cetáceo. A designação tupi ocorre pela primeira vez numa carta de
1560, do Pe. José de Anchieta, já que Cardim utiliza o termo de *Peixe
boi*. A descrição cardiniana deste peixe está rigorosa, mesmo em

TRATADOS DA TERRA E GENTE DO BRASIL

e de muito bom gosto, ora seja salgado, ora fresco; e mais parece carne de vaca que peixe. Já houve alguns escrúpulos por se comer em dias de peixe; a carne é toda de febras, como a de vaca, e assim se faz em taçalhos e
5 chacina; e cura-se ao fumeiro como porco ou vaca, e no gosto se se coze com couves, ou outras ervas, sabe à vaca, e concertada com adubos sabe a carneiro, e assada parece, no cheiro, a gordura de porco, e também tem toucinho.

Este peixe nas feições parece animal terrestre, e princi-
10 palmente boi: a cabeça é toda de boi com couro, e cabelos, orelhas, olhos, e língua; os olhos são muito pequenos em extremo para o corpo que tem; fecha-os, e abre-os, quando quer, o que não têm os outros peixes; sobre as ventas tem dois courinhos com que as fecha, e por elas resfolega; e
15 não pode estar muito tempo debaixo de água sem resfolegar; não tem mais barbatana que o rabo, o qual é todo redondo e fechado; o corpo é de grande grandura, todo cheio de cabelos ruivos; tem dois braços de comprimento de um côvado com suas mãos redondas como pás, e nelas
20 tem cinco dedos pegados todos uns com os outros, e cada um tem sua unha como humana; debaixo destes braços têm as fêmeas duas mamas com que criam seus filhos, e não parem mais que um; o interior deste peixe, e intestinos são propriamente como de boi, com fígados, bofes etc.

relação ao peso que pode chegar a atingir cerca de 1200 a 1500 kg, com 4 m de comprimento. Tinha o seu habitat nas águas quentes da costa norte e nordeste até às imediações de Ilhéus, mas já era raro no litoral do Espírito Santo e constituía um dos principais recursos alimentares dos Tupis da orla marítima.

DO CLIMA E TERRA DO BRASIL

Na cabeça sobre os olhos junto aos miolos tem duas pedras de bom tamanho, alvas, e pesadas; são de muita estima, e único remédio para dor de pedra, porque feita em pó e bebida em vinho, ou água, faz deitar a pedra, como aconteceu que dando-a a uma pessoa, deixando outras muitas experiências, antes de uma hora botou uma pedra como uma amêndoa, e ficou sã, estando dantes para morrer. Os ossos deste peixe são todos maciços, e brancos como marfim; faz-se dele muita manteiga, e tiram-lhe duas banhas, como de porco; e o mais da manteiga; é muito gostosa, e para cozinhar e frigir peixe, para a candeia serve muito, e também para mezinhas, como a do porco; é branca e cheirosa; nem tem cheiro de peixe. Este peixe se toma com arpoeiras; e acham-se nos rios salgados junto de água doce: comem uma certa erva que nasce pelas bordas, e dentro dos rios, e onde há esta erva se matam, ou junto de olhos de água doce, a qual somente bebem; são muito grandes; e alguns pesam dez, e outros quinze quintais, e já se matou peixe que cem homens o não puderam tirar fora de água, e nela o desfizeram.

Bigjuipirá[186]   Este peixe Bigjuipirá se parece com solho de Portugal, e assim é cá estimado, e tido por peixe real; é muito sadio, gordo, e de bom gosto; há infinidade

---

186. *Bigjupirá, bijupirá* ou *bejupirá*, da família dos Racicentrídeos (*Rachycentrus canadus*, L.), era também designado por "peixe-rei". O termo tupi parece ser formado por *mbeyú-pirá* = "peixe de bolo", por causa da qualidade da sua carne. Ocorre pela primeira vez num texto português com Cardim.

TRATADOS DA TERRA E GENTE DO BRASIL

deles, e algumas ovas têm em grosso um palmo de testa. Tomam-se estes peixes no mar alto à linha com anzol; o comprimento será de seis ou sete palmos, o corpo é redondo, preto pelas costas, e branco pela barriga.

5 **Olho de boi**[187] Parece-se este peixe com os atuns de Espanha, assim no tamanho como nas feições, assim interiores como exteriores; é muito gordo, tem as vezes entre folha, e folha gordura de grossura de um tostão: tiram-se-lhe lombos e ventrechas como aos atuns, e deles
10 se faz muita e boa manteiga, e lhe tiram banhas com a um porco; é peixe estimado, e de bom gosto, bem merece o nome de peixe boi assim na formosura, como grandura; os olhos são propriamente como de boi, e por esta razão tem este nome.

15 **Camurupig**[188] Este peixe também é um dos reais e estimados nestas partes: a carne é toda de febras em folha,

187. *Olho-de-boi*, peixe de água salgada da família dos Carangídeos (*Seriola lalandei*, Cuv.& Val.), atinge grandes dimensões, até 2 m de comprimento e 50 kg de peso. Ocorre no oceano Atlântico, das Antilhas até ao Uruguai, em locais pedregosos. O termo tupi parece ser *Tapyrsiçá* ou *tapireçá*, que quer dizer "olho de boi", de *tapyra* = "boi" + *eçá* = "olho". Este termo tupi ocorre apenas com Gabriel Soares de Sousa, em 1587, na *Notícia do Brasil*, que o denomina de "olho-de-boi", tal como Cardim.

188. *Camuripig, camurupi* ou *camurupim*, da família dos Megalopídeos (*Megalops trissoides*, Bl.& Schn.). Ocorre pela primeira vez num texto português em 1576, na *História da Província Santa Cruz*, de Pêro de Magalhães de Gândavo. É o *pirapema* do litoral do norte do Brasil. O termo tupi é difícil de explicar até porque aparece com várias terminologias.

DO CLIMA E TERRA DO BRASIL

cheia de gordura e manteiga, e de bom gosto; tem muita espinha por todo o corpo e é perigoso ao comer. Tem uma barbatana no lombo que sempre traz levantada para cima, de dois, três palmos de comprimento; é peixe comprido de até doze e treze palmos, e de boa grossura, e tem bem que fazer dois homens em levantar alguns deles; tomam-se com arpões; há muitos, e faz-se deles muita manteiga.

Peixe selvagem[189]   Este peixe selvagem, aqui os índios chamam *Pirambá*, sc. peixe que ronca; a razão é porque onde andam logo se ouvem roncar, são de boa grandura até oito e nove palmos; a carne é de bom gosto, e são estimados; têm na boca duas pedras de largura de uma mão, rijas em grande extremo, com elas partem os búzios de que se sustentam; as pedras estimam os índios, e as trazem ao pescoço como joias.

Há outros peixes de várias espécies que não há em Espanha, e comumente de bom gosto, e sadios. Dos de Portugal também por cá há muitos, sc. tainhas em grande multidão, e tem-se achado que a tainha fresca posta a carne dela em mordedura de cobra é outro unicórnio.[190] Não faltam garoupas, peixe agulha, pescada, mas são raras; sardinhas com as de Espanha se acham em alguns

---

189. *Peixe selvagem*, da família dos Hemulídeos (*Conodon nobilis*, L.). O termo tupi *pirambá* significa "peixe-roncador" o que se coaduna com a descrição cardiniana e ocorre pela primeira vez num texto português com Cardim.

190. Utilizar o termo *unicórnio* deve ser encarado como "bálsamo". Vide nota supra.

TRATADOS DA TERRA E GENTE DO BRASIL

tempos no Rio de Janeiro, e mais partes do sul; cibas, e arraias; estas arrais algumas delas têm na boca dois ossos tão rijos que quebram os búzios com eles.

5 Todo este peixe é sadio cá nestas partes que se come sobre leite, e sobre carne, e toda uma quaresma, e de ordinário sem azeite nem vinagre, e não causa sarna nem outras enfermidades como na Europa, antes se dá aos enfermos de cama, ainda que tenham, ou estejam muito no cabo.

10 **Balêa**[191] Por esta costa ser cheia de muitas baías, enseadas e esteiros acodem grande multidão de baleias a estes recôncavos, principalmente de Maio até Setembro, em que parem, e criam seus filhos, e também porque acodem ao muito tempo que nestes tempos é nestes remansos; são 15 tantas as vezes que se vêm quarenta, e cinquenta juntas, querem dizer que elas deitam o âmbar que acham no mar, e de que também se sustentam, e por isso se acha algum nesta costa; outros dizem que o mesmo mar o deita nas praias com as grandes tempestades e comumente se acha 20 depois de alguma grande. Todos os animais comem este âmbar, e é necessário grande diligência depois das tem-

---

191. *Baleia* é o nome comum aos grandes cetáceos da família dos Baleanídeos. Existem cerca de sete espécies na costa brasileira, como a Baleia-azul (*Balaenoptera musculus*), Baleia-lisa (*Eubalaena australis*), Baleia-mink (*Balaenoptera acutorostrata*) e a *Megaptera nodosa*, que era a que existia em maior quantidade nos recortes do litoral brasílico. O termo tupi para este animal era *pirapuã*, que significa "peixe que empina". Este termo ocorre pela primeira vez num texto português em 1587, com Gabriel Soares de Sousa, na *Notícia do Brasil*.

DO CLIMA E TERRA DO BRASIL

pestades para que o não achem comido. É muito perigoso navegar em barcos pequenos por esta costa, porque, além de outros perigos, as baleias soçobram muitos, se ouvem tanger, assim se alvoraçam como se foram cavalos quando ouvem tambor, e arremetem como leões, dão muitas à costa e delas se fazem muito azeite. Tem o toutiço furado, e por ele resfolegam, e juntamente botam grande soma de água, e assim a espalham pelo ar como se fosse chuveiro.

Espadarte[192]   Destes peixes há grande multidão, são grandes, e ferozes, porque têm uma tromba como espada, toda cheia de dentes ao redor, muito agudos, tão grandes como de cão, os maiores, são de largura de uma mão travessa, ou mais, o comprimento é segundo a grandura do peixe; algumas trombas, ou espadas destas são de oito e dez palmos; com estas trombas fazem cruel guerra às baleias, porque alevantando-a para cima, dando tantas pancadas em elas, e tão a miúde que é cousa de espanto, acodem ao sangue os tubarões, e as chupam de maneira até que morrem, e desta maneira se acham muitas mortas, em pedaços. Também com esta tromba pescam os peixes de que se sustentam. Os índios usam destas trombas quando são pequenos para açoutarem os filhos, e lhes meterem medo quando lhes são desobedientes.

---

192. *Espadarte*, peixe da família dos Xifídeos (*Xiphias glaudius*, Linn.). Os índios denominavam-no de *pirapicu*, que significa "peixe comprido", o que condiz com as características deste peixe. O termo tupi ocorre pela primeira vez num texto português em 1587, com Gabriel Soares de Sousa, na *Notícia do Brasil*.

TRATADOS DA TERRA E GENTE DO BRASIL

Tartaruga[193]   Há nesta costa muitas tartarugas; tomam-se muitas, de que se fazem cofres, caixas de hóstias, copos etc. Estas tartarugas põem ovos nas praias, e põem logo duzentos e trezentos, são tamanhos como de gali-
5   nhas, muito alvos, e redondos como pélas;[194] escondem estes ovos debaixo da areia, e como tiram os filhos logo começam de ir para água donde se criam. Os ovos também se comem, têm esta propriedade que ainda se cozam, ou assem sempre a clara fica mole: os intestinos são como
10   de porco, e têm ventas por onde respiram. Tem outra particularidade que pondo-lhe o focinho para a terra logo

193. *Tartaruga* é o nome comum aos quelônios marinhos. Cardim coloca-a como peixe, mas é um réptil. Existem no Brasil várias espécies, como a Tartaruga-de-couro (*Dermochelys coriacea*) que chega a atingir cerca de 2 m de comprimento e que não dispõe de uma carapaça, mas coberta por uma espécie de couro; a Tartaruga-de-pente (*Eretmochelys imbricata*) que é muito caçada por causa da carapaça que é preciosa; a Tartaruga-verde (*Cahelonia mydas*) que chega a atingir cerca de 1 m de comprimento e a Tartaruga-da-Amazônia (*Podocnemis expansa)*. Os índios apresentam vários termos para designarem estes animais, como *jurará* que ocorre pela primeira vez num texto português em 1624, com Simão Estácio da Silveira, na *Relação do Maranhão; jurarapeba*, que ocorre em 1631, com Frei Cristóvão de Lisboa, na *História dos Animais e Árvores do Maranhão; tracajá*, que só ocorre em 1777, com Francisco Xavier Ribeiro de Sampaio, na *Relação Geográfica Histórica do Rio Branco da América Portuguesa* e ainda *matamatá* que ocorre na mesma obra de Frei Cristóvão de Lisboa.

194. O autor utiliza no texto *péla* no sentido de bola. Na Europa, entre os séculos XV e XVIII, desenvolveu-se a prática do "jogo da péla", que era muito semelhante ao tênis atual. No México e Guatemala os índios desenvolveram também um jogo com o mesmo nome, em que se procurava representar o percurso do sol pelo céu, o qual era praticado com uma bola maciça, de couro, impulsionada com as ancas, os cotovelos e os joelhos.

DO CLIMA E TERRA DO BRASIL

viram para o mar, nem podem estar doutra maneira. São algumas tão grandes que se fazem das conchas inteiras adargas; e uma se matou nesta costa tão grande que vinte homens a não podiam levantar do chão, nem dar-lhe vento.

Tubarões[195]   Há muitos gêneros de tubarões nesta costa: acham-se nelas seis, ou sete espécies deles: é peixe muito cruel e feroz, e matam a muitas pessoas, principalmente aos que nadam. Os rios estão cheios deles, são tão cruéis que já aconteceu correr um após de um índio que ia numa jangada, e pô-lo em tanto aperto que saltando o moço em terra o tubarão saltou juntamente com ele, e cuidando que o apanhava ficou em seco onde o mataram. No mar alto onde também há muitos se tomam com laço, e arpões por serem muito gulosos, sôfregos, e amigos de carne e são tão comilões que se lhes acham na barriga couros, pedaços de pano, camisas, e ceroulas, que caem aos navegantes; andam de ordinário acompanhados de uns peixes

195. *Tubarões* existem várias espécies, que são os maiores da ordem dos Seláceos, no território brasileiro. Entre essas espécies salientam-se o Tubarão-azul (*Prionace glauca*) que chega a alcançar cerca de 3,5 m de comprimento, o Tubarão-baleia (*Rhincodon typus*) que é de maior porte, chegando aos 18 m de comprimento, o Tubarão-martelo (*Sphyrna zygaena, S. diplana* ou *S. tudes*) que atinge os 5 m de comprimento e que apresenta duas expansões laterais na cabeça e o Tubarão-seis-fendas (*Hexanchus griseus*) que é um tubarão que apresenta seis pares de fendas branquiais. O termo tupi para este animal é *iperu* que significa "o que dilacera" e que ocorre, com a variante de *uperu*, pela primeira vez num texto português em 1587, com Gabriel Soares de Sousa, na *Notícia do Brasil*.

TRATADOS DA TERRA E GENTE DO BRASIL

muito galantes, formosos de várias cores que se chamam romeiros;[196] faz-se deles muito azeite, e dos dentes usam os índios em suas flechas por serem muito agudos, cruéis, e peçonhentos, e raramente saram as feridas, ou com dificuldade.

Peixe voador[197]   Estes peixes são de ordinário de um palmo, ou pouco mais de comprimento; têm os olhos muito formosos, galantes de certas pinturas que lhes dão muita graça, e parecem pedras preciosas; a cabeça também é muito formosa. Têm asas como de morcegos, mas muito prateadas, são muito perseguidos dos outros peixes, e para escaparem voam em bandos como de estorninhos, ou pardais, mas não voam muito alto. Também são bons para comer, e quando voam alegram os mareantes, e muitas vezes caem dentro das naus, e entram pelas janelas dos camarotes.

196. Cardim refere-se ao *Romeiro* ou *Romeirinho* que é o nome vulgar de peixes do gênero *Naucrates*, também denominados de "peixe-piolho".

197. *Peixe voador*, da família dos Cafelacantídeos (*Cephalacanthus volitans*, L.) ou também da família dos Exocetídeos (*Exocoertus volitans*), é um peixe teleósteo, ateriniforme, cujas nadadeiras peitorais e ventrais são amplas, permitindo-lhe longas planagens acima da superfície da água. O termo tupi para este peixe é *pirabebe*, de *pirá* = "peixe" + *bêbê* = "volante", "que voa" e ocorre pela primeira vez num texto português em 1631, com Frei Cristóvão de Lisboa, in *op. cit.* Atualmente é designado também por *coió*.

DO CLIMA E TERRA DO BRASIL

Botos e *Tuninhas*[198] Destes peixes há grande multidão como em Europa.

Linguados[199] e *Salmonetes*[200] Também se acham nesta costa salmonetes, mas são raros, e não tão estimados, nem de tão bom gosto como os da Europa; os linguados de cá   5
são raros; têm propriedade que quando se hão de cozer, ou assar os açoutam, e quando mais açoutam lhes dão tanto mais tesos ficam, e melhores para comer, e se os não açoutam não prestam e ficam moles.

DOS PEIXES PEÇONHENTOS

Assim como esta terra do Brasil há muitas cobras, e   10
bichos peçonhentos de que se dirá adiante, assim também há muitos peixes muito peçonhentos.

198. *Botos* e *Toninhas* são mamíferos cetáceos de água salgada e marinha da família dos Platanistídeos (boto-branco e toninha) e Delfinídeos (golfinho e tucuxi) da ordem dos Odontocetos. Existem várias espécies no território brasileiro, como o Boto-cinzento (*Grampus griseus*) usualmente conhecido como o "Golfinho-de-riso", o Boto-cor-de-rosa (*Inia geoffrensis*) que ocorre na bacia do rio Amazonas e que tem uma coloração do corpo rosada e o Boto-preto (*Sotalia fluviatilis*). Este último é designado em tupi de *tucuxi, jaguara* ou "peixe-cão".

199. *Linguado* é um teleósteo, pleuronectiforme (*Paralichthys brasiliensis*) da família dos Botídeos, que chega a atingir cerca de 1 m de comprimento e 12 kg de peso. Ocorre da Bahia para o Sul, sendo comum no litoral do Rio de Janeiro.

200. *Salmonete* é a designação comum a dois peixes marinhos, da família dos Mulídeos, o *Pseudopeneus maculatus* e o *Mullus surmuletus*, muito apreciados e munidos de barbilhões na mandíbula inferior.

TRATADOS DA TERRA E GENTE DO BRASIL

Peixe sapo, pela língua *Guamayaçu*[201] É peixe pequeno, de comprimento de um palmo, pintado, tem olhos formosos; em o tirando da água ronca muito e trinca muito os anzóis, e em o tirando da água incha muito. Toda a peçonha têm na pele, e tirando-lha, come-se, porém comendo-se com a pele mata. Aconteceu que um moço comeu e morreu quase subitamente; disse o pai: hei-de comer o peixe que matou meu filho, e comendo dele também morreu logo. É grande mezinha para os ratos, porque os que o comem logo morrem.

Há outro peixe sapo da própria feição que o atrás, mas tem muitos e cruéis espinhos, como ouriço, ronca e incha tirando-o da água; a pele também mata, *maxime* os espinhos, por serem muito venenosos; esfolado se come, e é bom para câmaras de sangue.

Há outro peixe sapo que na língua se chama *Itaoca*[202]; tem três quinas em o corpo que todo ele parece punhal; é formoso, tem os olhos esbugalhados, e esfolado se come; consiste a peçonha na pele, fígados, tripas, e ossos, e qualquer animal que o come logo morre.

---

201. *Peixe sapo*, hoje designado por *baiacu*, é da família dos Tetrodontídeos, do qual existem várias espécies, como o *Baiacu-de-espinho* (*Chilo mycterus spinosus*, L.) da família dos Diodontídeos. O termo que Cardim diz ser na língua tupi *guamayaçu* é difícil de identificar.

202. *Itaoca* ou *taoca* é outra espécie de peixe-sapo (*Lactophrys tricornis*, L.) da família dos Ostraciontídeos, que ocorre pela primeira vez, com este termo tupi, num texto português com Cardim.

DO CLIMA E TERRA DO BRASIL

Há outro que se chama *Carapeaçaba*,[203] de cor gateado, pardo, preto, e amarelo; é bom peixe e dá-se aos doentes; os fígados, e tripas têm tão forte peçonha que a todo o animal mata; e por esta causa os naturais em o tirando deitam as tripas e fígado no mar. 5

Purá[204]   Este peixe se parece com arraia: tem tal virtude que quem quer que o toca logo fica tremendo, e tocando-lhe com algum pau, ou com outra qualquer cousa, logo adormece o que lhe põem, e enquanto lhe tem o pau posto em cima fica o braço com que o toma o pau adorme- 10 cido, e adormentado. Tomam-se com redes de pé, e se se tomam com redes de mão todo o corpo faz tremer, e pasmar com a dor, mas morto come-se, e não tem peçonha.

Caramuru[205]   Estes peixes são como as amoreias de Portugal, de comprimento de dez, e quinze palmos; são muito 15

203. *Carapeaçaba* ou *carapiaçaba* é uma espécie de Sargo do rio, que ocorre a primeira vez num texto português com Fernão Cardim. O termo tupi é difícil de identificar.

204. *Purá, puraquê* ou *poraquê* são as designações para o *peixe-elétrico* da família dos Electroforídeos (*Electrophorus electricus*, L.). O termo tupi *purá* ocorre pela primeira vez num texto português com Cardim e *poraquê* significa "fazer dormir", "entorpecer", o que está de acordo com os efeitos do peixe-elétrico cuja descarga elétrica adormece quem o apanha.

205. *Caramuru* ou *moreia* é a designação comum a peixes ósseos, marinhos, serpentiformes, anguiliformes, da família dos Muraenídeos (*Gymnothorax moringua*). O corpo é muito musculoso, roliço, sem nadadeiras peitorais e possui dentes fortes, na base dos quais se situam glândulas de veneno. O termo tupi ocorre pela primeira vez num texto português com Fernão Cardim. *Caramuru*, em alusão ao peixe do mesmo nome, foi o apelido dado pelos índios Tupinambás ao português Diogo Álvares (Viana do Castelo?–Salvador da Bahia 1557)

TRATADOS DA TERRA E GENTE DO BRASIL

gordos, e assados sabem a leitão; estes têm estranha dentadura, e há muitos homens aleijados de suas mordeduras, de lhe apodrecerem as mãos ou pernas onde foram mordidos; têm por todo o corpo muitos espinhos, e dizem que

5 os naturais que têm ajuntamento com as cobras, porque os acham muitas vezes com elas enroscados, e nas praias esperando as ditas moreias.

Amoreati[206]   Este peixe se parece com o peixe sapo; está cheio de espinhos, e mete-se debaixo da areia nas

10 praias, e picam por debaixo do pé ou mão que lhes toca, e não tem outra cura senão fogo.

Guamaiacucurub[207]   Estes peixes são redondos, e do tamanho dos bugalhos de Espanha, e são muito peçonhen-

que escapou a nado de um naufrágio nas costas da Baía de Todos os Santos, em 1510, foi o primeiro lusitano a fixar-se na Bahia. Passou a viver entre os índios que lhe deram essa alcunha. Dominando a língua e os costumes indígenas, auxiliou Tomé de Sousa e os Jesuítas na fundação dos primeiros estabelecimentos e na aproximação com os índios. Casou com a filha de um dos chefes Tupinambás, tendo deixado quatro filhos. A lenda segundo a qual Diogo Álvares foi apelidado de *Caramuru* por haver maravilhado os indígenas com um tiro de espingarda parece ter sido divulgada por Frei José de Santa Rita Durão, no poema épico com a mesma designação, *Caramuru*, publicado em Lisboa, em 1781.

206. *Amoreati* ou *moreiatim* é o niquim, niquim-de-areia ou niquim-do-mar da família dos Batracoidídeos (*Thalassophyne branniere*, Starks). Este animal, tal como descreve o Pe. Fernão Cardim, pode esconder-se debaixo da areia e ferir as pessoas com o acúleo dorsal, que se comunica com uma glândula de veneno. O termo tupi ocorre a primeira vez num texto português com Cardim.

207. *Guamaiacucurub* ou *baiacu-curuba* é uma espécie dos Tetrodontídeos, mas difícil de determinar. O termo *baiacu* designa pequeno peixe venenoso, que, quando tem o ventre atritado, incha-se todo, che-

DO CLIMA E TERRA DO BRASIL

tos. O corpo tem cheio de verrugas, e por isso se chama curub,[208] sc. na língua verruga.

Terepomonga[209]   É uma cobra que anda no mar; o seu modo de viver é deixar-se estar muito queda e qualquer cousa viva que lhe toca nela tão fortemente apegada, que   5
de nenhuma maneira se pode bulir, e desta maneira come, e se sustenta; algumas vezes sai fora do mar, e torna-se muito pequena, e tanto que a tocam, pega, e se vão com a outra mão para desapegarem ficam também pegados por ela, e depois faz-se tão grossa como um bom tirante,   10
e assim leva a pessoa para o mar e a come; e por pegar muito se chama terepomonga, sc. cousa que pega.

Finalmente, há muitas espécies de peixes mui venenosos no salgado que tem veemente peçonha, que de ordinário não escapa quem os come, ou toca.   15

gando a rebentar, desprendendo um fel que é venenoso. O termo *curubá* designa, por sua vez, "espinha do rosto", "bolha da pele", "sarna", "bolota" ou "caroço", o que vai ao encontro da explicação de Cardim.

208. *Curub* ou *Curubá*: vide nota supra.

209. *Terepomonga*: pela descrição do Pe. Fernão Cardim parece tratar-se da Sanguessuga, que é um verme da família dos Hirudinídeos. São animais anelídeos, hirudíneos, marinhos, dulcícolas ou terrestres, que não apresentam tentáculos, parapódios ou cerdas, sendo frequentemente ectoparasitas de vertebrados. Existem cerca de 500 espécies. Ocorre pela primeira vez num texto português com Cardim. O adjetivo tupi *pomong* = "pegajoso", "viscoso", "que pega" ou "gruda" coincide com a descrição cardiniana.

HOMENS MARINHOS, E MONSTROS DO MAR[*]

Estes homens marinhos se chamam na língua *Igpu-piara*[210]; têm-lhe os naturais tão grande medo que só de cuidarem nele morrem muitos, e nenhum que o vê escapa; alguns morreram já, e perguntando-lhes a causa, diziam que tinham visto este monstro; parecem-se com homens propriamente de boa estatura, mas têm os olhos muito encovados. As fêmeas parecem mulheres, têm os cabelos compridos, e são formosas; acham-se estes monstros nas barras dos rios doces. Em Jagoarigpe[211] sete ou oito

[*]. O Pe. Fernão Cardim, tal como muitos outros escritores quinhentistas e seiscentistas escreveram sobre os homens marinhos e os monstros do mar, inserindo-se no ciclo de ideias que produziu os tritões, as sereias, as mães-de-água e outros seres fantásticos. A eles se referem Pêro de Magalhães de Gândavo, Gabriel Soares de Sousa, Frei Vicente do Salvador, entre outros, que os descrevem de uma forma muito semelhante à de Cardim. Esta antropologia fantasista já tinha tradição na Península Ibérica, quer através dos textos de Solino e Plínio, quer através das *Etimologias* de Santo Isidoro de Sevilha, muito frequentes nas bibliotecas da época medieval. Qualquer um destes autores dever-se-ia querer referir ao *leão-marinho* e *lobo-do-mar* (*Otaria jubata*, Forst.) que é um carnívoro pinípede.

210. *Igpupiara* ou *ipupiara* é um termo tupi formado por vários nomes, nomeadamente y = "água" + *pypyara* = "de dentro", "do íntimo", ou seja, "o que é de dentro de água", "o que vive no fundo da água", "o aquático". Este nome tupi ocorre a primeira vez, em 1560, numa carta em latim do Pe. José de Anchieta, e em português, em 1576, com Pêro de Magalhães de Gândavo, na *História da Província Santa Cruz*, em que conta a história do monstro marinho que se matou na capitania de São Vicente, em 1564, que "[...] os índios da terra lhe chamam em sua língua Hipupiara, que quer dizer demônio de água".

211. *Jaguarigpe* é um rio da região da Bahia. Nesta região surgiu a Santidade do Jaguaripe, entre os anos de 1580 e 1585, um movi-

DO CLIMA E TERRA DO BRASIL

léguas da Bahia se têm achado muitos; em o ano de oitenta e dois indo um índio pescar, foi perseguido de um, e acolhendo-se em sua jangada o contou ao senhor; o senhor para animar o índio quis ir ver o monstro, e estando

mento de caráter messiânico do Recôncavo Baiano, que reuniu um número considerável de índios, entre os quais alguns já batizados e que viviam entre os padres da Companhia. O seu líder encarnava as características de um autêntico caraíba, de acordo com a tradição ameríndia, e a quem foi atribuído o nome cristão de António, tinha vivido entre os inacianos no aldeamento da ilha de Tinharé, de onde fugiu para dirigir os índios, e que se intitulava de "papa" do seu próprio movimento. A sua mensagem principal era a busca da Terra sem Mal acreditando que o fim do mundo estava próximo e que no dia do Juízo Final se tornariam senhores e os portugueses seus escravos, o que fez com que tivesse numerosos seguidores por parte de escravos índios que fugiam das plantações do Recôncavo. Os relatos sobre esta Santidade surgiam já em cartas escritas pelos Jesuítas em 1584, mas foi a chegada do inquisidor Heitor Furtado de Mendonça que despoletou as inúmeras denúncias e confissões. Entre os membros da mesa inquisitorial contava-se o Padre Fernão Cardim. Cf. *Primeira Visitação do Santo Ofício às partes do Brasil pelo Licenciado Heitor Furtado de Mendonça. Confissões da Bahia 1591–1592*, Rio de Janeiro, F. Briguiet, 1935 e *Primeira Visitação do Santo Ofício às partes do Brasil pelo Licenciado Heitor Furtado de Mendonça. Denunciações da Bahia 1591–1593*, São Paulo, Paulo Prado, 1925. Entre os vários estudos sobre esta Santidade são de referir as obras: José Calazans, *A Santidade de Jaguaripe*, Bahia, 1952; Laura de Mello e Souza, *O Diabo e a Terra de Santa Cruz: Feitiçaria e Religiosidade Popular no Brasil Colonial*, São Paulo, Companhia das Letras, 1986; Ronaldo Vainfas, "A Heresia do Trópico: Santidades Ameríndias no Brasil Colonial", Tese Titular. Universidade Federal Fluminense, 1993; o artigo de Alida C. Metcalf, "Os Limites da Troca Cultural: o Culto da Santidade no Brasil Colonial", in *Cultura Portuguesa na Terra de Santa Cruz*, coord. de Maria Beatriz Nizza da Silva, Lisboa, Ed. Estampa, 1995, pp. 35–52 e Ronaldo Raminelli, *Imagens da Colonização. A Representação do Índio de Caminha a Vieira*, São Paulo/Rio de Janeiro, EdUSP/Jorge Zahar Ed., 1996.

TRATADOS DA TERRA E GENTE DO BRASIL

descuidado por uma mão fora da canoa, pegou dele, e o levou sem mais aparecer, e no mesmo ano morreu outro índio de Francisco Lourenço Caeiro. Em Porto Seguro se vêm alguns, e já têm morto alguns índios. O modo que
5 têm em matar é: abraçam-se com a pessoa tão fortemente beijando-a, e apertando-a consigo que a deixam feita toda em pedaços, ficando inteira, e como a sentem morta dão alguns gemidos como de sentimento, e largando-a fogem; e se levam alguns comem-lhes somente os olhos, narizes e
10 pontas dos dedos dos pés e mão, e as genitálias, e assim os acham de ordinário pelas praias com estas cousas menos.

DOS MARISCOS

Polvos[212]   O mar destas partes é muito abundante de polvos; tem este marisco um capelo, sempre cheio de tinta muito preta; e esta é sua defesa dos peixes maiores,
15 porque quando vão para os apanhar, botam-lhes aquela tinta diante dos olhos, e faz-se água muito preta, então se acolhem. Tomam-se à flecha, e assobiam-lhe primeiro; também se tomam com fachos de fogo de noite. Para se

212. *Polvo*: molusco cefalópode, da ordem *Octopoda*, com oito tentáculos guarnecidos de ventosas que vive nos orifícios dos rochedos perto das costas. No Brasil é comum a espécie *Octopus tehuelchus*, que se alimenta de caranguejos e mariscos utilizando os tentáculos para a captura e um veneno secretado por glândulas especiais para imobilizar a presa, tem um bico recurvado, semelhante ao do papagaio, localizado entre os tentáculos, no centro do corpo ovoide, desprovido de concha. A sua carne é comestível e muito apreciada.

DO CLIMA E TERRA DO BRASIL

comerem os açoitam primeiro, e quanto mais lhe derem mais então ficam mais moles e gostosos.

Azula[213] Este marisco é como um canudo de cana; é raro, come-se, e para o baço bebido em pó e em jejum é único remédio.

Águas mortas[214] Destas águas mortas há infinitas nestas partes e são grandes e são do tamanho de um barrete; têm muitas dobras, com que tomam os peixes, que parecem bolsos de atarrafa; não se comem, picando em alguma pessoa causam grandes dores, e fazem chorar, e assim dizia um índio a quem uma mordeu que tinha recebido muitas flechadas, e nunca chorara senão então. Não aparecem senão em águas mortas.

213. *Azula* ou *apula* é um molusco difícil de identificar pela descrição cardiniana e o termo não consta do Vocabulário Tupi Guarani.

214. *Águas mortas*, hoje denominadas mais por "águas-vivas", "alforrecas", "urtiga-do-mar", "chora-vinagre" ou ainda "mãe de água", são as medusas ou celenterados marinhos da classe dos Cifozoários, de corpo mole, semelhante à gelatina, transparente. Muitos desses animais apresentam células urticantes que causam queimaduras dolorosas. Os mais comuns no litoral brasileiro são do gênero *Rhizoztoma*.

TRATADOS DA TERRA E GENTE DO BRASIL

DOS CARANGUEJOS[*]

Uçá[215]   Uçá é um gênero de caranguejos que se acham na lama, e são infinitos, e o sustentamento de toda esta terra, *maxime* dos escravos de Guiné, e índios da terra; são muito gostosos, sobre eles é boa água fria. Têm uma
5   particularidade de notar, que quando mudam a casca se metem em suas covas, e aí estão dois, três meses, e perdendo a casca, boca, e pernas, saem assim muito moles, e tornam-lhe a nascer como dantes.

Guanhumig[216]   Este gênero de caranguejos são tão
10   grandes que uma perna de homem lhe cabe na boca; são bons para comer; quando fazem trovões saem de suas covas, e fazem tão grande matinada uns com os outros,

---

*. Neste capítulo Cardim apresenta os Crustáceos, que intitula de *Caranguejos* ainda que inclua também alguns moluscos, o que não é de estranhar já que para a Ciência do Renascimento, as duas classes de animais fazem parte da classe dos peixes da mesma forma que os crocodilos e os hipopótamos, na medida em que vivem na água. Cf. Frank Lestringant, notas a, *Le Brésil d'André Thevet, Les Singularités de la France Antarctique (1557)*, Paris, Ed. Chandeigne, 1997.

215. *Uçá* é um caranguejo, crustáceo decápode, da família dos Gecarcinídeos (*Ucides cordatus*, L.) que vive usualmente nos mangues. O termo tupi ocorre pela primeira vez num texto português com Cardim, e significa "olhos de pernas" de *ub* = "perna" + *eçá* = "olho".

216. *Guanhumig, guayamú* ou *guayamum* são as designações para outro caranguejo da mesma família do anterior (*Cardisoma guanhumi*, Latr.) de tamanho grande e que vivem em grupo no mato. O termo tupi ocorre pela primeira vez num texto português nesta obra, mas é de difícil explicação, ainda que haja alguns autores que o vejam associado ao nome de uma constelação na astronomia dos Tupis maranhenses, que é semelhante: *ouegnonmoin*.

DO CLIMA E TERRA DO BRASIL

que já houve pessoas que acudiram com suas armas, parecendo que eram inimigos; se comem uma certa erva, quem então os come morre. Estes são da terra, mas vivem em buracos à borda do mar.

Aratú[217] Estes caranguejos habitam nas tocas das árvores, que estão nos lamarões do mar; quando acham algumas amêijoas tem a boca aberta, buscam logo alguma pedrinha, e sutilmente dão com ela na amêijoa. A amêijoa logo se fecha e não podendo fechar bem, por causa da pedrinha que tem dentro, eles com suas mãos lhe tiram de dentro o miolo, e o comem.

Há dez ou doze espécies de caranguejos nesta terra, e como tenho dito, são tantos em número, e tão sadios que todos os comem, *maxime* os índios etc.

Ostras[218] As ostras são muitas, algumas delas são muito grandes, e têm o miolo como uma palma da mão; nestas se acham algumas pérolas muito ricas; em outras mais pequenas também se acham pérolas mais finas. Os índios

217. *Aratú*: esta variedade de caranguejo é da família dos Grapsídeos (*Aratus pisoni*, M. Edw.). Vivem nos mangues e são usualmente de cor vermelha. O termo tupi ocorre pela primeira vez precisamente neste texto.

218. *Ostras*, moluscos bivalves, marinhos, lamelibrânquios da família dos Ostreídeos, dos gêneros *Ostrea* e *Crassostrea*, são comestíveis e vivem em colônias fixas em rochas. Existem várias espécies como a "ostra-do-mangue" (*Ostrea arborea*) e a "ostra-gigante-do-mangue" (*Crassostrea rhizophorae*). A espécie brasileira mais comum é a *Ostrea virginica* que pode atingir até 20 cm de comprimento que os indígenas denominavam de *guerini*.

TRATADOS DA TERRA E GENTE DO BRASIL

naturais antigamente vinham ao mar às ostras, e tomavam tantas que deixavam serras de cascas, e os miolos levavam de moquém para comerem entre ano; sobre estas serras pelo discurso do tempo se fizeram grandes arvore-
5   dos muito espessos, e altos, e os portugueses descobriram algumas, e cada dia se vão achando outras de novo, e destas cascas fazem cal, e de um só monte se fez parte do Colégio da Bahia, os paços do Governador, e outros muitos edifícios, e ainda não é esgotado: a cal é muito alva,
10 boa para guarnecer, e caiar, se está à chuva faz preta, e para vedar água em tanques não é tão segura, mas para o mais tão boa como a pedra em Espanha.[219]

Mexilhões[220]   Não faltam mexilhões nesta terra; servem aos naturais e portugueses de colheres, e facas; têm
15 uma cor prateada graciosa, neles se acha algum aljofre.[221]

219. Cardim refere-se à cal de ostra, que era utilizada como a cal viva ou anidra e que provinha das denominadas *ostreiras*, que existiam em grande quantidade na faixa litoral brasileira, a par dos *sambaquis* que eram depósitos de refugos geralmente de ossos, conchas e resíduos diversos acumulados pelo homem desde o Paleolítico na mesma região litoral.

220. *Mexilhões* são os moluscos lamelibrânquicos, pertencentes à família dos Mitilídeos, entre os quais o *sururu* (*Mytellus falcatus*) e o *bacuçu* (*Modiolus brasiliensis*) que é o "mexilhão-do-mangue". São comestíveis e vivem fixados em rochas marinhas pelo bisso. Entre eles destaca-se a espécie *Mytilus perna*, que mede até 8 cm, tem concha alongada e ocorre no litoral do Rio de Janeiro, São Paulo e Santa Catarina. O termo tupi *sururu* ocorre pela primeira vez num texto português em 1587, com Gabriel Soares de Sousa, na *Notícia do Brasil*.

221. O *aljofre* ou *aljôfar* é uma planta herbácea, da família das Borragináceas, cujas sementes se parecem com pequenas pérolas, por isso também chamada de "erva-pérola" ou "milho-do-sol".

DO CLIMA E TERRA DO BRASIL

Há um gênero deles pequenos, de que as gaivotas se sustentam, e porque não o podem quebrar, têm tal instinto natural que levantando-o no bico ao ar o deixam cair tantas vezes no chão que o quebram.

Berbigões[222]   Os berbigões são gostosos e bons nesta terra, e neles se acham alguns grãos de aljofre, e assim dos berbigões, como dos mexilhões há grande número de muitas e várias espécies.

Búzios[223]   Os maiores que há se chamam *Guatapiggoaçu*,[224] sc. búzio grande; são muito estimados dos naturais, porque deles fazem suas trombetas, jaezes, contas, metaras, e arrecadadas, e luas, para os meninos, e são entre eles de tanta estima que por um dão uma pessoa das que têm cativas; e os portugueses davam antigamente um cruzado por um; são tão alvos como marfins, e de largo muitos deles têm dois palmos, e um de comprimento.

---

222. *Berbigões* são os moluscos bivalves da família dos Cardídeos (*Anomalocardia brasiliana*) também denominados de "sarro-de-pito" ou "cernambitinga".

223. *Búzios* são também moluscos gastrópodes marinhos da família dos Xenoforídeos, do gênero *Strombus*, de concha retorcida em forma de corneta que os índios aproveitavam para vários fins como menciona Fernão Cardim.

224. *Guatapiggoaçu, uatapuguaçu* ou *atapú* é outra espécie de búzio da família dos Cassidídeos (*Cassis tuberosa*). O termo tupi não aparece referenciado no Vocabulário de Tupi-Guarani, mas Cardim traduz por "búzio grande", que é onde este ocorre pela primeira vez num texto português.

TRATADOS DA TERRA E GENTE DO BRASIL

Piriguay[225]   Estes se comem também, e das cascas fazem sua contaria, e por tantas braças dão uma pessoa; destes bota às vezes o mar fora serras, cousa muito para ver.

De búzios e conchas há muita quantidade nesta terra, muito galantes, e para estimar, e de várias espécies.

Coral branco[226]   Acha-se muita pedra de coral branco debaixo do mar; nasce com as arvorezinhas toda em folhas e canudos, como coral vermelho da Índia, e se este também o fora, houvera grande riqueza nesta terra pela muita abundância que é dele. É muito alvo, tira-se com dificuldade, e também se faz cal dele.

Lagostins[227]   Há grande quantidade de lagostins, por esta costa estar quase toda cercada de arrecifes, e pedras; também se acham muitos ouriços e outros monstros, pelas concavidades das mesmas pedras [...][228] ou lagostas grandes, como as da Europa, parece que não há por cá.

225. *Piraguay, perigoari* ou *preguari* é uma variedade de búzio, molusco gastrópode prosobrânquio marinho da família dos Estrombídeos (*Strombus pugilis*, Linn.). O termo tupi ocorre pela primeira vez num texto português com Cardim.

226. *Coral branco*: trata-se de uma estrutura calcária produzida por uma colônia de pólipos cnidários marinhos antozoários, da ordem dos Escleractíneos, de forma, tamanho e cor variáveis, conforme a espécie relacionada, que se depositam sobre esqueletos calcários em geral arborescentes. Neste caso trata-se do "coral branco" (*Millepora nitidae*).

227. *Lagostins* é o nome comum a duas espécies de crustáceos decápodes (*Scyllarides aequinoctialis* e *S. brasiliensis*), da família dos Cilarídeos, marinhos e semelhantes à lagosta, diferindo da mesma pela presença de antenas largas e achatadas.

228. Palavra difícil de identificar no manuscrito e na tradução inglesa do texto de Cardim, onde aparece "[...] e outros monstros nas

DAS ÁRVORES QUE SE CRIAM NA ÁGUA SALGADA

Mangues[229] Estas árvores se parecem com salgueiros ou sinceiros[230] da Europa, deles há tanta quantidade pelos braços e esteiros que o mar deita pela terra dentro, que há léguas de terra todas deste arvoredo, que com as enchentes são regadas do mar; caminhamos logo léguas por estes esteiros e dias inteiros pelos rios onde há estes arvoredos; estão sempre verdes, e são graciosos, e aprazíveis, e de muitas espécies; a madeira é boa para queimar, e para emadeirar casas; é muito pesada, e rija como ferro; da casca se faz tinta, e serve de casca para curtir ouros; são de muitas espécies: um certo gênero deita uns gomos de

concavidades das rochas, grandes (*Cravesses*) ou caranguejos como os da Europa...". Tradução da autora do texto in *Purchas his Pilgrimes*, vol. IV, p. 1316.

229. *Mangue* é a designação comum a diversas plantas próprias das formações vegetais de águas salobras. O Pe. Fernão Cardim menciona alguns destes conjuntos vegetais, cujos componentes principais são: o "mangue-vermelho", "mangue-preto" ou "mangue-verdadeiro" (*Rhizophora mangle*, L.) da família das Rizoforáceas, cujas árvores atingem 5 m de altura, de casca fina e flores púrpura; fornece madeira clara, de pouca resistência e a casca é tanífera e útil em curtume e na fabricação de tintas e o "mangue-manso", "mangue-branco", "mangue-amarelo" ou "tinteira" (*Laguncularia racemosa*, Gaertn.) da família das Combretáceas, que é uma árvore de folhas opostas e pequenas flores brancas, que fornece madeira própria para carpintaria e a casca é também tanífera. Existe ainda o *Siriúba* (*Avicennia nitida*, Jacq.) da família das Verbenáceas. Cardim parece referir-se sobretudo à primeira espécie que é a que despede grandes raízes adventícias em forma de trempes.

230. *Sinceiro* é o mesmo que *salgueiro-branco*, que é o nome vulgar e genérico das árvores e arbustos salicáceos do gênero *Salix*, de folhas lanceoladas, que crescem à beira dos cursos de água. Vulgarmente são denominados de "chorão".

TRATADOS DA TERRA E GENTE DO BRASIL

cima de comprimento às vezes de uma lança até chegar à água, e logo deitam muitas trempes, e raízes na terra, e todas estas árvores estão encadeadas e feitas em trempes, e assim as raízes, e estes ramos tudo fica preso na terra;

5 enquanto são verdes estes gomos são tenros, e porque são vãos por dentro se fazem deles boas frautas.

Nestes mangues há um certo gênero de mosquitos que se chamam de *Mariguis*,[231] tamaninos como piolhos de galinha: mordem de tal maneira e deixam tal pruído, ar-

10 dor e comichão, que não há valer-se uma pessoa, porque até os vestidos passam, e é boa penitência e mortificação sofrê-los numa madrugada, ou uma noite; para se defenderem deles não há remédio senão untar-se de lama, ou fazer grande fogo, e fumaça.

15 Nestes mangues se criam muitos caranguejos, e ostras, e ratos, e há um gênero destes ratos cousa monstruosa, todo o dia dormem e vigiam de noite.

Nestes mangues criam os papagaios que são tantos em número, e gritam de tal maneira, que parece gralheado de

20 pardais, ou gralhas.

Nas praias se acha muito perrexil, tão bom e melhor que de Portugal, que também se faz conserva.

---

231. *Mariguis* são os mosquitos hematófagos que se desenvolvem nos mangues. Existem várias espécies como o *maruim, merium* ou *muruim* que são da família dos Ceratopogonídeos, do gênero *Culicoides*, sendo uma das mais conhecidas que ocorre desde o litoral baiano até Santos, o *Culicoides maruim*, Lutz. O termo tupi, que procede de *mberu* = "mosca" + *î* = "pequena", ocorre pela primeira vez num texto português em 1560, numa carta do Pe. José de Anchieta.

DOS PÁSSAROS QUE SE SUSTENTAM
E ACHAM NA ÁGUA SALGADA

Guigratinga[232]   Este pássaro é branco, do tamanho dos grous[233] de Portugal, são em extremo alvos, os pés têm muito compridos, o bico muito cruel, e agudo, e muito formoso por ser de um amarelo fino; as pernas também são compridas entre vermelhas e amarelas. No pescoço têm os melhores panachos e finos que buscar se pode, e parecem-se com os das Emas africanas.[234]

232. *Guigratinga, guiratinga* ou *graça-branca* são as designações para as espécies das aves da ordem Ciconiformes, da família dos Ardeídeos (*Herodias egretta*, Gm.). De porte elegante, com pernas e dedos compridos, pescoço fino, bico longo e pontiagudo. O nome tupi vem de *guirá* = "pássaro" + *tonga* = "branco" e ocorre pela primeira vez em português neste texto de Cardim.

233. Cardim refere-se ao *grou* que é uma ave pernalta, cultirrostra, da família das Gruídeas, que aparece durante o inverno no Ribatejo e Alentejo.

234. A *ema* é uma ave sul-americana, subclasse dos ratites, da família dos Reídeas, com três dedos em cada pata, que os ameríndios denominavam de *nandu* ou *nhandu* e que impropriamente é chamada de avestruz. Este termo tupi ocorre pela primeira vez num texto português com Cardim.

TRATADOS DA TERRA E GENTE DO BRASIL

Caripirá[235]   Por outro nome se chama, Rabiforcado; estes pássaros são muitos, chamam-se rabiforcado por ter o rabo partido pelo meio; das penas fazem muito caso os índios para empenaduras das flechas, e dizem que duram

5 muito; em algum tempo estão muito gordos, as enxudias são boas para corrimentos; costumam estes pássaros trazer novas dos navios à terra, e são tão certos nisto que raramente faltam, porque como se veem, de ordinário daí a dois ou três dias chegam os navios.

10 **Guacá**[236]   Este pássaro é a própria Gaivota de Portugal; seu comer ordinário são amêijoas, e porque são duras, e as não podem quebrar, levam-nas no bico ao ar, e deixando-as cair muitas vezes as quebram e comem. Destas gaivotas há infinidade de espécies que coalham as árvores

15 e praias.

---

235. *Cariripirá* ou *grapirá*, que vulgarmente é denominado de "tesoura" ou "alcatraz", pertence à família dos Fregatídeos (*Fregata aquila*, L.), piscívora, é bastante comum nas costas brasílicas. Possui uma cauda comprida e bifurcada, lembrando uma tesoura, daí os nomes atribuídos de "rabiforcado" e "tesoura". O hábito que Cardim alude de acompanharem os barcos em alto-mar era muito importante já que indicavam aos navegantes a proximidade da terra firme. O termo tupi ocorre pela primeira vez num texto português com o Pe. Fernão Cardim e a palavra vem de *guirá* = "pássaro" + *pirá* = "peixe", o que coincide com os hábitos alimentares desta ave.

236. *Guacá* é a *gaivota* de Portugal como afirma Cardim. Trata-se de uma ave oceânica da família dos Larídeos (*Thaethusa magnirostris*, Licht.), também conhecida por "andorinha-do-mar". Alimenta-se usualmente de peixes, é de coloração branco-acinzentada, bico e pés vermelhos. O termo tupi desapareceu da toponímia e ocorre pela única vez, num texto português nesta obra de Cardim.

DO CLIMA E TERRA DO BRASIL

Guigratéotéo[237]   Esta ave se chama em português Tinhosa, chama-se Guigratéotéo, sc. pássaro que tem acidentes de morte, e que morre e torna a viver, como quem tem gota coral, e são tão grandes estes acidentes que muitas vezes os acham os índios pelas praias, os tomam nas mãos, e cuidando que de todo estão mortos os botam por aí, e eles se caindo se alevantam e se vão embora; são brancos e formosos, e destes há outras espécies que têm os mesmos acidentes.

Calcamar[238]   Estes pássaros são pardos do tamanho de Rolas, ou Pombas; dizem os índios naturais que põem os ovos, e aí os tiram, e criam seus filhos; não voam, mas com as asas e pés nadam sobre o mar ligeiramente, e adivinham muito calmarias e chuveiros, e são tantos nas calmarias ao longo dos navios que se não podem os marinheiros valer e são a própria mofina e melancolia.

Ayaya[239]   Estes pássaros são do tamanho de Pegas, mais brancos que vermelhos, têm cor graciosa de um branco

---

237. *Guigratéotéo, téu-téu*, ave da família dos Caradrídeos (*Belonopterus cayanensis*, Gm.), é vulgarmente denominada de "téu-téu" ou "quero-quero", que é onomatopaico do grito da ave. O termo tupi ocorre pela primeira vez num texto português com Fernão Cardim.

238. *Calcamar*, também denominadas de *corta-mar, talha-mar* ou *bico-rasteiro*, são aves da família dos Larídeos (*Rynchops intercedens*, Saunders). O nome atribuído por Cardim não parece identificado como sendo tupi, mas apenas uma atribuição generalizada pela forma como se deslocava junto ao mar.

239. *Ayaya, ajajá* ou *colhereiro* é um pássaro da família dos Tresquiornitídeos (*Ajaja ajaja*, L.). O termo tupi ocorre pela primeira vez num texto português com o Pe. Fernão Cardim.

TRATADOS DA TERRA E GENTE DO BRASIL

espargido de vermelho, o bico comprido, e parece uma colher; para tomar o peixe tem este artifício: bate com o pé na água, e tendo o pescoço estendido espera o peixe e o toma, e por isso dizem os índios que tem saber humano.

5 **Saracura**[240]   Este pássaro é pequeno, pardo, tem os olhos formosos com um círculo vermelho muito gracioso; tem um cantar estranho, porque quem o ouve cuida ser de um pássaro muito grande, sendo ele pequeno, porque canta com a boca e juntamente com a traseira, faz outro
10 tom sonoro, rijo, e forte, ainda que pouco cheiroso, que é para espantar; faz esta música suave duas horas ante manhã, e à tarde até se acabar o crepúsculo vespertino, e quando canta de ordinário adivinha bom tempo.

Guará[241]   Este pássaro é do tamanho de uma Pega, tem
15 o bico muito comprido com a ponta revolta, e os pés de

240. *Saracura*, nome comum a diversas aves gruiformes da família dos Ralídeos. Vivem entre a vegetação aquática e alimentam-se de vermes, moluscos, crustáceos e insetos. Entre algumas das espécies mais conhecidas no território brasileiro contam-se a "saracura-do-banhado" (*Rallus sanguinolentus*), "saracura-carijó" (*R. maculatus*), "saracuraçu" (*Aramides ypacaha*), entre outras. O termo tupi ocorre pela primeira vez num texto português com Cardim, e significa "o que come ou traga espiga", de *çara* = "espiga" + *cur* = "comer", "tragar".

241. *Guará* é uma ave ciconiforme, da família dos Tresquiornitídeos (*Eudocimus ruber*, L.), que habita os manguezais, arrozais e margens alagadas dos rios. Tem plumagem vermelho-carmesim, anda dentro de água, com o bico submerso, abrindo e fechando as mandíbulas rapidamente, em busca de caranguejos, caramujos e insetos, dos quais se alimenta. Vive em colônias no Pará, Maranhão, Piauí, São Paulo, pantanal do Mato Grosso e Paraná. Normalmente aparece traduzido do tupi por "garça". O termo tupi ocorre pela primeira vez em latim, em 1560, numa carta de José de Anchieta e num texto português, em

DO CLIMA E TERRA DO BRASIL

comprimento de um grande palmo; quando nasce é preto, e depois se faz pardo; quando já voa faz-se todo branco mais que uma pomba, depois faz-se vermelho claro, *et tandem* torna-se vermelho mais que a mesma grã, e nesta cor permanece até à morte; são muitos em quantidade, mas não têm mais que esta espécie; criam-se bem em casa, o seu comer é peixe, carne, e outras cousas, e sempre hão-de ter o comer dentro na água; a pena destes é muito estimada dos índios, e delas fazem diademas, franjas, com que cobrem as espadas com que matam; e fazem braceletes que trazem nos braços e põem-nas nos cabelos como botões de rosas, e estas suas joias e cadeias de ouro com que se ornam em suas festas, e estimam-nas tanto que, com serem muito amigos de comerem carne humana, dão muitas vezes os contrários que têm para comer em troco das ditas penas: andam em bando estes pássaros, e se lhe dá o sol nas praias, ou indo pelo ar é cousa formosa de ver.

Há outros muitos pássaros que do mar se sustentam, como Garças, Gaviões, e certo gênero de águias, e outros muitos que seria largo contar.

DOS RIOS DE ÁGUA DOCE, E COUSAS QUE NELES HÁ

Os rios caudais de que esta provincia é regada são inumeráveis, e alguns mui grandes, e mui formosas barras, não falando em as ribeiras, ribeiros e fontes de que toda a terra é muito abundante, e são as águas de ordinário mui

1576, na *História da Província Santa Cruz*, de Pêro de Magalhães de Gândavo.

TRATADOS DA TERRA E GENTE DO BRASIL

formosas, claras, e salutíferas, e abundantes de infinidade
de peixes de várias espécies, dos quais há muitos de notável grandura e de muito preço, e mui salutíferos, e dão-se
aos doentes por medicina. Estes peixes pescam os índios
5 com redes, mas o ordinário é a linha com anzol. Entre
estes há um peixe real de bom gosto e sabor que se parece
muito com o solho de Espanha; este se chama *Jaú*[242] são
de quatorze, e quinze palmos, e às vezes maiores, e muito
gordos, e deles se faz manteiga. Em alguns tempos são
10 tantos os peixes que engordam os porcos com eles. Em
os regatos pequenos há muitos camarões,[243] e alguns de
palmo e mais de comprimento, e de muito bom gosto e
sabor.

DAS COBRAS DE ÁGUA DOCE

Sucurijuba[244]   Esta cobra é a mór, ou das maiores que
15 há no Brasil, assim na grandeza como na formosura; to-

242. *Jaú* ou *Jahú* é um peixe siluriforme, de água doce, da família
dos Pimelodídeos (*Pauliceia lutkeni*, Steind.). É um dos maiores peixes
brasileiros podendo atingir até 1,50 m de comprimento e 120 kg de
peso. Existe nas bacias dos rios Amazonas e Paraná. O termo tupi
ocorre pela primeira vez num texto português com Cardim.

243. *Camarão* é a denominação geral atribuída aos crustáceos da
ordem dos decápodes marinhos e de água doce. Neste caso o Pe. Fernão Cardim refere-se aos camarões de água doce também designados
por *pitus*, que pertencem à família dos Palemonídeos (*Macrobrachium
carcinus*). O termo tupi ocorre pela primeira vez num texto português
em 1817, na *Corografia Brazílica*, do Pe. Manuel Aires de Casal.

244. *Sucurijuba, sucuriju* ou *sucuri* são as designações para um réptil
ofídio, ovovivíparo, não venenoso, da família dos Boídeos (*Eunectes
murinus*, L.) que chega a atingir 8 m de comprimento, segundo alguns
autores mesmo 12 m. Existe em quase todos os rios do território

DO CLIMA E TERRA DO BRASIL

mam-se algumas de vinte e cinco pés, e de trinta em comprimento, e quatro palmos em roda. Tem uma cadeia pelo lombo de notável pintura e formosa, que começa da cabeça e acaba na cauda; tem dentes como cão, e aferra em uma pessoa, vaca, veado, ou porco, e dando-lhes algumas voltas com a cauda, engole a tal cousa inteira, e depois que assim a tem na barriga deixa-se apodrecer, e os corvos a comem toda de modo que não ficam senão os ossos, e depois torna a criar carne nova, e ressurgir como dantes era, e a razão dizem os índios naturais é, porque no tempo que apodrece tem a cabeça debaixo da lama, e porque têm ainda em o toutiço tornam a viver; e porque já se sabe isto quando as acham podres lhe buscam a cabeça, e as matam. O modo de se sustentarem é esperarem os animais, ou gente estendidas pelos caminhos, e em perpassando se enviam a eles, e os matam, e comem; depois de fartas dormem de tal modo que às vezes lhe cortam o rabo duas, três postas sem acordarem, como aconteceu que depois de cortarem duas postas a uma destas, ao dia seguinte a acharam morta com dois porcos monteses na barriga, e seria de cinquenta palmos.

Manima[245]   Esta cobra anda sempre na água, é ainda maior que a sobredita, e muito pintada, e de suas pinturas

---

brasileiro. O termo tupi ocorre pela primeira vez num texto português em 1560, numa carta do Pe. José de Anchieta.

245. *Manima*: o termo tupi parece designar, segundo a descrição de Cardim, uma cobra de água. Ocorre pela primeira vez em português neste texto, mas para o qual não conseguimos encontrar o seu equivalente científico ou atual na fauna brasileira.

TRATADOS DA TERRA E GENTE DO BRASIL

tomaram os gentios deste Brasil pintarem-se; têm-se por bem-aventurado o índio a quem ela se amostra, dizendo que hão-de viver muito tempo, pois a Manima se lhes mostrou[246]

DOS LAGARTOS DE ÁGUA

5 **Jacaré**[247] Estes lagartos são de notável grandura, e alguns há tão grandes como cães; tem o focinho como de cão muito comprido, e assim têm os dentes. Têm por todo o corpo umas lâminas como cavalo armado, e quando se armam não há flecha que os passe; são muito pintados
10 de várias cores; não fazem mal à gente, mas antes os tomam com laços facilmente, e alguns se tomaram de doze, quinze palmos, e os estimam muito, e os tem por estado

246. No manuscrito existente em Évora falta uma parte do texto que se encontra em inglês, na edição de Purchas: "[...] Muitas outras espécies de cobras existem nos rios de água fresca, que eu deixo por breve descrição e, porque não há nada em particular que possa ser dito sobre elas", in *Purchas his Pilgrimes*, vol. IV, p. 1318. Tradução da Autora.

247. *Jacaré* é a denominação comum aos répteis crocodilianos, da família dos Aligatorídeos, que têm a pele grossa e coriácea, formada por escudos rijos, pernas curtas e terminando em dedos providos de garras e de membranas natatórias. Existem várias espécies no Brasil, dos gêneros *Caiman* e *Jacarétinga*, nomeadamente o "jacaré-coroa" (*Paleosuchus palpelrosus*), o "jacaré-curuá" (*P. trigonatus*) de pequeno porte, o "jacaré-de-lunetas" (*caiman jacare*), o "jacaré-de-papo-amarelo" (*C. latirostris*) que é o mais comum da Bahia para o Sul e que deve ter sido este que Fernão Cardim mais observou. O termo tupi que significa *ya-caré* = "aquele que olha de lado" ou "aquele que é torto", ocorre pela primeira vez num texto português em 1560, numa carta do Pe. José de Anchieta.

DO CLIMA E TERRA DO BRASIL

os índios como rembabas,[248] sc. cães, ou outra cousa de
estado; andam na água, e na terra põem ovos tão grandes
como de patas, e tão rijos que dando uns nos outros tinem
como ferro; aonde estes andam logo são sentidos pelos
grandes gritos que dão; a carne destes cheira muito, *ma-* 5
xime os testículos, que parecem almíscre, e são de estima:
o esterco tem algumas virtudes, em especial é bom para
belidas.[249]

DOS LOBOS DE ÁGUA [*]

Jaguaruçu[250] Este animal é maior que nenhum boi; tem
dentes de grande palmo, andam dentro e fora de água, e 10
matam gente; são raros, alguns deles se acham no rio de
S. Francisco, e no Paraguaçu.

248. Não conseguimos identificar este nome tupi *rembaba*, que
Cardim apresenta como sendo o cão.

249. *Belidas*: interpretamos como manchas na córnea do olho.

*. O Pe. Fernão Cardim aborda neste capítulo, que denomina "Dos
Lobos de água", diversos animais anfíbios que habitam em águas
doces ou junto aos rios, e não só os denominados "lobos-do-mar".

250. *Jaguaruçu*: este animal aparece referido duas vezes pelo Pe.
Fernão Cardim neste *Tratado* para designar duas espécies distintas:
o *guará* e o *jaguar* ou *onça*. É precisamente com este autor que este
termo tupi é mencionado pela primeira vez num texto português.
O vocábulo tupi significa "cão grande", de *jaguar* = "cão" + *uçu* =
"grande". Por sua vez o termo tupi *guará*, atribuído a um mamífero
carnívoro da família dos Canídeos (*Chrysocyon brachyrus*), ocorre pela
primeira vez num texto português em 1618, no *Diálogo das Grandezas
do Brasil*.

TRATADOS DA TERRA E GENTE DO BRASIL

Atacape[251]   Estes lobos são mais pequenos, mas muito mais daninhos, porque saem da água a esperar a gente, e por serem muito ligeiros matam algumas pessoas, e as comem.

5 **Pagnapopeba**[252]   Estas são as verdadeiras lontras de Portugal. Há outro animal pequeno do tamanho de doninha, chama-se *Sariguey beju*,[253] este tem ricas peles para forros; e destes animais de água há outras muitas espécies, alguns não fazem mal, outros são muito ferozes.

251. *Atacape* é outro animal de difícil identificação, que aparece referido no Vocabulário Tupi-português como *taçape* e que é possivelmente semelhante ao anterior pela descrição cardiniana, ou seja, *lobos-do-mar* que são carnívoros pinípedes, da família dos Otariídeos, habitantes da região Antárctica, mas que por arribação atingem as costas do Rio de Janeiro.

252. *Pagnapopeba, jaguapopeba* ou *iaguapopeba*: Por erro de transcrição do manuscrito em inglês aparece a primeira designação, no entanto o termo tupi que ocorre no manuscrito de Évora é *jaguapopeba* para designar a lontra. Esta expressão tupi ocorre pela primeira vez num texto português com Cardim, mas passa a ser designado desta forma em outras obras contemporâneas. Trata-se da lontra, mamífero carnívoro da família dos Mustelídeos, de patas espalmadas, que vive à beira da água e tem hábitos aquáticos. No Brasil encontram-se duas espécies: a *Lutra platensis*, que ocorre de São Paulo para o Sul, e a *L. enudris*, no Rio de Janeiro, Pará e Guiana.

253. *Sariguey-beju* ou *cariguemeiu* é um mamífero carnívoro da família dos Mustelídeos, semelhante à doninha, mas de maior dimensão. O termo tupi ocorre pela primeira vez num texto português com Cardim.

DO CLIMA E TERRA DO BRASIL

Baéapina[254] Estes são certo gênero de homens marinhos do tamanho de meninos, porque nenhuma diferença têm deles; destes há muitos, não fazem mal.

Capijuara[255] Destes porcos de água há muitos e são do mesmo tamanho dos porcos, mas diferem nas feições; no céu da boca têm pedra muito grossa que lhes serve de dentes queixais. Esta os índios têm por joia para os filhos e filhas; não têm rabo, andam muito tempo debaixo de água, porém habitam na terra, e nela criam seus filhos; seu comer é erva e frutas que ao longo dos rios acham.

Itã[256] Há nos rios de água doce muitos gêneros de conchas grandes e pequenas; algumas são tão grandes como

254. *Baéapina*: monstro marinho, cujo termo tupi *Igbaheapiná* significa "Diabo pelado" pois *Igbahé* = "coisa má" ou "sobrenatural". Este ocorre pela primeira vez num texto português com Cardim.

255. *Capijuara, capibara* ou *capivara* é um mamífero da ordem dos roedores, da família dos Cavídeos (*Hydrochoerus hydrochaeris*, Erxl.). É considerado o maior dessa espécie, atingindo cerca de 1 m de comprimento e 50 kg de peso, tem pelagem castanho-avermelhado no dorso e amarelo-acastanhado no ventre. Vive em bandos, nas margens dos rios e beira dos lagos, sempre na proximidade de matas ou cerrados. É de hábitos diurnos, mas torna-se muito ativo à noite, quando é perturbado pela presença humana. Nada muito bem e apresenta a pata provida de membranas interdigitais e cada dedo tem uma garra. É herbívoro e ocorre na região cisandina da América do Sul. O termo tupi ocorre pela primeira vez num texto português, em 1560, numa carta do Pe. José de Anchieta e significa "comedor de capim" de *capyi* = "erva", "capim" + *eguara* = particípio do verbo *û* = "comer".

256. *Itã* ou *itan* são conchas bivalvas de mexilhões que se encontram nas areias dos rios, às quais ainda hoje se dá a aplicação que o Pe. Fernão Cardim refere no texto, como cuia e colher. O termo tupi significa precisamente "concha" ou "colher" e ocorre pela primeira vez num texto português com Cardim.

TRATADOS DA TERRA E GENTE DO BRASIL

boas cuias, e servem de fazer a farinha com elas; outras são pequenas, e servem de colheres; todas elas são compridas, e de uma cor prateada; nelas se acham algumas pérolas.

5 **Cágados**[257]   Nos rios se acham muitos cágados, e são tantos em número que os tapuias engordam em certos tempos somente para os ovos, e andam a eles como a maravilhoso mantimento.

Guararigeig[258]   Não faltam rãs em os rios, fontes, char-
10 cos, lagoas; e são de muitas espécies, principalmente esta Guararigeig; é cousa espantosa o medo que dela têm os índios naturais, porque só de a ouvirem, morrem, e por mais que lhes preguem não têm outro remédio senão deixar-se morrer, tão grande é a imaginação, e apreensão
15 que tomam de a ouvir cantar; e qualquer índio que a ouve morre, porque dizem que deita de si um resplandor como relâmpago.

---

257. *Cágados* é a designação comum a diversas espécies de répteis da família dos Quelídeos, da ordem dos quelónios, principalmente dos gêneros *Hydraspis, Platemys* e *Hydromedusa*. Vivem em lagoas rasas e terrenos pantanosos.

258. *Guararigeig* ou *guararieí* é uma variedade de rã, que é a denominação comum a anfíbios anuros, da família dos Ranídeos, Leptodatilídeos, Elosídeos e outros. No Brasil existem entre várias espécies a "rã-comum" (*Leptodactylus ocellatus*), a "rã-pimenta" (*L. pentadactylus*), a "rã-verdadeira" (*Rana palmipes*) e a "rã-malhada-do-banhado" (*Paludicula fuscomaculata*). O termo tupi ocorre apenas neste texto de Fernão Cardim. Aparece designada por *Juiguaraigaraí*, em 1587, com Gabriel Soares de Sousa, na *Notícia do Brasil*.

DO CLIMA E TERRA DO BRASIL

Todos estes rios caudais são de tão grandes e espessos arvoredos, que se navegam muitas léguas por eles sem se ver terra de uma parte nem de outra; por eles há muitas cousas que contar, que deixo por brevidade.

DOS ANIMAIS, ÁRVORES, ERVAS, QUE VIERAM DE PORTUGAL E SE DÃO NO BRASIL

Este Brasil é já outro Portugal, e não falando no clima que é muito mais temperado e sadio, sem calmas grandes, nem frios, e donde os homens vivem muito com poucas doenças, como de cólica, fígado, cabeça, peitos, sarna, nem outras enfermidades de Portugal; nem falando do mar que tem muito pescado, e sadio; nem das cousas da terra que Deus cá deu a esta nação; nem das outras comodidades muitas que os homens têm para viverem, e passarem a vida, ainda que as comodidades das casas não são muitas por serem as mais delas de taipa, e palha, ainda que já se vão fazendo edifícios de pedra e cal, e telha; as comodidades para o vestido não são muitas, por a terra não dar outro pano mais que de algodão.[259] E, nesta parte, padecem muito os da terra, principalmente

---

259. Os ameríndios cultivavam nas cercanias dos seus povoados o barbadense, uma qualidade sul-americana de algodão (*Gossypium barbadense*) que se desenvolvia muito bem nas terras baixas e quentes do litoral brasílico. No Nordeste desenvolveu-se um outro tipo desta planta, o *G. hirsutum*. Era conhecido entre os Tupis como *amandiyn* que significa "o que dá novelo", ou por *maniim, manoiu*. Estes últimos nomes ocorrem pela primeira vez num texto português, em 1587, com Gabriel Soares de Sousa, na sua *Notícia do Brasil*.

TRATADOS DA TERRA E GENTE DO BRASIL

do Rio de Janeiro até São Vicente, por falta de navios que tragam mercadorias e panos; porém as mais capitanias são servidas de todo o gênero de panos e sedas, e andam os homens bem vestidos, e rasgam muitas sedas e veludos.
5 Porém está já Portugal, como dizia, pelas comodidades que de lá lhe vêm.

Cavalos Nesta província se dá bem a criação de cavalos e há já muita abundância deles, e formosos ginetes de grande preço que valem duzentos e trezentos cruzados
10 e mais, e já há correr de patos, de argolinhas, canas, e outros torneios, e escaramuças, e daqui começam prover Angola de cavalos, de que lá tem.

Vacas Ainda que esta terra tem os pastos fracos; e em Porto Seguro há uma erva que mata as vacas em a co-
15 mendo, todavia há já grande quantidade delas e todo o Brasil está cheio de grandes currais, e há homem que tem quinhentas ou mil cabeças; e principalmente nos campos de Piratininga, por ter bons pastos, e que se parecem com os de Portugal, é uma formosura ver a grande criação que
20 há.

Porcos Os porcos se dão cá bem, e começa de haver grande abundância; é cá a melhor carne de todas, ainda que de galinha, e se dá aos doentes, e é muito bom gosto.

Ovelhas Até o Rio de Janeiro se acham já muitas ove-
25 lhas, e carneiros, e engordam tanto que muitos arreben-tam de gordos, nem é cá tão boa carne como em Portugal.

DO CLIMA E TERRA DO BRASIL

Cabras   As cabras ainda são poucas, porém dão-se bem na terra, e vão multiplicando muito, e cedo haverá grande multidão.

Galinhas   As galinhas são infinitas, e maiores que no Reino, e pela terra ser temperada se criam bem, e os índios as estimam, e as criam por dentro do sertão trezentas e quatrocentas léguas; não é a carne delas tão gostosa como no Reino.

Perus[260]   As galinhas de Peru se dão nesta terra, e há grande abundância, e não há convite onde não entrem.

Adens[261]   As gansas se dão bem, e há grande abundância; também há outro gênero desta terra: são muito maiores, e formosas.

Cães   Os cães têm multiplicado muito nesta terra, e há-os de muitas castas; são cá estimados assim entre os portugueses que os trouxeram, como entre os índios que os estimam mais que quantas cousas têm, pelos ajudarem

260. *Peru* é uma ave galiforme selvagem, da família dos Fasianídeos, que ocorre do leste da América do Norte até ao planalto mexicano. Originária das regiões montanhosas da América do Norte foi domesticado pelos astecas, tendo sido encontrado no México pelos companheiros de Hernán Cortez, foi por eles criado e chamado de *gallo-pavo* ou *gallopabo*, por apresentar algumas semelhanças com o pavão. Foi levada para a Espanha e daí passou para Portugal onde passou a ser denominada de *galo do Peru* ou *galinha do Peru*, como a ela se refere Cardim e depois apenas peru.

261. *Adens* é o ganso, uma ave passeriforme (*Anser domesticus*) originária da Europa e Ásia.

TRATADOS DA TERRA E GENTE DO BRASIL

na caça, e serem animais domésticos, e assim os trazem as mulheres às costas de uma parte para outra, e os criam como filhos, e lhes dão de mamar ao peito.

Árvores   As árvores de espinhos, como laranjeiras, ci-
5   dreiras, limoeiras de várias sortes, se dão também nesta terra que quase todo o ano tem fruto, e há grandes laranjeiras, cidrais, até se darem pelos matos, e é tanta a abundância destas cousas que delas se não faz caso. Têm grandes contrárias nas formigas, e com tudo isto há muita
10   abundância sem nunca serem regadas, e como não falta açúcar se fazem infinitas conservas, sc. cidrada, limões, florada etc.

Figueiras   As figueiras se dão cá bem, e há muitas castas, como beboras, figos, negrais, berjaçotes e outras muitas
15   castas: e até no Rio de Janeiro que são terras mais sobre quentes dão duas camadas no ano.

Marmeleiros   No Rio de Janeiro, e São Vicente, e no campo de Piratininga se dão muitos marmelos, e dão quatro camadas uma após outra, e há homem que em poucos
20   marmeleiros colhe dez, e doze mil marmelos, e aqui se fazem muitas marmeladas, e cedo se escusaram as da Ilha da Madeira.

Parreiras   Há muitas castas de uvas como ferrais, boais, bastarda, verdelho, galego e outras muitas, até o Rio de
25   Janeiro tem todo o ano uvas se as querem ter, porque se as podam cada mês vão dando uvas sucessivas. No Rio de Janeiro, e *maxime* em Piratininga se dão vinhas,

DO CLIMA E TERRA DO BRASIL

e carregam de maneira que se vem ao chão com elas, não dão mais que uma novidade, já começam de fazer vinhos, ainda que têm trabalho em o conservar, porque em madeira fura-lhe a broca logo, e talhas de barro, não nas têm; porém buscam seus remédios, e vão continuando, 5 e cedo haverá muitos vinhos.

Ervas No Rio de Janeiro e Piratininga há muitas roseiras, somente de Alexandria,[262] destilam muitas águas, e fazem muito açúcar rosado para purgas, e para não purgar, porque não têm das outras rosas; cozem as de Alexandria 10 na água, e botando-lha fora fazem açúcar rosado muito bom com que não purgam.

Legumes Melões não faltam em muitas capitanias, e são bons e finos; muitas abóboras que fazem conserva, muitas alfaces, de que também a fazem couves, pepinos, 15 rabãos, nabos, mostarda, hortelã, coentros, endros, funchos, ervilhas, gerselim, cebolas, alhos, borragens, e outros legumes que do Reino se trouxeram, que se dão bem na terra.

Trigo No Rio de Janeiro e Campo de Piratininga se dá 20 bem trigo, não no usam por não terem atafonas nem moinhos, e também têm trabalho em o colher, porque pelas muitas águas, e viço da terra, não vem todo junto, e multiplica tanto que um grão deita setenta, e oitenta espigas, e umas maduras vão nascendo outras e multiplica quase 25

262. *Roseira de Alexandria*: este tipo de roseira é o mais antigo que se conhece, a *Rosa centifolia*, L.

TRATADOS DA TERRA E GENTE DO BRASIL

in infinitum. De menos de uma quarta cevada que um homem semeou no Campo de Piratininga, colheu sessenta e tantos alqueires, e se os homens se dessem a esta grangeria, seria a terra muito rica e farta.

5   **Ervas cheirosas**   Há muitos magiricões, cravos amarelos, e vermelhos se dão bem em Piratininga, e outras ervas cheirosas, como cebolacecê etc.

Sobretudo tem este Brasil uma grande comodidade para os homens viverem que não se dão nela percevejos, 10 nem piolhos, e pulgas há poucas, porém, entre os índios, e negros da Guiné acham piolhos; porém, não faltam baratas, traças, vespas, moscas, e mosquitos de tantas castas, e tão cruéis, e peçonhentos, que mordendo em uma pessoa fica a mão inchada por três ou quatro dias *maxime* 15 aos Reinóis, que trazem o sangue fresco, e mimoso do pão e vinho, e mantimentos de Portugal.

Do princípio e origem dos índios do Brasil e de seus costumes, adoração e cerimônias[*]

Este gentio parece que não tem conhecimento do princípio do Mundo, do dilúvio parece que tem alguma notícia, mas como não tem escrituras, nem caracteres, a tal notícia é escura e confusa; porque dizem que as águas afogaram e mataram todos os homens, e que somente um escapou em riba de um Janipaba,[1] com uma sua irmã que estava

5

---

[*]. Estes textos do Padre Fernão Cardim, tal como o anterior sobre o Clima e Terra do Brasil, foram publicados pela primeira vez no ano de 1625, em Londres, incluídos na coleção de viagens *Purchas his Pilgrimes*. Vide "Introdução" e nota no início do Tratado *Do Clima e Terra do Brasil e de algumas cousas notáveis que se acham na terra como no mar*, desta edição. Os manuscritos em português encontram-se igualmente em Évora, na Biblioteca Pública e Arquivo Distrital, no códice cxv/1–33, fls. 1–12v.

1. *Janipaba*: trata-se da *ianipaba* ou *jenipapo* já mencionado por Cardim no *Tratado* referente ao clima e terra do Brasil, no capítulo "Dos óleos de que usam os índios para se untarem". Cardim menciona neste texto uma das crenças dos ameríndios sobre a destruição do Mundo, uma espécie de segundo dilúvio que resultou das disputas entre os dois filhos de Sumé, tendo sido desencadeado por Tamendo-

prenhe, e que estes dois têm seu princípio, e que dali começou sua multiplicação.[2]

DO CONHECIMENTO QUE TÊM DO CRIADOR

Este gentio não tem conhecimento algum de seu Criador, nem de cousa do Céu, nem se há pena nem glória depois desta vida, e portanto não tem adoração nenhuma nem cerimônias, ou culto divino, mas sabem que têm alma e que esta não morre e depois da morte vão a uns campos onde há muitas figueiras ao longo de um formoso rio, e todas juntas não fazem outra cousa senão bailar; e têm

nare que o provocou, batendo fortemente na terra, provavelmente com o pé, fazendo jorrar uma enorme fonte, cuja água recobriu o Mundo. Desta nova destruição somente escaparam os dois irmãos com as respectivas mulheres, refugiando-se no cume das mais altas montanhas: aquele com a sua companheira na copa de uma palmeira e Aricoute e a esposa no cimo de um jenipapeiro. Do primeiro descenderiam os Tamoios e do segundo os Temiminós, inimigos irredutíveis. Cf. Jorge Couto, *op. cit.*, pp. 109–117.

2. Considerou-se durante anos, em parte devido ao fato de serem ágrafos, que os ameríndios da floresta tropical não tinham um sistema de crenças, mas segundo o testemunho dos cronistas e viajantes quinhentistas e seiscentistas, sabe-se que tal não é correto. (Vide nota supra sobre a questão do dilúvio e do nascimento das nações.) Os estudos efetuados demonstram a existência de uma grande homogeneidade relativamente ao discurso cosmológico, aos temas míticos e à vida religiosa dos povos Tupi-Guarani. Cf. Eduardo Viveiros de Castro, *Araweté. Os Deuses Canibais*, Rio de Janeiro, 1986, p. 90, cit. in Jorge Couto, *op. cit.*, pp. 109–117. Coube sobretudo aos trabalhos de Alfred Métraux um melhor esclarecimento sobre as questões da religiosidade das sociedades ameríndias, sendo de destacar a sua obra *A Religião dos Tupinambás e suas relações com as demais Tribos Tupi-Guarani*, trad. port., 2ª ed., São Paulo, 1979.

DO PRINCÍPIO E ORIGEM DOS ÍNDIOS

grande medo do demônio, ao qual chamam *Curupira*,[3] *Taguaigba*,[4] *Macachera*,[5] *Anhanga*,[6] e é tanto o medo que lhe têm, que só de imaginarem nele morrem, como aconteceu já muitas vezes; não no adoram, nem a alguma outra criatura, nem têm ídolos de nenhuma sorte, somente 5 dizem alguns antigos que em alguns caminhos têm certos postos, onde lhe oferecem algumas cousas pelo medo que têm deles, e por não morrerem. Algumas vezes lhe aparecem os diabos, ainda que raramente, e entre eles há poucos endemoniados. 10

3. *Curupira* é a designação para o "espírito mau" entre os indígenas, um ser fantástico que vivia nas matas e tinha os dedos dos pés voltados para trás e o calcanhar para a frente. O termo tupi pode ser traduzido por "sarnento", de *curub* = "sarna" + *pir* = "pele". Este termo tupi ocorre pela primeira vez num texto português, em 1560, numa carta do Pe. José de Anchieta.

4. *Taguaigba* ou *taguaiba* aparece na terminologia tupi como "diabo". O termo tupi ocorre pela primeira vez num texto em português com Cardim.

5. *Macachera* ou *macaxeira*: tal como os nomes anteriores, é um termo tupi para designar o "diabo". Este também ocorre pela primeira vez num texto português com Cardim.

6. *Anhanga* ou *Anhangú*, mais uma das formas de os índios designarem o "diabo", gênio do mal. O termo tupi ocorre também pela primeira vez num texto português com Cardim. Este termo parece que se pode explicar literalmente por *a-ñan* = "encesta a gente", "mete a gente em cesto" ou "apanha a gente". Há ainda alguns autores que consideram *Anhanga* como oposto a *Tupã*, logo como "espírito do mal", já que Tupã designava "o espírito do bem", a quem não precisavam de fazer ofertas, ao passo que a Anhanga tinham que fazer ofertas para o apaziguar, como alega Cardim.

TRATADOS DA TERRA E GENTE DO BRASIL

Usam de alguns feitiços, e feiticeiros, não porque creiam neles, nem os adorem, mas somente se dão a chupar em suas enfermidades, parecendo-lhes que receberão saúde, mas não por lhes parecer que há neles divindade, e mais o fazem por receber saúde que por outro algum respeito. Entre eles se alevantaram algumas vezes alguns feiticeiros, a que chamam *Caraíba*,[7] Santo ou Santidade, e é de ordinário algum índio de ruim vida: este faz algumas feitiçarias, e cousas estranhas à natureza, como mostrar que ressuscita a algum vivo que se faz de morto, e com esta e outras cousas semelhantes traz após si todo o sertão enganando-os dizendo-lhes que não rocem, nem plantem seus legumes, e mantimentos, nem cavem, nem trabalhem etc., porque com sua vinda é chegado o tempo

7. Sobre estes personagens, os *Caraíbas* , veja-se a "Introdução" desta obra. Para o termo indígena têm sido dadas algumas explicações etimológicas, como *Caraíbebé* = "o santo que voa", de *cari* = "santo" + *bebé* = "veloz", "rápido", "voador". Este termo tupi relaciona-se etimologicamente com o etnônimo *caribe*, designação que os Europeus quinhentistas davam aos indígenas de vários grupos étnicos das Antilhas, América Central e do extremo norte da América do Sul. Nesses idiomas dos grupos caribe e aruaque o termo *caribe* traduzia-se por "homem valente", "corajoso" ou "herói". O termo tupi *caraíba* ocorre a primeira vez num texto português em 1554, numa carta do Pe. Luís da Grã em que surge para designar os "cristãos", tal como acontece mais tarde, em 1584, numa carta do Pe. José de Anchieta. Mas exatamente na mesma época, o Pe. Fernão Cardim utiliza este termo para designar os "feiticeiros indígenas", dando ao vocábulo todavia uma conotação pejorativa, já que entre os indígenas *caraíba* designava o "guia espiritual", espécie de pajé que presidia aos seus cultos religiosos. Cf. António Geraldo da Cunha, *Dicionário Histórico das Palavras Portuguesas de origem Tupi*, 3º ed., São Paulo, Melhoramentos, Ed. da Universidade de São Paulo, 1989, pp. 102–103.

DO PRINCÍPIO E ORIGEM DOS ÍNDIOS

em que as enxadas por si hão-de cavar, e os *panicus*[8] ir às roças e trazer os mantimentos, e com esta falsidade os traz tão embebidos, e encantados, deixando de olhar por suas vidas, e granjear os mantimentos que morrendo de pura fome, se vão estes ajuntamentos desfazendo pouco a pouco, até que a Santidade fica só, ou a matam.

Não têm nome próprio com que expliquem a Deus, mas dizem que *Tupã*[9] é o que faz os trovões e relâmpagos, e que este é o que lhes deu as enxadas, e mantimentos, e por não terem outro nome mais próprio e natural, chamam a Deus *Tupã*.

DOS CASAMENTOS

Entre eles há casamentos, porém há muita dúvida se são verdadeiros, assim por terem muitas mulheres, como

---

8. *Panicu* ou *panacu* é um cesto grande, uma espécie de canastra. O termo tupi ocorre muitas vezes em textos portugueses, a partir de 1557, no *Diálogo sobre a Conversão do Gentio*, do Padre Manuel da Nóbrega.

9. *Tupã*, termo tupi, que significava "pai que está no alto", para designar o raio e o trovão, e assim, por extensão, Deus. Segundo a tese de vários etnólogos, nomeadamente Alfred Métraux, *Tupã*, "pai que está no alto", era uma figura secundária na mitologia tupi, correspondendo apenas a um gênio ou demônio do raio e do trovão, cujas deslocações provocavam tempestades. Cf. Alfred Métraux, *op. cit.*, pp. 31-39. Outros consideram que este era uma divindade destruidora, em oposição a *Monan*, divindade criadora. Hélène Clastres opina, no entanto, que Tupã não é nem criador do mundo, nem transformador ou herói cultural, nenhum fato, gesto ou invenção lhe é expressamente atribuída. Cf. *La Terre sans Mal*, p. 32. O termo tupi ocorre pela primeira vez num texto português, em 1549, numa carta do Pe. Manuel da Nóbrega como uma espécie de divindade dos trovões.

pelas deixarem muito facilmente por qualquer arrufo, ou outra desgraça, que entre eles aconteça; mas, ou verdadeiros ou não, entre eles se faziam deste modo.[10] Nenhum mancebo se acostumava casar antes de tomar contrário, e perseverava virgem até que o tomasse e matasse correndo-lhe primeiro suas festas por espaço de dois ou três anos; a mulher da mesma maneira não conhecia homem até lhe não vir sua regra, depois da qual lhe faziam grandes festas; ao tempo de lhe entregarem a mulher faziam grandes vinhos, e acabada a festa ficava o casamento perfeito, dando-lhe uma rede lavada, e depois de casados começavam a beber, porque até aí não o consentiam seus pais, ensinando-os que bebessem com tento, e fossem considerados e prudentes em seu falar, para que o vinho lhe não fizesse mal, nem falassem cousas ruins, e então com uma cuia[11] lhe davam os velhos antigos o primeiro vinho, e lhe tinham a mão na cabeça para que não arrevessas-

10. A questão dos casamentos foi muito debatida pelos missionários Jesuítas que encontraram sociedades ameríndias que praticavam a poligamia, ou poliginia, que era o casamento de um homem com mais de uma mulher. Poligamia e adultério eram duas constantes da vida dos índios, situação que se complicava depois de tomarem o batismo, o que terá levado os Padres Jesuítas a encararem o casamento como mais uma relação de união de um homem e de uma mulher, vivendo em comunhão com os seus filhos, há vários anos e tendo eles mais de trinta anos, poderiam ser considerados como vivendo em "matrimônio". Cf. Ana Maria de Azevedo, *op. cit.*, pp. 255–278 e Eugénio dos Santos, *op. cit.*, pp. 107–118.

11. Vide o *Tratado* cardiniano sobre o clima e terra do Brasil, cap. v, "Das Árvores de Fruto".

DO PRINCÍPIO E ORIGEM DOS ÍNDIOS

sem, porque se arrevessava tinham para si que não seria valente e vice-versa.

DO MODO QUE TÊM EM SEUS COMER E BEBER

Este gentio come em todo o tempo, de noite e de dia, e a cada hora e momento, e como tem que comer não o guardam muito tempo, mas logo comem tudo o que têm e repartem com seus amigos, de modo que de um peixe que tenham repartem com todos, e têm por grande honra e primor serem liberais, e por isso cobram muita fama e honra, e a pior injúria que lhes podem fazer é terem-nos por escassos, ou chamarem-lho, e quando não têm que comer são muito sofridos com fome e sede.

Não têm dias em que comam carne e peixe; comem todo gênero de carnes, ainda de animais imundos, como cobras, sapos, ratos e outros bichos semelhantes, e também comem todo gênero de frutas, tirando algumas peçonhentas, e sua sustentação é ordinariamente do que dá a terra sem a cultivarem, como caças e frutas; porém têm certo gênero de mantimentos de boa substância, e sadio, e outros muitos legumes de que abaixo se fará menção. De ordinário não bebem enquanto comem, mas depois de comer bebem água, ou vinho que fazem de muitos gêneros de frutas e raízes, como abaixo se dirá, do qual bebem sem regra, nem modo e até caírem.

Têm alguns dias particulares em que fazem grandes festas, todas se resolvem em beber, e duram dois, três dias, em os quais não comem, mas somente bebem, e para estes

TRATADOS DA TERRA E GENTE DO BRASIL

beberes serem mais festejados andam alguns cantando de casa em casa, chamando e convidando quantos acham para beberem, e revezando-se continuam estes bailos e música todo o tempo dos vinhos, em o qual tempo não dormem, mas tudo se vai em beber, e de bêbados fazem muitos desmanchos, e quebram as cabeças uns aos outros, e tomam as mulheres alheias etc. Antes de comer nem depois não dão graças a Deus, nem lavam as mãos antes de comer, e depois de comer as alimpam aos cabelos, corpo e paus; não têm toalhas, nem mesa, comem assentados, ou deitados nas redes, ou em cócoras no chão, e a farinha comem de arremesso, e deixo outras muitas particularidades que têm no comer e no beber, porque estas são as principais.

DO MODO QUE TÊM EM DORMIR

Todo este gentio tem por cama umas redes de algodão, e ficam nelas dormindo no ar; estas fazem lavradas, e como no ar, e não tem outros cobertores nem roupa, sempre no Verão e Inverno tem fogo debaixo: não madrugam muito, agasalham-se com cedo, e pelas madrugadas há um principal em suas *ocas*[12] que deitado na rede por espaço de meia hora lhes prega, e admoesta que vão tra-

12. *Oca* é o termo tupi para designar a habitação comunitária ameríndia. O termo tupi parece ser originário do verbo *og* = "cobrir", "tapar", que faz no supino *oca* = "para tapar" e no infinito *oga*, e nessas duas formas serve de substantivo = "casa". Este termo tupi ocorre a primeira vez num texto português precisamente com Fernão Cardim, nesta obra onde faz uma descrição pormenorizada da mesma.

DO PRINCÍPIO E ORIGEM DOS ÍNDIOS

balhar como fizeram seus antepassados, e distribui-lhes o tempo, dizendo-lhes as cousas que hão-de fazer, e depois de alevantado continua a pregação, correndo a povoação toda. Tomaram este modo de um pássaro que se parece com os falcões o qual canta de madrugada e lhe chamam rei, senhor dos outros pássaros, e dizem eles que assim como aquele pássaro canta de madrugada para ser ouvido dos outros, assim convém que os principais façam aquelas falas e pregações de madrugada para serem ouvidos dos seus.

DO MODO QUE TÊM EM SE VESTIR

Todos andam nus assim homens como mulheres, e não têm gênero nenhum de vestido e por nenhum caso *verecundant*,[13] antes parece que estão no estado de inocência nesta parte, pela grande honestidade e modéstia que entre si guardam, e quando algum homem fala com mulher vira-lhe as costas. Porém, para saírem galantes, usam de várias invenções, tingindo seus corpos com certo sumo de

Mais à frente, em capítulo próprio intitulado de "As Casas", o Pe. Fernão Cardim descreve estes locais, que eram grandes habitações onde viviam cerca de duzentas e mais pessoas.

13. Expressão latina que significa "envergonham-se".

TRATADOS DA TERRA E GENTE DO BRASIL

uma árvore[14] com que ficam pretos, dando muitos riscos pelo corpo, braços etc., a modo de imperiais.

Também se empenam, fazendo diademas e braceletes, e outras invenções muito lustrosas, e fazem muito
5 caso de todo o gênero de penas finas. Não deixam criar cabelo nas partes de seu corpo, porque todos os arrancam, somente os da cabeça deixam, os quais tosquiam de muitas maneiras, porque uns o trazem comprido com uma meia lua rapada por diante, que dizem tomaram este
10 modo de S. Tomé,[15] e parece que tiveram dele alguma notícia, ainda que confusa. Outros fazem certo gênero de coroas e círculos que parecem frades: as mulheres têm cabelos compridos e de ordinário pretos, e de uns e outros é o cabelo corredio; quando andam anojados deixam
15 crescer o cabelo, e as mulheres quando andam de dó, cortam os cabelos, e também quando os maridos vão longe, e

14. Os ameríndios utilizavam usualmente o sumo de algumas plantas que proporcionavam tintas, como o *jenipapo*, inicialmente azul escuro mas que enegrecia com a oxidação. Antes de pintarem os corpos os índios depilavam todo o corpo, utilizando uma pedra muito afiada que parecia uma navalha, ou as unhas. Depois do contato com os Europeus passaram a utilizar uma pinça.

15. Este termo tupi *Maire-Monan, Mair-Zumane, Sumé* ou *Pai Zomé* é um dos mitos históricos americanos, sendo este uma entidade mitológica, um herói, "grande pajé e caraíba", que ensinou aos indígenas o cultivo da terra, a agricultura de coivara e que instituiu a organização social. Mais tarde, os missionários alteraram este termo para *Tomé*, a fim de identificar esta personalidade mítica com o apóstolo São Tomé, que teria atingido o Novo Mundo para divulgar a mensagem cristã. Segundo algumas interpretações, Monan, Maíra e Sumé representavam a mesma personagem. Cf. Alfred Métraux, *op. cit.*, p. 15 e Jorge Couto, *op. cit.*, p. 110.

DO PRINCÍPIO E ORIGEM DOS ÍNDIOS

nisto mostram terem-lhe amor e guardarem-lhe lealdade; é tanta a variedade que têm em se tosquiarem, que pela cabeça se conhecem as nações.

Agora já andam alguns vestidos, assim homens como mulheres, mas estimam-no tão pouco que o não trazem 5 por honestidade, mas por cerimônia, e porque lho mandam trazer, como se vê bem, pois alguns saem de quando em quando com umas jornes[16] que lhes dão pelo umbigo sem mais nada, e outros somente com uma carapuça na cabeça, e o mais vestido deixam em casa: as mulheres 10 fazem muito caso de fitas e pentes.

DAS CASAS

Usam estes índios de umas *ocas* ou casas de madeira cobertas de folha, e são de comprimento algumas de duzentos e trezentos palmos, e têm duas e três portas muito pequenas e baixas; mostram sua valentia em buscarem 15 madeira e esteios muito grossos e de dura, e há casa que tem cinquenta, sessenta ou setenta lanços de 25 ou 30 palmos de comprimento e outros tantos de largo.

16. A *jórnea* ou *jorne* (fr. *journade*) era um tipo de pelote da primeira metade do século XV, que se usava solta e ampla. Aparentemente a jórnea era uma veste própria para caçadas e viagens ou servia para a gente de inferior condição. Cf. A.H. de Oliveira Marques, *A Sociedade Medieval Portuguesa*, 2ª ed., Lisboa, Liv. Sá da Costa Ed., 1971, pp. 23–62.

TRATADOS DA TERRA E GENTE DO BRASIL

Nesta casa mora um principal,[17] ou mais, a que todos obedecem, e são de ordinário parentes; e em cada lanço destes pousa um casal com seus filhos e família, sem haver repartimento entre uns e outros, e entrar em uma destas
5 casas é ver um labirinto, porque cada lanço tem seu fogo e suas redes armadas, e alfaias, de modo que entrando nela se vê tudo quanto tem, e casa há que tem duzentas e mais pessoas.

DA CRIAÇÃO DOS FILHOS[*]

As mulheres parindo, e parem no chão, não levantam a
10 criança, mas levanta-a o pai, ou alguma pessoa que tomam por seu compadre, e na amizade ficam como os compadres

17. O *Principal* a que o Pe. Fernão Cardim alude ao longo deste texto por diversas vezes, parece ser um dos membros do grupo tribal que detinha mais poderes dentro da aldeia e cuja principal missão seria a de orientar a vida comunitária e em período de guerra dirigir os homens, os quais lhe obedeciam por respeito, mais do que pela força. A generalidade dos grupos ameríndios da floresta tropical, incluindo os Tupi-Guarani, adotou como forma de organização política predominante o grupo local (correspondente a uma taba), que se situava numa posição intermédia entre a menor unidade vicinal (a oca) e o agrupamento territorial mais abrangente (o grupo tribal). Cf. Florestan Fernandes, *A Organização Social dos Tupinambás*, 2ª ed., São Paulo/Brasília, 1989, p. 55, cit. in Jorge Couto, *op. cit.*, pp. 95–97.

*. Tema que interessou muito o autor que o aborda várias vezes ao longo dos seus textos, o que é natural já que na Europa Quinhentista a criança era criada à margem dos pais, usualmente por amas, que as amamentavam, não existindo laços afetivos entre as mães e os recém-nascidos, e mesmo mais tarde na medida em que as crianças viviam no "mundo dos adultos" até ao Século das Luzes. Cf. *História da Vida Privada*, trad. port., dir. Philippe Ariès, Lisboa, Ed. Afrontamento, 1990.

DO PRINCÍPIO E ORIGEM DOS ÍNDIOS

entre os Cristãos; o pai lhe corta a vide com os dentes, ou com duas pedras, dando com uma na outra, e logo se põe a jejuar até que lhe cai o umbigo, que é de ordinário até os oito dias, e até que não lhe caia não deixam o jejum, e em lhe caindo, se é macho lhe faz um arco com flechas, e lho ata no punho de rede, e no outro punho muitos molhos de ervas, que são os contrários que seu filho há de matar e comer, e acabadas estas cerimônias fazem vinhos com que alegram todos.[18] As mulheres quando parem logo se vão lavar aos rios, e dão de mamar à criança de ordinário ano e meio, sem lhe darem de comer outra cousa; amam os filhos extraordinariamente, e trazem-nos metidos nuns pedaços de redes que chamam *typoya*[19] e os levam às roças

18. Os ritos de gestação e de nascimento eram muito considerados pelas sociedades ameríndias. Assim, os ritos de gestação impunham um longo período de proibição de relações sexuais com a mulher desde o momento em que era detectada a gravidez até que a criança andasse. A *couvade* era uma complexa instituição que implicava a rigorosa observância de um período de resguardo e abstinência por parte do pai, quando se tratava de um recém-nascido do sexo masculino, a execução, por parte do progenitor, de vários atos de significado mágico, competindo-lhe ainda dar ao filho o nome de um antepassado. Tratando-se de uma menina, o progenitor era substituído nesta função pela mulher ou por uma irmã desta. Cf. Florestan Fernandes, *op. cit.*, pp. 145–152, cit. in Jorge Couto, *op. cit.*, p. 94.

19. *Typoia, tipoia* ou *tupya*: originariamente este termo tupi, que ocorre a primeira vez num texto português com Cardim, significava uma espécie de rede que as índias utilizavam para transportar às costas os seus filhos. Mais tarde, passou a designar um vestido sem mangas utilizado pelas índias já catequizadas, particularmente nas cerimônias religiosas; uma rede de dormir, ou ainda uma pequena rede onde se faziam transportar homens ou mulheres, uma espécie de palanquim.

TRATADOS DA TERRA E GENTE DO BRASIL

e a todo o gênero de serviço, às costas, por frios e calmas, e trazem-nos como ciganas escanchados no quadril, e não lhes dão nenhum gênero de castigo. Para lhes não chamarem os filhos[20] têm muitos agouros, porque lhe
5 põem algodão sobre a cabeça, penas de pássaros e paus, deitam-nos sobre as palmas das mãos, e roçam-nos por elas para que cresçam. Estimam mais fazerem bem aos filhos que a si próprios, e agora estimam muito e amam os padres, porque lhos criam e ensinam a ler, escrever e
10 contar, cantar e tanger, cousas que eles muito estimam.

DO COSTUME QUE TÊM EM
AGASALHAR OS HÓSPEDES[*]

Entrando-lhe algum hóspede pela casa a honra que lhe fazem é chorarem-no: entrando, pois, logo o hóspede na casa o assentam na rede, e depois de assentado, sem lhe falarem, a mulher e filhas e mais amigas se assentam
15 ao redor, com os cabelos baixos, tocando com a mão na mesma pessoa, e começam a chorar em altas vozes, com

20. No manuscrito inglês publicado por Samuel Purchas aparece a expressão: "Para que os seus filhos não chorem...". Tradução da autora.

*. Fernão Cardim descreve o hábito da saudação lacrimosa praticada pelos índios quando recebiam algum hóspede e que é descrita pela grande maioria dos cronistas e viajantes que com eles entraram em contato. Jean de Léry apresenta mesmo na sua obra *Viagem à Terra do Brasil* algumas gravuras que coincidem com a descrição cardiniana. Estas saudações lacrimosas eram também praticadas durante os rituais funerários. Cf. Alfred Métraux, *La Religion des Tupinambá*, Paris, Leroux, 1928, pp. 180–188.

DO PRINCÍPIO E ORIGEM DOS ÍNDIOS

grande abundância de lágrimas, e ali contam em prosas trovadas quantas cousas têm acontecido desde que se não viram até aquela hora, e outras muitas que imaginam, e trabalhos que o hóspede padeceu pelo caminho, e tudo o mais que pode provocar a lástima e choro. O hóspede neste tempo não fala palavra, mas depois de chorarem por bom espaço de tempo limpam as lágrimas, e ficam tão quietas, modestas, serenas e alegres que parece nunca choraram, e logo se saúdam, e dão o seu *Ereiupe*,[21] e lhe trazem de comer etc.; e depois destas cerimônias contam os hóspedes ao que vêm. Também os homens se choram uns aos outros, mas é em casos alguns graves, como mortes, desastres de guerras etc.; têm por grande honra agasalharem a todos e darem-lhe todo o necessário para sua sustentação, e algumas peças, como arcos, flechas, pássaros, penas e outras cousas, conforme a sua pobreza, sem algum gênero de estipêndio.

21. A expressão tupi *Ereiupe*, que o Pe. Fernão Cardim, tal como a maioria dos cronistas que deram conhecimento dos hábitos dos índios do Brasil, apresenta várias vezes ao longo dos seus textos, significa "Vieste?", que se decompõe em *erê* = "tu" + *júr* = do verbo *aju* = "vieste" + *pe* = partícula interrogativa que forma a dicção "Tu vieste?". Era a forma de saudação dos povos Tupis.

DO COSTUME QUE TÊM EM BEBER FUMO

Costumam estes gentios beber fumo de *petigma*,[22] por outro nome erva santa; esta secam e fazem de uma folha de palma uma *canguera*,[23] que fica como canudo de cana cheio desta erva, e pondo-lhe o fogo na ponta metem o
5 mais grosso na boca, e assim estão chupando e bebendo aquele fumo, e o têm por grande mimo e regalo, e deitados em suas redes gastam em tomar estas fumaças parte dos dias e das noites. A alguns faz muito mal, e os atordoa e embebeda; a outros faz bem e lhes faz deitar muitas
10 reimas pela boca. As mulheres também o bebem, mas são as velhas e enfermas, porque é ele muito medicinal, principalmente para os doentes de asma, cabeça ou estômago, e daqui vem grande parte dos portugueses beberem este fumo, e o têm por vício, ou por preguiça, e imitando os
15 índios gastam nisso dias e noites.

DO MODO QUE TÊM EM FAZER SUAS ROÇARIAS E COMO PAGAM UNS AOS OUTROS

Esta nação não tem dinheiro com que possam satisfazer aos serviços que lhes fazem, mas vivem *comutatione rerum*[24] e principalmente a troco de vinho fazem quanto

---

22. *Petigma, petume, apty, petym, betum* ou *petum* são as várias designações tupis para o tabaco, o fumo, considerado como uma erva santa. Vide nota supra no *Tratado do Clima e Terra do Brasil...*, cap. XI, "Das ervas que servem para mezinhas".
23. *Idem, ibidem.*
24. Expressão latina que significa "da troca das coisas".

DO PRINCÍPIO E ORIGEM DOS ÍNDIOS

querem, assim quando hão-de fazer algumas cousas, fazem vinho e avisando os vizinhos, e apelidando toda a povoação lhes rogam os queiram ajudar em suas roças, o que fazem de boa vontade, e trabalhando até as 10 horas tornam para suas casas a beber os vinhos, e se aquele dia 5 se não acabam as roçarias, fazem outros vinhos e vão outro dia até as 10 horas acabar esse serviço; e deste modo usam os brancos prudentes, e que sabem a arte e maneira dos índios, e quanto fazem por vinho, por onde lhes mandam fazer vinhos, e os chamam às suas roças e canaviais, 10 e com isto lhes pagam.

Também usam por ordinário, por troco de algumas cousas, de contas brancas que se fazem de búzios, e a troco de alguns ramais dão até as mulheres, e este é o resgate ordinário de que usam os brancos para lhes comprarem 15 os escravos e escravas que têm para comer.

DAS JOIAS E METARAS

Usam estes índios ordinariamente, principalmente nas festas que fazem, de colares de búzios, de diademas de penas e de umas *metaras*,[25] pedras que metem no beiço de

---

25. *Metaras* eram as pedras que os índios colocavam nos lábios como adorno. Utilizavam a resina de jatobá ou a madeira de gameleiras como a ubiragara, a apeíba e a embaúba na confecção de adornos, nomeadamente do *botoque*, que era uma rodela de madeira introduzida nos furos artificiais dos lóbulos da orelha ou no lábio inferior. Fabricavam ainda adornos com resina, osso, e sobretudo com pedras coloridas, como o quartzo, de preferência verde, com os quais produziam o *tembetá*, "pedra do beiço", que era um adorno labial em forma

TRATADOS DA TERRA E GENTE DO BRASIL

baixo, verdes, brancas, azuis, muitas finas e que parecem
esmeraldas ou cristal, são redondas e algumas tão compridas que lhe dão pelos peitos, e ordinário é em os grandes
principais terem um palmo e mais de comprimento. Tam-
5 bém usam de manilhas brancas dos mesmos búzios, e nas
orelhas metem umas pedras brancas de comprimento de
um palmo e mais, e estes outros semelhantes são os ar-
reios com que se vestem em suas festas, quer sejam em
matanças dos contrários, quer de vinhos, e estas são as
10 riquezas que mais estimam que quanto têm.

DO TRATAMENTO QUE FAZEM ÀS
MULHERES E COMO AS ESCUDEIRAM

Costumam estes índios tratar bem às mulheres, nem
lhes dão nunca, nem pelejam com elas, tirando em tempo
de vinhos, porque então de ordinário se vingam delas,
dando por desculpa depois o vinho que beberam e logo
15 ficam amigos como dantes, e não duram muito os ódios
entre eles, sempre andam juntos e quando vão fora a
mulher vai detrás e o marido diante para que se acontecer
alguma cilada não caia a mulher nela, e tenha tempo
para fugir enquanto o marido peleja com o contrário etc.,
20 mas à tornada da roça ou qualquer outra parte vem a
mulher diante, e o marido detrás, porque como tenha já

de T, usado exclusivamente pelos homens. O termo tupi ocorre pela
primeira vez num texto português com Cardim e significa "adorno",
"enfeite", o que condiz com a descrição cardiniana. Cf. André Prous,
Arqueologia Brasileira, Brasília, 1992, p. 244, cit. in Jorge Couto, *op.
cit.*, p. 88.

DO PRINCÍPIO E ORIGEM DOS ÍNDIOS

tudo seguro, se acontecer algum desastre possa a mulher
que vai diante fugir para casa, e o marido ficar com os
contrários, ou qualquer outra cousa. Porém, em terra
segura ou dentro na povoação sempre a mulher vai diante,
e o marido detrás, porque são ciosos e querem sempre ver   5
a mulher.

DOS SEUS BAILOS E CANTOS

Ainda que são melancólicos, têm seus jogos, principalmente os meninos, muito vários e graciosos, em os quais
arremedam muitos gêneros de pássaros, e com tanta festa
e ordem que não há mais que pedir, e os meninos são   10
alegres e dados a folgar e folgam com muita quietação e
amizade, que entre eles não se ouvem nomes ruins, nem
pulhas, nem chamarem nomes aos pais e mães, e raramente quando jogam se desconcertam, nem desavêm por
causa alguma, e raramente dão uns nos outros, nem pele-   15
jam; de pequeninos os ensinam os pais a bailar e cantar
e os seus bailos não são diferenças de mudança, mas é
um contínuo bater de pés estando quedos, ou andando ao
redor e meneando o corpo e a cabeça, e tudo fazem por
tal compasso, com tanta serenidade, ao som de um casca-   20
vel feito ao modo dos que usam os meninos em Espanha,
com muitas pedrinhas dentro ou umas certas sementes
de que também fazem muito boas contas, e assim bailam
cantando juntamente, porque não fazem uma cousa sem
a outra, e têm tal compasso e ordem, que às vezes cem   25
homens bailando e cantando em carreira, enfiando uns

TRATADOS DA TERRA E GENTE DO BRASIL

detrás dos outros, acabam todos juntamente uma pancada, como se estivessem todos em um lugar; são muito estimados entre eles os cantores, assim homens como mulheres, em tanto que se tomam um contrário bom cantor e inventor de trovas, por isso lhe dão a vida e não no comem nem aos filhos. As mulheres bailam juntamente com os homens, e fazem com os braços e corpo grandes gatimanhas e momos, principalmente quando bailam sós. Guardam entre si diferenças das vozes em sua consonância, e de ordinário as mulheres levam os tiples, contraltos e tenores.

DOS SEUS ENTERRAMENTOS [*]

São muito maviosos e principalmente em chorar os mortos, e logo como algum morre os parentes se lançam sobre ele na rede e tão depressa que às vezes os afogam antes de morrer, parecendo-lhes que está morto, e os que se não podem deitar com o morto na rede se deitam no chão dando grandes baques, que parece milagre não acabarem com o mesmo morto, e destes baques e choros ficam tão cortados que às vezes morrem. Quando choram dizem

---

[*]. As comunidades ameríndias preocupavam-se com os ritos funerários, que se destinavam, por um lado, a auxiliar o espírito do morto a alcançar o Guajupiá, que era um paraíso situado para além das montanhas, onde cresciam bosques de sapucaia, aí se encontrando com os espíritos dos seus antepassados, no meio de grande abundância, divertindo-se incessantemente, e, por outro lado, a proteger a comunidade do seu espectro, uma vez que o morto era considerado como um inimigo. Cf. Florestan Fernandes, *op. cit.*, pp. 161–163, cit. in Jorge Couto, *op. cit.*, pp. 112–113.

DO PRINCÍPIO E ORIGEM DOS ÍNDIOS

muitas lástimas e mágoas, e se morre a primeira noite, toda ela em peso choram em alta voz, que é espanto não cansarem.

Para estas mortes e choros chamam os vizinhos e parentes, e se é principal, ajunta-se toda a aldeia a chorar, e nisto têm também seus pontos de honra, e aos que não choram lançam pragas, dizendo que não hão-de ser chorados: depois de morto o lavam, e pintam muito galante, como pintam os contrários, e depois o cobrem de fio de algodão que não lhe parece nada, e lhe metem uma *cuya*[26] no rosto, e assentando o metem em um pote que para isso têm debaixo da terra, e o cobrem de terra, fazendo-lhe uma casa, aonde todos os dias lhe levam de comer, porque dizem que como cansa de bailar, vem ali comer, e assim os vão chorar por algum tempo todos os dias seus parentes, e com ele metem todas as suas joias e *metaras*, para que as não veja ninguém, nem se lastime; mas o defunto tinha alguma peça, como espada etc., que lhe haviam dado, torna a ficar do que lha deu, e a torna onde quer que a ache, porque dizem que como um morre perde todo o direito do que lhe tinham dado.

Depois de enterrado o defunto os parentes estão em contínuo pranto de noite e de dia, começando uns, e acabando outros; não comem senão de noite, armam as redes junto dos telhados, e as mulheres ao segundo dia cortam os cabelos, e dura este pranto toda uma lua, a qual acabada

---

26. Vide nota supra, *cuia*.

TRATADOS DA TERRA E GENTE DO BRASIL

fazem grandes vinhos para tirarem o dó, e os machos se tosquiam, e as mulheres se enfeitam tingindo-se de preto, e estas cerimônias e outras acabadas, começam a comunicar uns com os outros, assim homens como as mulheres; depois de lhes morrerem seus companheiros, algumas vezes, não tornam a casar, nem entram em festas de vinhos, nem se tingem de preto, porém isto é raro entre eles, por serem muito dados a mulheres, e não podem viver sem elas.

DAS FERRAMENTAS DE QUE USAM

Antes de terem conhecimento dos portugueses usavam de ferramentas e instrumentos de pedra, osso, pau, canas, dentes de animal etc., e com estes derrubavam grandes matos com cunhas de pedra, ajudando-se do fogo;[27]

27. Os grupos tribais da floresta tropical praticavam a horticultura de raízes ou *agricultura de coivara*, "ramos secos que ficavam nas terras depois de roçadas", complexo cultural caracterizado pela utilização dos meios vegetativos de reprodução, ou seja, pelo cultivo através de mudas e não por semeadura. Até porque, atendendo à fraca potencialidade agrícola da maioria das regiões tropicais úmidas, geralmente pouco férteis e com elevado teor de alumínio, a par da falta de fertilizantes de origem animal, as populações tiveram que desenvolver um modelo agrícola adaptado às características ecológicas do seu *habitat* e baseado na exploração temporária de uma parcela da mata. Cf. Jorge Couto, *op. cit.*, pp. 65–70. O termo tupi *coivara* ocorre pela primeira vez num texto português em 1607, com o Pe. Jerónimo Rodrigues, na *Relação. Missão dos Carijós. Relação do P. Jerónimo Rodrigues*, pub. por Serafim Leite, in *Novas Cartas Jesuíticas*, 1940, pp. 196–246, em que escreve: "E como as árvores são pequenas e pau mole, facilmente fazem sua roça, a qual, acabante de a queimarem, logo plantam, sem fazerem coibara nem fazerem covas para a mandiba...".

DO PRINCÍPIO E ORIGEM DOS ÍNDIOS

assim mesmo cavavam a terra com paus agudos e faziam suas *metaras*, contas de búzios, arcos e flechas tão bem feitos como agora fazem, tendo instrumentos de ferro, porém gastavam muito tempo a fazer qualquer cousa, pelo que estimam muito o ferro pela facilidade que sentem em 5 fazer suas cousas com ele, e esta é a razão por que folgam com a comunicação dos brancos.

DAS ARMAS DE QUE USAM

As armas deste gentio o ordinário são arcos e flechas e deles se honram muito, e os que fazem de boas madeiras, e muito galantes, tecidos com palma de várias cores, 10 e lhes tingem as cordas de verde ou vermelho, e as flechas fazem muito galantes, buscando para elas as mais formosas penas que acham; fazem estas flechas de várias canas, e na ponta lhes metem dentes de animais ou umas certas canas muito duras e cruéis, ou uns paus agudos com 15 muitas farpas, e às vezes as ervas com peçonha.

Estas flechas ao parecer, parece cousa de zombaria, porém é arma cruel; passam umas couraças de algodão, e dando em qualquer pau o abrem pelo meio, e acontece passarem um homem de parte a parte, e ir pregar no 20 chão; exercitam-se de muito pequenos nestas armas, e são grandes frecheiros e tão certeiros que lhes não escapa passarinho por pequeno que seja, nem bicho do mato, e não tem mais que quererem meter uma flecha por um olho de um pássaro, ou de um homem, ou darem em qualquer 25 outra cousa, por pequena que seja, que o não façam muito

TRATADOS DA TERRA E GENTE DO BRASIL

ao seu alvo, e por isso são muito temidos, e tão intrépidos e ferozes que mete espanto. São como bichos do mato, porque entram pelo sertão a caçar despidos e descalços sem medo nem temor algum.

5 Veem sobre maneira, porque à légua enxergam qualquer cousa, e da mesma maneira ouvem; atinam muito; regendo-se pelo sol, vão a todas as partes que querem, duzentas e trezentas léguas, por matos espessos sem errar ponto, andam muito, e sempre, de galope, e principal-
10 mente com cargas, nenhum a cavalo os pode alcançar; são grandes pescadores e nadadores, nem temem mar, nem ondas, e aturam um dia e noite nadando, e o mesmo fazem remando e às vezes sem comer.

Também usam por armas de espadas de pau, e os cabos
15 delas tecem de palma de várias cores e os empenam com penas de várias cores, principalmente em suas festas e matanças: estas espadas são cruéis, porque não dão ferida, mas pisam e quebram a cabeça a um homem sem haver remédio de cura.

DO MODO QUE ESTE GENTIO TEM ACERCA DE MATAR E COMER CARNE HUMANA

20 De todas as honras e gostos da vida, nenhum é tamanho para este gentio como matar e tomar nomes nas cabeças de seus contrários,[28] nem entre eles há festas que cheguem às que fazem na morte dos que matam com grandes

---

28. A antropofagia, ou seja, o hábito de comer carne humana sob várias modalidades, verificou-se em quase todos os povos amerín-

DO PRINCÍPIO E ORIGEM DOS ÍNDIOS

cerimônias, as quais fazem desta maneira. Os que tomados na guerra vivos são destinados a matar, vêm logo de lá com um sinal, que é uma cordinha delgada ao pescoço, e se é homem que pode fazer fugir traz uma mão atada ao pescoço debaixo da barba, e antes de entrar nas povoações que há pelo caminho os enfeitam, depenando-lhes as pestanas e sobrancelhas e barbas, tosquiando-os ao seu modo, e empenando-os com penas amarelas tão bem assentadas que lhes não aparece cabelo: as quais os fazem

5

dios, com maior destaque entre os Tupis, designadamente Potiguares, Caetés, Tupinambás, Tupiniquins e Tamoios. Os ritos antropofágicos, que eram centrais na cultura tupi, obedeciam a regras comuns à generalidade dos grupos tribais do litoral. Revestia-se de caráter exclusivamente ritual, ainda que seja encarada de outras formas pela historiografia mais recente. As notícias fornecidas pelos textos quinhentistas e seiscentistas relatam a importância na organização social indígena, como sendo um fator indispensável aos ritos de nominação e iniciação. As sociedades indígenas eram estruturadas em função da guerra, os grupos tribais desenvolveram, por isso, uma escala de estratificação social em que o valor e importância baseavam-se fundamentalmente na capacidade de perseguir e matar o maior número de inimigos. Mesmo para aquele que morria e que era comido, era uma honra perecer como um guerreiro, era uma passagem para o Além de uma forma gloriosa, preferível à morte por doença, à morte natural. Veja-se a "Introdução" a esta obra. Cf. Eduardo Viveiros de Castro, *Araweté. Os Deuses Cunibais*, Rio de Janeiro, 1986, pp. 42–44; Florestan Fernandes, *A Função Social da Guerra na Sociedade Tupinambá*, pp. 316–349; Alfred Métraux, *op. cit*, pp. 114–147 e Mário Maestri, "Considerações sobre a Antropofagia Cerimonial e Alimentar Tupinambá", in *Anais da X Reunião da Sociedade Brasileira de Pesquisa Histórica*, (Curitiba), X (1991), p. 118 e ainda do mesmo autor, *A Terra dos Males sem Fim. A Agonia Tupinambá no Litoral Brasileiro, Século XVI*, Porto Alegre-Bruxelas, 1190–1991, pp. 44–55 e Jorge Couto, *op. cit.*, pp. 101–109.

TRATADOS DA TERRA E GENTE DO BRASIL

tão lustrosos como aos Espanhóis os seus vestidos ricos, e assim vão mostrando sua vitória por onde quer que passam. Chegando à sua terra, o saem a receber as mulheres gritando e juntamente dando palmadas na boca, que é re-
5 cebimento comum entre eles, e sem mais outra vexação ou prisão, salvo que lhes tecem no pescoço um colar redondo como corda de boa grossura, tão dura como pau, e neste colar começam de urdir grande número de braças de corda de comprimento de cabelos de mulher, arrema-
10 tada em cima com certa volta, e solta em baixo, e assim vai toda de orelha a orelha por detrás das costas e ficam com esta coleira uma horrenda cousa; e se é fronteiro e pode fugir, lhe põem em lugar de grilhões por baixo dos giolhos uma pea de fio de tecido muito apertada, a qual
15 para qualquer faca fica fraca, se não fossem as guardas que nenhum momento se apartam dele, quer vá pelas casas, quer para o mato, ou ande pelo terreiro, que para tudo tem liberdade, e comumente a guarda é uma que lhe dão por mulher, e também para lhe fazer de comer, o qual
20 se seus senhores lhe não dão de comer, como é costume, toma um arco e flecha e atira à primeira galinha ou pato que vê, de quem quer que seja, e ninguém lhe vai à mão, e assim vai engordando, sem por isso perder o sono, nem o rir e folgar como os outros, e alguns andam tão conten-
25 tes com haverem de ser comidos, que por nenhuma via consentiram ser resgatados para servir, porque dizem que é triste cousa de morrer, e ser fedorento e comido de bichos. Estas mulheres são comumente nesta guarda fiéis,

DO PRINCÍPIO E ORIGEM DOS ÍNDIOS

porque lhes fica em honra, e por isso são muitas vezes moças e filhas de príncipe, *maxime* se seus irmãos hão-de ser os matadores, porque as que não têm estas obrigações muitas vezes se afeiçoam a eles de maneira que somente lhes dão azo para fugirem, mas também se vão com eles; nem elas correm menos riscos se as tornam que de levarem umas poucas de pancadas, e às vezes são comidas dos mesmos a quem deram a vida.

Determinado o tempo que há de morrer, começam as mulheres a fazer louça, a saber: panelas, alguidares, potes para os vinhos, tão grandes que cada um levará uma pipa; isto prestes, assim os principais como os outros mandam seus mensageiros a convidar outros de diversas partes para tal lua, até dez, doze léguas e mais, para o qual ninguém se escusa. Os hóspedes vêm em magotes com mulheres e filhos, e todos entram no lugar com danças e bailos, e em todo o tempo em que se junta a gente, há vinho para os hóspedes, porque sem ele todo o mais agasalhado não presta; a gente junta, começam as festas alguns dias antes, conforme ao número, e certas cerimônias que precedem, e cada uma gasta um dia.

Primeiramente têm eles para isto umas cordas de algodão de arrazoada grossura, não torcidas, se não tecidas de um certo lavor galante; é cousa entre eles de muito preço, e não nas têm senão alguns principais, e segundo elas são primas, bem feitas, e eles vagarosos, é de crer que nem um ano se fazem: estas estão sempre muito guardadas, e levam-se ao terreiro com grande festa e alvoroço dentro

TRATADOS DA TERRA E GENTE DO BRASIL

de uns alguidares, onde lhes dá um mestre disto dois nós, por dentro dos quais com força corre uma das pontas de maneira que lhes fica bem no meio um laço; estes nós são galantes e artificiosos, que poucos se acham que os sai-
5 bam fazer, porque têm algumas dez voltas e cinco vão por cima das outras cinco, como se um atravessasse os dedos da mão direita por cima dos da esquerda, e depois atin-gem com um polme de um barro como cal e deixam-nas enxugar.

10 O segundo dia trazem muito feixes de canas bravas de comprimento de lanças e mais, e à noite põem-nos em roda em pé, com as pontas para cima, encostados uns aos outros, e pondo-lhes ao fogo se faz uma formosura e alta fogueira, ao redor da qual andam bailando homens
15 e mulheres com maços de flechas ao ombro, mas andam muito depressa, porque o morto que há-de ser, que os vê melhor do que é visto por causa do fogo, atira com quanto acha, e quem leva, leva, e como são muitos, poucas vezes erra.

20 Ao terceiro dia fazem uma dança de homens e mu-lheres, todos com gaitas de canas e batem todos à uma no chão ora com um pé, ora com outro, sem discreparem, juntamente e ao mesmo compasso assopram os canudos, e não há outro cantar nem falar, e como são muitos e as
25 canas umas mais grossas, outras menos, além de atroa-rem os matos, fazem uma harmonia que parece música do inferno, mas eles aturam nelas como se fossem as mais

DO PRINCÍPIO E ORIGEM DOS ÍNDIOS

suaves do mundo; e estas são suas festas, afora outras que entremetem com muitas graças e adivinhações.

Ao quarto dia, em rompendo a alva, levam o contrário a lavar a um rio, e vão-se detendo para que, quando tornarem, seja já dia claro, e entrando pela aldeia, o preso vai já com olho sobre o ombro, porque não sabe de que casa ou porta lhe há-de sair um valente que o há-de ferrar por detrás, porque, como toda sua bem-aventurança consiste em morrer como valente, e a cerimônia que se segue é já das mais propínquas à morte, assim como o que há-de aferrar mostra suas forças em só ele o subjugar sem ajuda de outrem, assim ele quer mostrar ânimo e forças em lhe resistir; e às vezes o faz de maneira que, afastando-se o primeiro como cansado em luta, lhe sucede outro que se tem por mais valente homem, os quais às vezes ficam bem enxovalhados, e mais o ficariam, se já a este tempo o cativo não tivesse a pea ou grilhões. Acabada esta luta ele em pé, bufando de birra e cansaço com o outro que o tem aferrado, sai com coro de ninfas que trazem um grande alguidar novo pintado, e nele as cordas enroladas e bem alvas, e posto este presente aos pés do cativo, começa uma velha como versada e mestra do coro a entoar uma cantiga que as outras ajudam, cuja letra é conforme a cerimônia, enquanto elas cantam os homens tomam as cordas, e metido o laço no pescoço lhe dão um nó simples junto dos outros grandes, para que se não possa mais alargar, e feita de cada ponta uma roda de dobras as metem no braço à mulher que sempre anda detrás dele com este peso e se

TRATADOS DA TERRA E GENTE DO BRASIL

o peso é muito pelas cordas serem grossas e compridas, dão-lhe outra que traga uma das rodas, e se ele dantes era temeroso com a coleira, mais o fica com aqueles dois nós tão grandes no pescoço da banda detrás, e por isso diz um
5 dos pés de cantiga: *nós somos aquelas que fazemos estirar o pescoço ao pássaro*, posto que depois de outras cerimônias lhe dizem noutro pé: *Si tu foras papagaio, voando nos fugiras.*

A este tempo estão os potes de vinho postos em car-
10 reira pelo meio de uma casa grande, e como a casa não tem repartimentos, ainda que seja de 20 ou 30 braças de comprido, está atulhada de gente, e tanto que começam a beber é um lavarinto ou inferno vê-los e ouvi-los, porque os que bailam e cantam aturam com grandíssimo fervor
15 quantos dias e noites os vinhos duram: porque, como esta é a própria festa das matanças, há no beber dos vinhos muitas particularidades que duram muito, e a cada passo urinam, e assim aturam sempre, e de noite e dia cantam e bailam, bebem e falam cantando em magotes por toda
20 a casa, de guerras e sortes que fizeram, e como cada um quer que lhe ouçam a sua história, todos falam a quem mais alto, afora outros estrondos, sem nunca se calarem, nem por espaço de um quarto de hora.

Aquela manhã que começam a beber enfeitam o cativo
25 por um modo particular que para isso têm a saber: depois de limpo o rosto, e quanta penugem nele há, o untam com um leite de certa árvore que pega muito, e sobre ele põem um certo pó de umas cascas de ovo verde de

DO PRINCÍPIO E ORIGEM DOS ÍNDIOS

certa ave do mato, e sobre isto o pintam de preto com pinturas galantes, e untando também o corpo até a ponta do pé o enchem todo de pena, que para isto têm já picada e tinta de vermelho, a qual o faz parecer a metade mais grosso, e a cousa do rosto o faz parecer tanto maior e luzente, e os olhos mais pequenos, que fica uma horrenda visão, e da mesma maneira que eles têm pintado o rosto, o está também a espada, a qual é de pau ao modo de uma palmatória, senão que a cabeça não é tão redonda, mas quase triangular, e as bordas acabam quase em gume, e haste, que será de 7 ou 8 palmos, não é tão roliça, terá junto da cabeça 4 dedos de largura e vem cada vez estreitando até o cabo, onde tem uns pendentes ou campainhas de pena de diversas cores, é cousa galante e de preço entre eles, eles lhe chamam *Ingapenambin*,[29] orelhas da espada.

O derradeiro dia dos vinhos fazem no meio do terreiro uma choça de palmas ou tantas quantos são os que hão de morrer, e naquela se agasalha, e sem nunca mais entrar em casa, e em todo o dia e noite é bem servido de festas mais que de comer, porque lhe dão outro conduto senão uma fruta que tem sabor de nozes, para que ao outro dia não tenha muito sangue.

29. *Ingapenambin* é uma espada de pau. O termo tupi é formado de *ingape* = "espada de pau" + *nambi* = "orelha", daí a expressão de Cardim para designar esta arma "orelhas da espada", que é onde ocorre pela primeira vez este termo tupi.

TRATADOS DA TERRA E GENTE DO BRASIL

Ao quinto dia pela manhã, ali às sete horas pouco mais ou menos, a companheira o deixa, e se vai para casa muito saudosa e dizendo por despedida algumas lástimas pelo menos fingidas; então lhe tiram a peia e lhe passam as
5 cordas do pescoço à cinta, e posto em pé à porta do que o há-de matar, sai o matador em uma dança, feito alvo como uma pomba com barro branco, e uma a que chamam capa de pena, que se ata pelos peitos, e ficam-lhe as abas para cima como asas de Anjo, e nesta dança dá uma volta pelo
10 terreiro e vem fazendo uns esgares estranhos com olhos e corpo, e com as mãos arremeda o minhoto que desce à carne, e com estas diabruras chega ao triste, o qual tem as cordas estiradas para as ilhargas e de cada parte um que o tem, e o cativo, se acha com que atirar, o faz de boa
15 vontade, e muitas vezes lhe dão com o que, porque lhe saem muito valentes, e tão ligeiros em furtar o corpo que os não pode acertar.

Acabado isto, vem um honrado, padrinho do novo cavaleiro que há-de ser, e tomada a espada lha passa muitas
20 vezes por entre as pernas, metendo-a ora por uma parte, ora por outra, da própria maneira que os cachorrinhos dos sanfonineiros, lhe passam por entre as pernas, e depois tomando-a pelo meio com ambas as mãos aponta com uma estocada aos olhos do morto, e isto feito lhe vira
25 a cabeça para cima da maneira que dela hão-de usar, e a mete nas mãos do matador, já como apta e idônea com aquelas bênçãos para fazer o seu ofício para o qual se põe algum tanto ao lado esquerdo, de tal jeito que com o gume

DO PRINCÍPIO E ORIGEM DOS ÍNDIOS

da espada lhe acerta no toutiço, porque não tira a outra parte, e é tanta a bruteza destes que, por não temerem outro mal senão aquele presente tão inteiros estão como se não fosse nada, assim para falar, como para exercitar as forças, porque depois de se despedirem da vida com dizer *que muito embora morra, pois muitos tem mortos, e que além disso cá ficam seus irmãos e parentes para o vingarem,* e nisto aparelha-se um para furtar o corpo, que é toda a honra de sua morte.

E, são nisto tão ligeiros que muitas vezes é alto dia sem o poderem matar, porque em vindo a espada pelo ar, ora desvia a cabeça, ora lhe furta o corpo, e são nisto tão terríveis que se os que têm as pontas das cordas o apertam, como fazem quando o motor é frouxo, eles tão rijo que os trazem a si e os fazem afrouxar em que lhes pese, tendo um olho neles e outro na espada, sem nunca estarem quedos, e como matador os não pode enganar ameaçando sem dar, sob pena de lhe darem uma apupada, e eles lhe adivinham o golpe de maneira que, por mais baixo que venha, num assopro se abatem e fazem tão rasos que é cousa estranha, e não é menos tomarem a espada aparando-lhe o braço por tal arte que se lhe fazerem nada correm com ela juntamente para baixo e a metem debaixo do sovaco tirando pelo matador, ao qual, se então não acudissem, o outro despacharia, porque têm eles neste ato tantos agouros que para matar um menino de cinco anos tão enfeitados como para matar algum gigante, e com estas ajudas ou afouteza tantas vezes dá, até que

TRATADOS DA TERRA E GENTE DO BRASIL

acerta algumas e esta basta, porque tanto que ele cai lhe dá tantas que lhe quebra a cabeça, posto que já se viu um que a tinha tão dura, que nunca lha puderam quebrar, porque como a trazem sempre descoberta, têm as cabeças
5 tão duras que as nossas em comparação delas ficam como de cabaças, e quando querem injuriar algum branco lhe chamam cabeça mole.

Se este que mataram cai de costas, e não de bruços, têm-no por grande agouro e prognóstico que o matador
10 há-de morrer, e ainda que caia de bruços têm muitas cerimônias, as quais se se não guardam têm para si que o matador não pode viver; e são muitas delas tão penosas que se alguém por amor de Deus sofresse os seus trabalhos não ganharia pouco, como abaixo se dirá.

15 Morto o triste, levam-no a uma fogueira que para isto está prestes, e chegando a ela, em lhe tocando com a mão dá uma pelinha pouco mais grossa que véu de cebola, até que todo fica mais limpo e alvo que nem um leitão pelado, e então se entrega ao carniceiro ou magarefe, o qual lhe
20 faz um buraco abaixo do estômago, segundo seu estilo, por onde os meninos primeiro metem a mão e tiram as tripas, até que o magarefe corta por onde quer, e o que lhe fica na mão é o quinhão de cada um, e o mais se reparte pela comunidade, salvo algumas partes principais que por
25 honra, se dão aos hóspedes mais honrados, as quais eles levam muito assadas, de maneira que não se corrompam, e sobre elas depois em suas terras fazem festas e vinhos de novo.

DAS CERIMÔNIAS QUE SE
FAZEM AO NOVO CAVALEIRO

Acabando o matador de fazer seu ofício, lhe fazem a ele outro desta maneira: tirada a capa de pena, e deixada a espada, se vai para casa, à porta da qual o está esperando o mesmo padrinho que foi com um arco de tirar a mão, a saber, as pontas uma no lumiar de baixo e a outra em cima, e tirando pela corda como quem quer atirar, o matador passa por dentro tão sutilmente que não toca em nada, e em ele passando, o outro alarga a corda com um sinal de pesar, porque errou o a que atirava, como que aquilo tem virtude para depois da guerra o fazer ligeiro, e os inimigos o errarem; como é dentro começa de ir correndo por todas as casas, e as irmãs e primas da mesma maneira diante dele dizendo: "meu irmão se chama *N*", repetindo por toda a aldeia, e se o Cavaleiro tem alguma cousa boa, quem primeiro anda lha toma até ficar sem nada.

Isto acabado tem pelo chão lançados certos paus de pilão, sobre os quais ele está em pé aquele dia com tanto silêncio, como que dera o pasmo nele, e levando-lha ali a apresentar a cabeça do morto, tiram-lhe um olho, e com as raízes ou nervos dele lhe untam os pulsos, e cortada a boca inteira lha metem no braço como manilha, depois se deita na sua rede como doente, e na verdade ele o está de medo, que se não cumprir perfeitamente todas as cerimônias, o há-de matar a alma do morto. Dali a certos dias lhe dão o hábito, não no peito do pelote, que ele não tem, senão na própria pele, sarrafaçando-o por todo o corpo com um

TRATADOS DA TERRA E GENTE DO BRASIL

dente de cutia[30] que se parece com dente de coelho, o qual, assim por sua pouca sutileza, como por eles terem a pele dura, parece que rasgam algum pergaminho, e se eles são animosos não lhe dão as riscas direitas, senão cruzadas, de maneira que ficam uns lavores muito primos, e alguns gemem e gritam com as dores.

Acabado isto, tem carvão moído e sumo de erva moura com que eles esfregam as riscas ao través, fazendo-as arreganhar e inchar, que é ainda maior tormento, e em quanto lhe saram as feridas que duram alguns dias, está ele deitado na rede sem falar nem pedir nada, e para não quebrar o silêncio tem a par de si água e farinha e certa fruta como amêndoas, que chamam *mendobis*,[31] porque não prova peixe nem carne aqueles dias.

30. *Cutia* ou *acutia* é o nome comum a duas espécies de mamífero roedor já descrito por Cardim no *Tratado* referente ao clima e terra, no capítulo I "Dos Animais".

31. O nome *mendobis* ocorre no texto de Purchas *amenduins* e trata-se do *amendoim* que é o nome comum a diversas plantas da família das Leguminosas, nomeadamente o *Arachis hypogaea*, que é originária do Brasil e que possui mais de 30 espécies. O termo tupi ocorre pela primeira vez num texto português com Cardim. A semente do amendoim, consumida crua ou torrada, é rica em proteínas e substâncias oleaginosas, possuindo um teor de gordura extremamente elevado, constituindo um alimento muito energético e rico em proteínas que minorava as carências proteicas e corrigia uma alimentação excessivamente baseada em glúcidos, como a mandioca, batata-doce e cará. Cf. Carl O. Sauer, "As Plantas Cultivadas na América do Sul Tropical", in *Suma Etnológica Brasileira*, 1. *Etnobiologia*, coord. de Berta G. Ribeiro, 2ª ed., Petrópolis, 1987, pp. 64–65, cit. in Jorge Couto, *op. cit.*, p. 69.

DO PRINCÍPIO E ORIGEM DOS ÍNDIOS

Depois de sarar, passados muitos dias ou meses, se fazem grandes vinhos para ele tirar o dó e fazer o cabelo, que até ali não fez, e então, se tinge de preto, e dali por diante fica habilitado para matar sem fazerem a ele cerimônia que seja trabalhosa, e ele se mostra também nisso honrado ou ufano, e com certo desdém, como quem tem honra, e não ganha de novo, e assim não faz mais que dar ao outro um par de pancadas, ainda que a cabeça fique inteira e ele bulindo, vai-se para casa, e a este acodem logo a lhe cortar a cabeça, e as mães com os meninos ao colo lhe dão os parabéns, estreiam-os para a guerra tingindo-lhes os braços com aquele sangue.

Estas são as façanhas, honras, valentias, em que estes gentios tomam nomes de que se prezem muito, e ficam dali por diante *Abaétés, Murubixaba, Moçacara*,[32] que são títulos e nomes de cavaleiros: e estas são as infelizes festas, em que estes tristes antes de terem conhecimento de seu Criador põem sua felicidade e glória.

32. Qualquer um destes nomes *Abaétés, Murubixaba, Morubixaba* e *Moçacara* designava categoria e posição entre os membros dos grupos tribais. Eram os homens bons, ilustres e honrados, entre os indígenas. Qualquer um destes nomes ocorre pela primeira vez num texto português com Fernão Cardim. No caso concreto de *Murubixaba* ou *Morubixaba* significa sobretudo "chefe", mas que como já verificamos em nota supra, estes líderes desempenhavam as suas funções com base na persuasão, não podendo recorrer à ameaça do uso da força. Cf. Jorge Couto, *op. cit.*, pp. 95–97.

TRATADOS DA TERRA E GENTE DO BRASIL

DA DIVERSIDADE DE NAÇÕES E LÍNGUAS[*]

Em toda esta província há muitas nações de diferentes línguas, porém uma é principal[33] que compreende algu-

---

[*]. O Padre Fernão Cardim, neste seu *Tratado* sobre os índios, faz uma exaustiva enumeração de várias nações ameríndias, cerca de cento e quatro, a grande maioria delas não mencionadas nos textos quinhentistas e seiscentistas, nem posteriormente. Na opinião de Baptista Caetano, seria um trabalho muito difícil e, em alguns casos, quase impossível de procurar encontrar uma explicação para todos os nomes apresentados por Cardim, já que muitos poderão não pertencer ao *abanheenga* (língua geral) e outros poderão até ser de mera inventiva de algum narrador, ou mesmo, segundo o Visconde de Porto Seguro, na *História Geral do Brasil*, tomo I, 1854, p. 101, "[...] meras alcunhas, com que se designavam as cabildas umas às outras". Cf. notas de Baptista Caetano, in Fernão Cardim, *op. cit.*, p. 110. O nosso autor procura agrupá-los em dois grandes grupos: os *Tupis* e os *Tapuias*, com base no tronco linguístico e no próprio etnocentrismo dos Tupis que, no decurso do processo de luta e domínio do litoral, venceram as populações que aí habitavam, considerando-as como "selvagens", no sentido de "inimigos bárbaros". Esta situação acabou por se transpor para os portugueses, como é evidente nos textos cardinianos e outros contemporâneos. Os *Tupis* usavam uma língua que posteriormente se torna geral, chamada "língua geral da costa" e os *Tapuias*, que eram populações *Jês*, uma língua completamente diferente, de grande dificuldade de compreensão.

33. Os ameríndios que se fixaram no espaço brasílico e nas imediações das suas atuais fronteiras são agrupados, de acordo com critérios linguísticos, em dois troncos (Macro-Tupi e Macro-Jê); grandes famílias (Caribe, Aruaque e Arauá); famílias menores situadas a norte do Amazonas (Tucano, Macu e Ianomâmi) e famílias menores estabelecidas a sul do mesmo rio (Guaicuru, Nambiquara, Txapacura, Pano, Mura e Catuquina), bem como grupos isolados (Aicaná, Aricapú, Auaquê, Irántche, Jabuti, Canoê, Coiá, Trumái e outras). Cf. Aryon Dall'Igna Rodrigues, *Línguas Brasileiras. Para o Conhecimento das Línguas Indígenas*, São Paulo, 1987, pp. 41–98, cit. in Jorge Couto, *op. cit.*, pp. 51–56.

DO PRINCÍPIO E ORIGEM DOS ÍNDIOS

mas dez nações de índios: estes vivem na costa do mar, e em uma grande corda do sertão, porém são todos estes de uma só língua ainda que em algumas palavras discrepam e esta é a que entendem os portugueses; é fácil, e elegante, e suave, e copiosa, a dificuldade dela está em ter muitas composições; porém dos portugueses, quase todos os que vêm do Reino e estão cá de assento e comunicação com os índios a sabem em breve tempo, e os filhos dos portugueses, assim homens como mulheres, principalmente na Capitania de São Vicente, e com estas dez nações de índios têm os Padres comunicações por lhes saberem a língua, e serem mais domésticos e bem inclinados: estes foram e são amigos antigos dos portugueses, com cuja ajuda e armas, conquistaram esta terra, pelejando contra seus próprios parentes, e outras diversas nações bárbaras e eram tantos os desta casta que parecia impossível extinguir, porém os portugueses lhes têm dado tal pressa que quase todos são mortos e lhes têm tal medo, que despovoam a costa e fogem pelo sertão a dentro até trezentos a quatrocentas léguas.

Os primeiros desta língua se chamam *Potiguaras*,[34] senhores da Paraíba, 30 léguas de Pernambuco, senhores

---

34. *Potiguaras, Potiguares, Potyguara* ou *Potygoar* significava etimologicamente "comedor de camarão", já que *poti* = "camarão" e *goar* = "comedor". Era um grupo que vivia na zona costeira localizada entre o rio Jaguaribe e o Paraíba. Eram inimigos dos portugueses, tal como Cardim refere, atacavam-lhes as roças e os engenhos, queimando-os e matando-os, porque eram muito guerreiros. Invadiram a região dos Caetés e tomaram-lhes o território.

TRATADOS DA TERRA E GENTE DO BRASIL

do melhor pau do Brasil e grandes amigos dos Franceses, e com eles contrataram até agora, casando com eles suas filhas; mas agora na era de 84 foi a Paraíba tomada por Diogo Flores,[35] General de Sua Majestade, botando
5 os Franceses fora, e deixou um forte com cem soldados, afora os portugueses, que também têm seu Capitão e Governador Frutuoso Barbosa,[36] que com a principal gente de Pernambuco levou exército por terra com que venceu os inimigos, porque do mar os da armada não pelejaram.
10 Perto destes vivia grande multidão de gentio que chamam *Viatã*,[37] destes já não há nenhuns, porque sendo eles

35. General de Filipe II que expulsou os Franceses da região da Paraíba. Aí edificou um forte dotado de uma guarnição de 100 soldados, além dos próprios Portugueses, que tinham como capitão Frutuoso Barbosa.

36. Frutuoso Barbosa foi um rico comerciante instalado em Pernambuco e conhecedor das potencialidades agrícolas das terras paraibanas, obteve em 25 de janeiro de 1579 uma mercê do cardeal-rei D. Henrique, de capitão-mor da conquista da Paraíba, pelo prazo de dez anos, sob a condição de conquistá-la e povoá-la. Esta provisão foi confirmada, mais tarde, já na Monarquia Dual, por Filipe II. Depois de diversas tentativas e duras batalhas, agravadas pelos temporais e pela aguerrida resistência de Franceses e Potiguares e já arruinado, tornou-se governador dessa capitania, na qual se manteve de 1585 a 1588. Cf. Joaquim Veríssimo Serrão, *Do Brasil Filipino ao Brasil de 1640*, São Paulo, Companhia Editora Nacional, 1968, pp. 28–30; J. F. de Almeida Prado, *A Conquista da Paraíba (Séculos XVI a XVIII)*, São Paulo, Companhia Editora Nacional, 1964; Jorge Couto, "As Tentativas Portuguesas de Colonização do Maranhão e o Projeto da França Equinocial", in *A União Ibérica e o Mundo Atlântico*, coord. de Maria da Graça M. Ventura, Lisboa, Colibri, 1997, pp. 196–197.

37. *Viatã*: este povo era vizinho dos Potiguares e segundo o testemunho de Cardim foram extintos devido às guerras. O termo tupi apenas ocorre como "farinha dura" ou "farinha muito torrada".

DO PRINCÍPIO E ORIGEM DOS ÍNDIOS

amigos dos *Potiguaras* e parentes, os portugueses os fizeram entre si inimigos, dando-lhos a comer, para que desta
maneira lhes pudesse fazer guerra e tê-los por escravos, e
finalmente, tendo uma grande fome, os portugueses em
vez de lhes acudir, os cativaram e mandaram barcos cheios 5
a vender a outras capitanias: ajuntou-se a isto um clérigo
português mágico, que com seus enganos os acarretou
todos a Pernambuco, e assim se acabou esta nação, e ficando os portugueses sem vizinhos que os defendessem
dos *Potiguaras*, os quais até agora que foram desbarata- 10
dos, perseguiram os portugueses dando-lhes de súbito nas
roças, fazendas, e engenhos, queimando-lhos, e matando
muita gente portuguesa, por serem muito guerreiros; mas
já pela bondade de Deus estão livres deste sobroço.

Outros há a que chamam *Tupinabas*:[38] estes habitam 15
do Rio Real até junto dos Ilhéus; estes entre si eram também contrários, os da Bahia com os do Camamu e Tinharê.

---

38. *Tupinabas* ou *Tupinambás* foi a denominação dada pelos autores dos séculos XVI e XVII a diversos povos indígenas de língua do
tronco Tupi. O nome queria designar "descendentes dos Tupis", habitavam na região do Rio Real (Sergipe) até junto de Ilhéus, eram considerados inimigos dos do Camamu e Tinharé. Os estudiosos atuais
colocam-nos na região costeira entre o rio Parnaíba e o rio Pará, costas do Maranhão e no litoral desde a margem direita do São Francisco
até à zona norte de Ilhéus, depois de terem derrotado os anteriores
habitantes. Estavam organizados em dois grupos inimigos, o que provocava grandes combates entre eles. Por outro lado, os moradores da
região onde veio a ser edificada a vila do Pereira e, posteriormente,
a cidade do Salvador eram inimigos dos habitantes das ilhas de Ita-
parica e Tinharé e da costa norte de Ilhéus, o que provocava acesos
combates entre aqueles bandos. Cf. Jorge Couto, *A Construção do
Brasil. Ameríndios, Portugueses e Africanos, do início do povoamento a
finais do Quinhentos*, Lisboa, Edições Cosmos, 1995, pp. 56–60.

TRATADOS DA TERRA E GENTE DO BRASIL

Por uma corda do Rio de São Francisco vivia outra nação a que chamavam *Caaété*,[39] e também havia contrários entre estes e os de Pernambuco.

Dos Ilhéus, Porto Seguro até Espírito Santo habitava
5   outra nação, que chamavam *Tupinaquim*;[40] estes procederam dos de Pernambuco e se espalharam por uma corda do sertão, multiplicando grandemente, mas já são poucos; estes foram sempre muito inimigos das cousas de Deus, endurecidos em seus erros, porque eram vingativos
10   e queriam vingar-se comendo seus contrários e por serem amigos de muitas mulheres. Já destes há muitos cristãos e são firmes na fé.

Há outra nação parente destes, que corre do sertão de São Vicente até Pernambuco, a que chamam *Tupiguae*:[41]
15   estes eram sem número, vão-se acabando, porque os por-

39. *Caaété* ou *Caéte* literalmente significava "mato verdadeiro ou real", mas também é possível que seja *acaêtê* que significava "cabeça dura". Habitavam entre o Paraíba e a margem norte do rio São Francisco (Alagoas), de onde fugiram para o interior, acoitando-se nas serras. Eram conhecidos pela sua violência e pelas práticas de antropofagia.

40. *Tupinaquim* ou *Tupiniquins* eram descendentes dos Tupis, por isso o seu nome significa "colaterais dos Tupis". Habitavam as zonas do litoral desde o estuário do Camamu, a norte de Ilhéus, até ao do Cricaré ou São Mateus, Espírito Santo ou, segundo alguns autores, até o Rio de Janeiro. No início da colonização aliaram-se aos portugueses na luta contra os Franceses. Fizeram também guerra aos Tupinambás, seus inimigos tradicionais e debateram-se com as investidas dos *Aimorés*, pertencentes à família Botocudo (Macro-Jê), que lhes disputavam o território.

41. *Tupiguae*: possivelmente designava "grupo tribal" ou "os de casa", "os caseiros", "os domésticos".

DO PRINCÍPIO E ORIGEM DOS ÍNDIOS

tugueses os vão buscar para se servirem deles, e os que lhes escapam fogem para muito longe, por não serem escravos. Há outra nação vizinha a estes, que chamam *Apigapigtanga* e *Muriapigtanga*.[42] Também há outra nação contrária aos *Tupinaquins*, que chamam *Guaracaio* ou *Itati*.[43]

Outra nação mora no Espírito Santo a que chamam *Tegmegminó*:[44] eram contrários dos *Tupinaquins*, mas já são poucos. Outra nação que se chama *Tamuya*,[45] moradores do Rio de Janeiro, estes destruíram os portugueses quando povoaram o Rio, e deles há muito poucos, e alguns que há no sertão se chamam *Ararape*.[46]

42. Os nomes destes povos, *Apigapistanga* e *Muriapigtanga*, são difíceis de definir etimologicamente. Segundo alguns especialistas, seriam possivelmente "cabilda de selvagens", de inimigos de Tapuias.

43. Por este nome *Guaracaio* ou *Itati*, deverão ser povos originários ou desgarrados do Peru, na medida em que não constam em nenhum outro autor e o termo *guaraio* explica-se pelo quíchua *huaraca*, como "funda", ou o verbo "atirar com funda" + o sufixo *yoc* = *huara-cayoc* para designar "aquele que atira com funda". Semelhante designação podemos encontrar para o outro nome apresentado por Cardim, *Itati*, que ocorre em abanheenga, *Itaitig* como "atirar pedras", que se tomarmos como substantivo fica "o atirador de pedras".

44. *Tegmegminó* ou *Temiminó*: o nome significa "netos do homem". São os índios vizinhos dos Tamoios, que habitavam as terras de Ubatuba a São Vicente, designadamente na ilha de Paranapuã ou dos Maracajás, atual ilha do Governador, na baía da Guanabara, não conseguindo resistir às investidas dos seus implacáveis inimigos.

45. *Tamuya* são usualmente denominados *Tamoios* ou *Tamoyos*. Eram os habitantes do Rio de Janeiro, do cabo de São Tomé a Angra dos Reis, com quem os portugueses contataram quando atingiram as terras brasileiras. O seu nome designava "avô", "avós".

46. *Ararape*: nome de grupo tribal de difícil identificação.

TRATADOS DA TERRA E GENTE DO BRASIL

Outra nação se chama *Carijó*:[47] habitam além de São Vicente como oitenta léguas, contrários dos *Tupinaquins* de São Vicente; destes há infinidade e correm pela costa do mar e sertão até o Paraguai, que habitam os Castelhanos.

5 Todas estas nações acima ditas, ainda que diferentes, e muitas delas contrárias umas das outras, têm a mesma língua, e nestes se faz a conversão, e tem grande respeito aos Padres da Companhia e no sertão suspiram por eles, e lhes chamam *Abarê*[48] e *Pai*, desejando a suas terras con-

10 vertê-los, e é tanto este crédito que alguns portugueses de ruim consciência se fingem Padres, vestindo-se em roupetas, abrindo coroas na cabeça, e dizendo que são Abarês e que os vão buscar para as igrejas dos seus pais, que são os nossos, os trazem enganados, e em chegando ao mar

15 os repartem entre si, vendem e ferram, fazendo primeiro neles lá no sertão grande mortandade, roubos e saltos,

47. *Carijós* habitavam a sul de São Vicente e eram inimigos dos Tupiniquins de São Vicente, que se estendiam ao longo do litoral até à lagoa dos Patos, numa extensão de oitenta léguas e no interior do sertão até ao Paraguai. Era a região dos Guaranis, que assimilaram ou "guarinizaram" os povos autóctones, como os Carijós, além dos Tapes, Patos e Arachãs.

48. *Abaré* é o termo tupi que designava "o padre católico ou cristão", sobretudo aos jesuítas. Etimologicamente significa "o homem" ou "pessoa por excelência", ou simplesmente "o ilustre", "o eminente", formado de *baá* = "homem" + *ré* = "diverso". "Homem diferente", porque se veste de negro (roupeta) e não mantinha relações com mulheres. O termo tupi ocorre pela primeira vez num texto português em 1552, numa carta de Leonardo Nunes.

DO PRINCÍPIO E ORIGEM DOS ÍNDIOS

tomando-lhes as filhas e mulheres etc., e se não foram estes e semelhantes estorvos já todos os desta língua foram convertidos à nossa santa fé.

Há outras nações contrárias e inimigas destas, de diferentes línguas, que em nome geral se chamam de *Tapuya*,[49] e também entre si são contrárias; primeiramente no sertão vizinho aos Tupinaquins habitam os *Guaimurês*,[50] e tomam algumas oitenta léguas de costa, e para o sertão quanto querem, são senhores dos matos selvagens, muito encorpados, e pela continuação e costume de andarem pelos matos bravos tem os couros muito rijos, e para este efeito açoutam os meninos em pequenos com uns

49. *Tapuyas* ou *Tapuias* era a designação atribuída aos membros de todas as outras famílias linguísticas, sem ser Tupi-Guarani e sobretudo Jês, que ainda não tinham atingido o estádio civilizacional desses povos. Uma missiva, datada de 1555, da autoria de um dos missionários que chegou à Terra de Santa Cruz integrado no primeiro grupo de Jesuítas (1549) fornece-nos um exemplo paradigmático da visão quinhentista lusitana dos Tapuias, ou bárbaros de "língua travada", considerados como "[...] geração de índios bestial e feroz; porque andam pelos bosques como manadas de veados, nus, com os cabelos compridos como mulheres; a sua fala... mui bárbara e eles mui carniceiros e trazem flechas ervadas e dão cabo de um homem num momento". Cf. *Cartas Jesuíticas, II. Cartas Avulsas 1550–1568*, Rio de Janeiro, 1931, p. 148, cit. in Jorge Couto, *op. cit.*, 60.

50. *Guaimurês* habitavam o interior do sertão baiano. Há autores recentes que consideram que este povo eram os Aimorés ou Aim barés, também conhecidos como os primeiros pelos "senhores dos matos selvagens", pela sua capacidade de dominar e habitar essas regiões, nomeadamente Minas Gerais, Bahia e Espírito Santo. Usavam botoques e eram mais altos e claros que os tupinambás. Eram muito aguerridos e entravam em conflito com os colonos e com outras nações e grupos tribais.

TRATADOS DA TERRA E GENTE DO BRASIL

cardos para se acostumarem a andar pelos matos bravos; não têm roças, vivem de rapina e pela ponta da flecha, comem a mandioca crua sem lhes fazer mal, e correm muito e aos brancos não dão senão de salto, usam de uns arcos muito grandes, trazem uns paus feitiços muito grossos, para que em chegando logo quebrem as cabeças. Quando vêm à peleja estão escondidos debaixo de folhas, e dali fazem a sua e são mui temidos, e não há poder no mundo que os possa vencer; são muito covardes em campo, e não ousam sair, nem passam água, nem usam de embarcações, nem são dados a pescar; toda a sua vivenda é do mato; são cruéis como leões; quando tomam alguns contrários cortam-lhe a carne com uma cana de que fazem as flechas, e os esfolam, que lhes não deixam mais que os ossos e tripas: se tomam alguma criança e os perseguem, para que lha não tomem viva lhe dão com a cabeça em um pau, desentranham as mulheres prenhes para lhes comerem os filhos assados. Estes dão muito trabalho em Porto Seguro, Ilhéus e Camamu, e estas terras se vão despovoando por sua causa; não se lhes pode entender a língua.

Além destes, e para o sertão e campos de Caátinga vivem muitas nações Tapuyas, que chamam *Tucanuço*,[51] estes vivem no sertão do Rio Grande pelo direito de Porto Seguro; têm outra língua, vivem no sertão antes que che-

---

51. *Tucanuço* ou *Tacanunu*: não encontramos referência a este povo, nem em obras contemporâneas, nem posteriores, a não ser o nome mais próximo que é *Tucano*, mas que era um grupo tribal que habitava o norte do Amazonas.

DO PRINCÍPIO E ORIGEM DOS ÍNDIOS

guem ao Aquitigpe e chamam-se *Nacai*.[52] Outros há que chamam *Oquigtajuba*.[53] Há outra nação que chamam *Pahi*:[54] estes se vestem de pano de algodão muito tapado e grosso como rede, com este se cobrem como com saio, não tem mangas; têm diferente língua. No Ari há outros que também vivem no campo indo para o Aquitigpe. Há outros que chamam *Parahió*,[55] é muita gente e de diferente língua. 5

Outros que chamam *Nhandeju*,[56] também de diferente língua. Há outros que chamam *Macutu*.[57] Outros *Napara*;[58] estes têm roças. Outros que chamam *Cuxaré*;[59] estes vivem no meio do campo do sertão. Outros que vivem para a parte do sertão da Bahia, que chamam *Guayaná*,[60] 10

---

52. *Nacai*: nome de grupo tribal de difícil identificação.

53. *Oquigtajuba*: o mesmo sucedeu com este grupo.

54. *Pahi, Paayagua, Paiconeca, Payana* ou *Paipocoa*: com estas designações de Fernão Cardim não aparece em nenhum autor.

55. *Parahió*: tal como os anteriores povos, não encontramos referência em outros autores.

56. *Nhandeju*: mais um grupo tribal apenas mencionado por Fernão Cardim.

57. *Macutu*: idêntica situação para este grupo.

58. *Napara*: o mesmo sucede em relação a este grupo.

59. *Cuxaré*: este grupo tribal aparece possivelmente em analogia com outros grupos de nações diversas, como, por exemplo, *Cuxari, Cuzari, Cossari* do Amazonas, entre outros nomes, que significavam "os longínquos" ou "os campeiros", o que se identifica com o que Cardim afirma sobre estes povos que viviam no meio do sertão.

60. *Guayaná* ou *Guianás*: O Visconde de Porto Seguro procurou na sua *História Geral do Brasil*, de 1854, explicar este nome como sendo "gente estimada", de *guaya* = "gente" + *na* = "estimado", o que não tem a aceitação de etimologistas mais recentes, como Baptista Caetano.

TRATADOS DA TERRA E GENTE DO BRASIL

têm língua por si. Outros pelo mesmo sertão, que chamam *Taicuyu*[61] vivem em casas, têm outra língua. Outros no mesmo sertão, que chamam *Cariri*,[62] têm língua diferente: estas três nações e seus vizinhos são amigos dos

5 portugueses. Outros que chamam *Pigru*,[63] vivem em casas. Outros que chamam *Obacoatiara*,[64] estes vivem em ilhas no Rio de São Francisco, têm casas como cafuas debaixo do chão; estes quando os contrários vêm contra eles botam-se à água, e de mergulho escapam, e estão muito

10 debaixo de água, têm flechas grandes como chuços, sem arcos, e com elas pelejam; são muito valentes, comem

Segundo teorias mais recentes, este grupo tribal devia ter pertencido ao primeiro grupo da família Jê que migrou, há cerca de 3000 anos e que se terá fixado na região meridional e serão os antepassados dos atuais *Caiangangues* ou *Coroados*. Cf. Jorge Couto, *op. cit.*, p. 52.

61. *Taicuyu*: mais um grupo tribal para o qual não aparecem outras referências posteriores.

62. *Cariri*: outro grupo de língua diferente que só aparece referido por Fernão Cardim. Pode ser identificado com *kariri*, que significa em tupi "taciturno", "pacífico" ou ainda "silencioso", o que se adequa com o que Cardim menciona de serem amigos dos portugueses. Eram pertencentes ao tronco Macro-Jê, que depois de terem sido expulsos do litoral pelos Tupis, fixaram-se nos sertões nordestinos (serras da Borborema, dos Cariris Velhos, dos Cariris Novos e vales do Acaraju, do Jaguaribe, do Açu, do Apodi e do baixo São Francisco). Cf. Estevão Pinto, *Os Indígenas do Nordeste*, vol. I, São Paulo, 1935, pp. 115–117, cit. in Jorge Couto, *op. cit.*, pp. 52–59.

63. *Pigru*: mais um grupo de difícil identificação até porque sendo de língua diferente, pode ter tantas explicações que se torna quase impossível decifrar.

64. *Obacoatiara*: idêntica situação, ainda que em abanheenga signifique "cara pintada", o que não tem muito a ver com a descrição que Cardim faz deste povo.

DO PRINCÍPIO E ORIGEM DOS ÍNDIOS

gente, têm diferente língua. Outros que vivem muito pelo sertão a dentro, que chamam *Anhehim*,[65] têm outra língua. Outros que vivem em casas, que chamam *Aracuaiati*,[66] têm outra língua. Outros que chamam *Cayuara*,[67] vivem em covas, têm outra língua. Outros que chamam *Guaranaguaçu*,[68] vivem em covas, têm outra língua. Outros muito dentro no sertão que chamam *Camuçuyara*,[69] estes têm mamas que lhes dão por baixo da cinta, e perto dos joelhos, e quando correm cingem-nas na cinta, não deixam de ser muito guerreiros, comem gente, têm outra língua.

65. *Anhehim*: nome de grupo tribal de difícil identificação.

66. *Aracuaiati*: tal como para muitos outros povos de difícil identificação, podemos procurar explicar o seu nome através de várias línguas, o que se torna muito pouco credível. Há mesmo etimologistas que encontram semelhanças entre este nome e *Araguaya*, que é o nome do grande rio de Goiás.

67. *Cayuara*: interpretando este nome à letra pode significar "comedor de caju", de *cayu* = "caju" + *uara, uhara ou guara* = "comedor". No entanto, ainda hoje se designam os índios da região de Mato Grosso e de Goiás, *Caayua* ou "índios de matas".

68. *Guaranaguaçu*: mais um grupo tribal de difícil identificação, que traduzido com base no termo utilizado por Cardim, como o povo que consumia *Guaraná (Paulinia cupana*, Mart.), da família das Sapindáceas, que é uma planta de grande consumo pelos índios, devido às suas qualidades excitantes, pelo seu conteúdo de cafeína e teobromina.

69. *Camuçuyara*: o próprio nome deste povo *cam-uçu-yara* significava etimologicamente "peitos grandes que têm" ou "os que têm longas mamas", o que segundo alguns autores atuais podem ser as "famosas" Amazonas, o que vem coincidir com a descrição de Fernão Cardim, ainda que não mencione o fato de serem mulheres.

TRATADOS DA TERRA E GENTE DO BRASIL

Há outra nação que chamam *Igbigra-apuajara*,[70] senhores de paus agudos, porque pelejam com paus tostados agudos, são valentes, comem gente, têm outra língua. Há outra que chamam *Aruacuig*,[71] vivem em casas, têm outra
5 língua, mas entendem-se com estes acima ditos, que são seus vizinhos. Outros há que chamam *Guayacatu* e *Guayatun*,[72] estes têm língua diferente, vivem em casas. Outros há que chamam *Curupehé*,[73] não comem carne humana, quando matam cortam a cabeça do contrário e levam-na
10 por amostra, não têm casa, são como ciganos. Outros que chamam *Guayó*,[74] vivem em casa, pelejam com flechas ervadas, comem carne humana, têm outra língua. Outros que chamam *Cicu*,[75] têm a mesma língua e costumes dos acima ditos. Há outros a que chamam *Pahaju*,[76] comem
15 gente, têm outra língua. Outros há que chamam *Jaicuju*,[77]

70. *Igbigra-apuajara*: esta designação de Cardim para este grupo tribal parece adequada, já que em abanheenga, este termo designa "os jogadores" ou "atiradores de paus".

71. *Aruacuig*: mais um nome de um grupo tribal de difícil identificação.

72. *Guayacatu* e *Guayatun*: mais dois nomes que não figuram em outros textos.

73. *Curupehé*: mesma situação dos anteriores.

74. *Guayó*: nome de difícil identificação até porque segundo alguns etimologistas pode ser *guachis, guatós, huachis, goyá, coyá*, entre tantos outros nomes.

75. *Cicu*: mais um nome de um grupo tribal de difícil identificação.

76. *Pahaju*: também de difícil identificação este povo, que pode vir a ser identificado, segundo alguns etimologistas, como Baptista Caetano, com os *Pacajás* das bocas do Amazonas, pois o nome tem uma certa analogia.

77. *Jaicuju*: tal como os outros grupos tribais este nome é de difícil identificação.

DO PRINCÍPIO E ORIGEM DOS ÍNDIOS

têm a mesma língua que estes acima. Outros que chamam *Tupijó*,[78] vivem em casas, têm roças, e têm outra
língua. Outros *Maracaguaçu*,[79] são vizinhos dos acima ditos, têm a mesma língua. Outros chamam-se *Jacuruju*;[80]
têm roças, vivem em casa, têm outra língua. Outros que   5
se chamam *Tapuuys*,[81] são vizinhos dos sobreditos acima,
têm a mesma língua. Outros há que chamam *Anacuju*,[82]
têm a mesma língua e costumes que os de cima e todos
pelejam com flechas ervadas. Outros que se chamam *Piracuju*,[83] têm a mesma língua que os de cima e flechas   10
ervadas. Outros há que chamam *Taraguaig*,[84] têm outra
língua, pelejam com flechas ervadas. Há outros que cha-

78. *Tupijó*: também não aparece identificado em outros autores,
no entanto, como o termo é formado por *tupi* + o sufixo *jó (yóc)*
reportando-se ao quíchua, poder-se-ia considerar como "os valentes".

79. *Maracaguaçu*: mais um nome difícil de identificação, já que não
aparece referenciado em outros autores e apenas etimologicamente
poderia ser encarado como *maraca* + *guaçu* = "maracá grande", o que
não parece ser nome para ser atribuído a um grupo tribal.

80. *Jacuruju*: outro nome que não aparece referenciado em outros
autores.

81. *Tapuuys*: este nome parece ainda mais difícil de identificar
pois ocorre no texto de Samuel Purchas como *Tapecuin*, para o qual
também não conseguimos encontrar explicação.

82. *Anacuju*: mais um nome de grupo tribal de difícil identificação,
mas que sendo em quíchua pode ser explicado por *anacu* – "manto",
"capa", portanto *Anacuju* seria "os que têm capa ou manto".

83. *Piracuju*: mais um grupo tribal de difícil identificação.

84. *Taraguaig*: idêntica situação para este grupo, pois tanto pode
ser em abanheenga *teraqua* = "famoso" ou *tirakua* = "flecha" + o
sufixo *ayg* = "ervado", conforme o sentido dado no texto por Cardim,
de que era um povo que pelejava com flechas envenenadas com ervas.

TRATADOS DA TERRA E GENTE DO BRASIL

mam *Panacuju*,[85] sabem a mesma língua dos outros acima ditos. Outros chamam *Tipe*,[86] são do campo, pelejam com flechas ervadas. Outros há que chamam *Guacarajara*,[87] têm outra língua, vivem em casas, têm roças. Outros vizi-
5 nhos dos sobreditos que chamam *Camaragôã*.[88]

Há outros que chamam *Curupyá*,[89] foram contrários dos *Tupinaquins*, outros que chamam *Aquirinó*,[90] têm diferente língua. Outros que chamam *Piraguaygaguig*,[91] vivem de baixo de pedras, são contrários dos de cima

85. *Panacuju*: outro nome de grupo tribal de difícil identificação.

86. *Tipe*: outra situação idêntica até porque existem nomes parecidos com este, como *tipeb* = "nariz chato" ou *timbêb* e que poderia servir para designar este povo; no entanto trata-se apenas de conjecturas.

87. *Guacarajara*: tal como os anteriores este não figura em nenhum autor, no entanto trata-se de um nome que tem semelhanças com alguns como *Guacara* ou *Guacari*, que são índios do tronco tupi do Amazonas e rio Negro.

88. *Camaragôã*: mais um nome de grupo tribal de difícil explicação até porque pode-se confundir com *camaraguar* que significaria etimologicamente "comedor de camará", que é uma planta da família das Verbenáceas e das Solanáceas, que segundo este autor era semelhante às silvas de Portugal.

89. *Curupyá*: outro grupo tribal de difícil identificação, apenas sabemos que eram inimigos dos Tupinaquins, segundo a afirmação de Fernão Cardim.

90. *Aquirinó*: nome que não é referido em outras obras e que, se interpretarmos o vocábulo, é uma frase *akir-i-nõ* = "são covardes eles também".

91. *Piraguaygaguig*: outro grupo tribal de difícil identificação, ainda que o seu nome, em abanheenga, apareça com uma significação estranha já que é formado de *piraqua* = "valente" + *aquy* = "mole", "frouxo", o que seria então "o forte-fraco".

DO PRINCÍPIO E ORIGEM DOS ÍNDIOS

ditos. Outros que chamam *Pinacuju*.[92] Outros há que chamam *Parapotô*,[93] estes sabem a língua dos do mar. Outros *Caraembâ*,[94] têm outra língua. Outros que chamam *Caracuju*,[95] têm outra língua. Outros que chamam *Mainuma*,[96] estes se misturam com *Gaimurês*,[97] contrários dos do mar; entendem-se com os *Gaimurês*, mas têm outra língua. Outros há que chamam *Aturay*[98] também entram em comunicação com os *Guaimurês*. Outros há que cha- 5

92. *Pinacuju*: grupo tribal de difícil identificação até porque Cardim poderá estar referindo-se ao mesmo povo com nomes semelhantes e que são apresentados neste texto, como *Panacuju, Anacuju, Piracuju* ou *Raracuju*.

93. *Parapotô*: também de difícil identificação.

94. *Caraembâ*: este nome torna-se muito difícil de explicar já que o termo *Cará* ocorre em numerosos vocábulos e em nomes de diversos grupos tribais, e tem significados diferentes consoante a língua. Assim, entre outras referências, note-se que na língua dos Aimarás *kara, cara*, significa "pelado", ou ainda, "de uma só cor", "pintas", "manchas"; no quíchua há ainda *ccara* = "couro", entre outros significados. Põe-se ainda a questão que *Cará* é o nome de várias plantas da família das dioscoreáceas, como a mangará e semelhantes aos nabos.

95. *Caracuju*: mais um nome de difícil explicação, muito semelhante ao anterior e que poderá encontrar as interpretações mais estranhas nas diversas línguas indígenas.

96. *Mainuma*: outro nome de grupo tribal de difícil identificação e que se for na língua abanheenga só para *ma* existem várias explicações muito diferentes.

97. *Guaimurê*: vide nota supra sobre este grupo tribal.

98. *Aturay*: torna-se complicado identificar este povo já que se encontram referências a nomes idênticos em abanheenga com *atiriri* = "pequenino", "murcho", "encolhido" e *atur*, em tupi, que significa "curto", "breve", entre outros significados e entre outras línguas indígenas.

TRATADOS DA TERRA E GENTE DO BRASIL

mam *Quigtaio*,[99] também comunicam e entram com os *Guaimurês*. Há outros que chamam *Guigpé*;[100] estes foram moradores de Porto Seguro. Outros se chamam *Quigrajubê*,[101] são amigos dos sobreditos. Outros que chamam

5 *Angararî*,[102] estes vivem não muito longe do mar, entre Porto Seguro e o Espírito Santo. Outros que chamam *Amixocori*[103] são amigos dos de cima. Há outros que chamam *Carajâ*,[104] vivem no sertão da parte de São Vicente; foram do Norte correndo para lá, têm outra língua. Há outros

10 que chamam *Agiputá*;[105] vivem no sertão para a banda de

99. *Quigtaio*: este nome de grupo tribal, tal como todos os que começam por *Q* não figuram em outros autores.

100. *Guigpé*: outro grupo tribal de difícil identificação até porque pode ser escrito desta forma ou *Quipgé*, o que pode conduzir a várias conjecturas

101. *Quigrajubê*: mais um grupo tribal cujo nome se inicia por *Q*, o que torna difícil de identificar, já que não são mencionados em outros autores.

102. *Angararî*: também não aparece referência para este grupo tribal em outros autores. Literalmente pode-se traduzir o termo *angarory* por "alma alegre".

103. *Amixocori*: idêntica situação dos anteriores nomes mencionados por Cardim ao longo deste texto.

104. *Carajâ*: possivelmente trata-se dos *Carijós* já descritos por Cardim, que "[...] correm pela costa do mar e sertão até o Paraguai". É esta a mesma opinião de Baptista Caetano, que considera que os *Carajás* e *Carijós* são nomes do mesmo povo, incluindo ainda os Carijós e Carajás de Goiás e do Araguaia. Cf. Notas da obra de Fernão Cardim, *op. cit*, ed. de 1980, p. 118.

105. *Agiputá*: mais um nome que não figura nas listas de grupos tribais de outros autores e que poderá ter várias explicações pelo abanheenga, concretamente o adjetivo *apitupa* que significa "os desalentados", "os desanimados".

DO PRINCÍPIO E ORIGEM DOS ÍNDIOS

Aquitipi.[106] Outros há que chamam *Caraguatajara;*[107] têm
língua diferente. Há outros que chamam *Aguiguira,*[108]
estes estão em comunicação com os acima ditos. Outra
nação há no sertão contrária dos *Muriapigtanga*[109] e dos
Tarapé,[110] é gente pequena, anã, baixos do corpo, mas gros-   5
sos de perna e espáduas, a estes chamam os portugueses
Pigmeu, e os índios lhe chamam *Tapig-y-mirim,*[111] porque

106. Trata-se possivelmente de uma região, atendendo ao contexto,
e não de mais um grupo tribal, no entanto não conseguimos loca-
lizá-la.

107. *Caraguatajara*: outro grupo tribal de difícil identificação, ainda
mais que, se se traduzir literalmente do tupi, ocorre "senhor das bromélias", de *caraguata* = "planta espinhosa que produz frutos amarelos
em cachos fortemente ácidos", possivelmente "bromélias" + *jara* ou
yara = "senhor". O próprio Cardim refere-se a estas plantas *caraguatá*
no seu texto sobre "Do Clima e Terra do Brasil...", onde o termo tupi
ocorre pela primeira vez num texto português.

108. *Aguiguira*: outro grupo tribal de difícil identificação, até porque
poderá ser *akiguira*, ou *aquiguira*, ou outras variantes. Se decorrer
de *aquiqui* poderá querer referir-se a bugios, ou seja, macacos.

109. *Muriapigtanga*: outro nome de grupo tribal que não ocorre em
outros textos e que segundo Baptista Caetano trata-se de um vocábulo abanheenga, tal como *Apigapigtanga*, para os quais se poderiam
encontrar várias explicações, entre as quais a analogia com *Tapiga-
pigtanga*, que significaria "cabilda de selvagens", "de inimigos", de
Tapuias.

110. *Tarapé*: outro grupo tribal que não figura nos outros autores e
que traduzido literalmente seria *ta-rapé* = "o caminho da povoação",
ou se for *taa* = "senhor" + *rapé* = "caminho", "senhor do caminho", o
que não são nomes para designar um grupo tribal. Mas atendendo ao
texto cardiniano que vem a seguir, designando estes índios como de
pequena estatura, poderá ser *carapé* que designaria "os chatos", "os
baixos" e "truculentos".

111. *Tapig-y-mirim*: pela descrição do texto cardiniano trata-se dos
Pigmeus, designados na nota anterior por *Tarapé*. Traduzindo-se

TRATADOS DA TERRA E GENTE DO BRASIL

são pequenos. Outros há que chamam *Quiriciguig*,[112] estes vivem no sertão da Bahia, bem longe. Outros que chamam *Guirig*[113] são grandes cavaleiros e amigos dos ditos acima.

Outros se chamam *Guajerê*;[114] vivem no sertão de
5 Porto Seguro muito longe. Há outra nação que chamam *Aenaguig*;[115] estes foram moradores da terra dos *Tupinaquins*,[116] e porque os Tupinaquins ficaram senhores das terras se chamam *Tupinaquins*. Há outros que chamam *Guaytacâ*;[117] estes vivem na costa do mar entre o Espírito

literalmente podemos encontrar o termo genérico *tapyi* = "grupo tribal de raça diferente, de língua diferente" + *mirim* = "pequeno", ou seja, "grupo tribal de homens pequenos", o que coincide com a descrição de Cardim.

112. *Quiriciguig*: tal como já foi referido, os nomes começados por *Q* não figuram nos outros autores.

113. *Guirig* ou *Quirig*: mais um nome de grupo tribal de difícil identificação, ainda mais porque Cardim atribui-lhes o atributo de cavaleiros.

114. *Guajerê*: outro nome de difícil identificação e que segundo Baptista Caetano tem indícios de ser muito alterado, talvez com troca ou até mesmo erro de sílabas.

115. *Aenaguig*: também não aparece referenciado em outros autores este nome de grupo tribal, pode-se, no entanto, interpretar o seu nome como sendo "o descendente do outro", entendendo-se *ae* como adjetivo = "o outro", "o diferente" e *aguig* esteja por *aqui* ou *oqui* = "colateral" ou "derivado".

116. Vide nota supra.

117. O nome deste grupo tribal *Guaytacâ* tem sido justificado como sendo os *Goitacá* que era uma família diferente das do tronco Tupi, que provinham do tronco Macro-Jê e que viviam no trecho de costa compreendido entre o rio Cricaré e o cabo de São Tomé, ocupando também o interior dessa região. Etimologicamente o termo *Guaytacâ* significa o "nômada", "errante", "sem paradeiro certo", o que coincide com a descrição de Cardim.

DO PRINCÍPIO E ORIGEM DOS ÍNDIOS

Santo e Rio de Janeiro; vivem no campo e não querem viver nos matos e vão comer às roças, vêm dormir às roças, vêm dormir às casas, não têm outros tesouros, vivem como o gado que pasce no campo, e não vêm às casas mais que a dormir; correm tanto que a cosso tomam a caça. Outros que chamam *Igbigranupâ*,[118] são contrários dos *Tupinaquins* e comunicam com os *Guaimurês*;[119] quando justam com os contrários fazem grandes estrondos, dando com uns paus nos outros.

Outros que chamam *Quirigmã*,[120] estes foram senhores das terras da Bahia e por isso se chama a Bahia *Quigrigmurê*.[121] Os Tupinabas os botaram de suas terras e ficaram senhores delas, e os *Tapuyas* foram para o Sul. Há outros que chamam *Maribuió*;[122] moram no sertão em direito do Rio Grande. Outros que chamam *Cataguá*;[123] esses vivem

118. *Igbigranupâ*: outro grupo tribal que não ocorre em outros textos sobre índios, mas que segundo Baptista Caetano é um nome do abanheenga, mas que pode ter as mais diversas interpretações, entre elas "os bate-pau", "os joga-pau", que está de acordo com o hábito que estes povos tinham de guerrear, batendo com os paus nos outros, segundo o texto cardiniano.

119. *Guaimuré*: vide nota supra sobre este grupo tribal.

120. *Quirigmã*: segundo Baptista Caetano este nome é o adjetivo *Kyreymbá* que designa "os valentes", "os valorosos", "os esforçados".

121. *Quigrigmurê*: como aparece referido no texto parece designar "lugar", mas como nome de grupo tribal aplicado ao lugar tem analogia com *Quinimuré* ou *Quinimurá* e assim significaria "índios navegantes do norte do Brasil", segundo Batista Caetano.

122. *Maribuió*: outro grupo tribal de difícil identificação até porque Cardim não menciona nada a seu respeito.

123. *Cataguá*: não aparece identificado em outros autores, mas etimologicamente o nome poderá designar "índios dos confins", "do

TRATADOS DA TERRA E GENTE DO BRASIL

no direito de Jequericarê[124] entre o Espírito Santo e Porto Seguro. Outros há que chamam *Tapuxerig*;[125] são contrários dos outros Tapuyas, comem-lhes as roças. Outros que moram pelo sertão que vai para São Vicente, cha-
5 mam-se *Amocaxô*,[126] foram contrários dos *Tupinaquins*. Outros que chamam *Nonhã*,[127] têm rostos muito grandes. Há outros, e estes se chamam *Apuy*,[128] moram perto do campo do sertão, são grandes cantores, têm diferente língua. Outros há que chamam *Panaquiri*,[129] diferente dos

mato", já que *caá* = "mato", "árvore" + *tã* = "duro" + *guá* = "vale". Aparece identificado no *Vocabulário Tupi-Guarani- Português*, de Francisco da Silveira Bueno, como sendo um grupo tribal de Minas Gerais.

124. *Jequericarê* ou *Juqueriquerê* é um rio do estado de São Paulo, de *Ykei-ker-ê* = "rio salgado".

125. *Tapuxerig*: atendendo ao texto cardiniano pode-se interpretar como sendo *Tapyyi-cury* que significa "o tapuia que escorrega" ou "que se escafede", ou ainda, "o adversário que se safa".

126. *Amocaxô*: este nome de grupo tribal também não vem em nenhuma das outras obras sobre os índios do Brasil. No entanto, o sufixo *amo*, entre outros significados, tem o de "longe", "lá", o que condiz com a descrição cardiniana.

127. *Nonhã*: não é nome de grupo tribal que figure nos outros autores e também não é fácil encontrar pela descrição cardiniana alguma semelhança no vocabulário tupi-guarani, ou outro ameríndio, a não ser *toba ña* ou *tobaya* como "cara aberta", "cara larga".

128. *Apuy*: nome de difícil identificação já que não ocorre em nenhuma obra e com a descrição de Cardim, de "cantor", não há referência em nenhuma língua.

129. *Panaquiri*: também não é mencionado em outros autores, e como Cardim não indica nenhuma referência não é fácil identificar este grupo tribal. O próprio termo *pana* pode-se explicar de diversas formas pelo abanheenga, mas como nome de grupo tribal parece estar mais próximo do quíchua, onde significa "irmão", "irmã". No Javari, junto da fronteira do Peru, menciona-se um grupo tribal com

DO PRINCÍPIO E ORIGEM DOS ÍNDIOS

acima ditos. Outros também diferentes que chamam *Bigvorgya*.[130] Há outra nação que chamam *Piriju*,[131] e destes há grande número.

Todas estas setenta e seis nações de Tapuias, que têm as mais delas diferentes línguas, são gente brava, silvestre e indômita, são contrários quase todas do gentio que vive na costa do mar, vizinho dos portugueses; somente certo gênero de Tapuias que vivem no Rio São Francisco, e outros que vivem mais perto são amigos dos portugueses, e lhes fazem grandes agasalhos quando passam por suas terras. Destes há muitos cristãos que foram trazidos pelos Padres do sertão, e aprendendo a língua dos do mar que os Padres sabem, os batizaram e vivem muitos deles casados nas aldeias dos Padres, e lhes servem de intérpretes para remédio de tanto número de gente que se perde, e somente com estes Tapuias se pode fazer algum fruto; com os mais Tapuias, não se pode fazer conversão por serem muito andejos e terem muitas e diferentes línguas dificultosas. Somente fica um remédio, se Deus Nosso Senhor não descobrir outro, e é havendo às mãos alguns filhos seus

o nome de Pano, do grupo de famílias menores estabelecidas a sul do Amazonas

130. *Bigvorgya*: nome de grupo tribal de difícil identificação.

131. *Piriju*: mais um nome na mesma situação até porque Cardim não menciona nada a seu respeito, e a nível das diversas línguas pode-se identificar de várias formas, como em tupi *pira-jyg* = "couro rijo"; em guarani *pirajub* = "pele amarela", entre outras muitas explicações.

aprenderem a língua dos do mar, e servindo de intérpretes fará algum fruto ainda que com grande dificuldade pelas razões acima ditas e outras muitas.[132]

132. Uma das primeiras preocupações do padre Manuel da Nóbrega consistiu em instruir os missionários na língua utilizada pelos índios, pelo que incumbiu o padre João de Azpilcueta Navarro de a aprender. Por outro lado, encarregou o irmão Vicente Rodrigues de ministrar a doutrina cristã aos filhos dos indígenas e de assegurar o funcionamento de uma "escola de ler e escrever", destinada tanto aos filhos dos colonos como aos dos índios. Mas enquanto não dominavam o tupi, os inacianos pregavam, doutrinavam e confessavam com recurso a intérpretes, utilizando designadamente os serviços de Diogo Álvares, o Caramuru. Cf. Jorge Couto, "Padre Manuel da Nóbrega", in *História de Portugal*, coord. João Medina, vol. v, Lisboa, Ediclube, 1993, pp. 162–172.

ÍNDICE GERAL

Acaju, 137
Acuti, 107
Adens, 221
Aiabutipigta, 153
Aipo, 176
Aiuruatubira, 153
Ajurucurao, 129
Ambaigba, 146
Ambaigtinga, 147
Amoreati, 194
Anapúru, 128
Andá, 153
Anhigma, 136
Aquigquig, 112
Arara, 127
Araticu, 142
Aratú, 201
Araçá, 140
Atacape, 215
Ayaya, 209
Azula, 199

Balêa, 186

Baéapina, 216
Berbigões, 203
Biarataca, 117
Bigjuipirá, 183
Boicininga, 124
Botos, 190
Búzios, 203

Caaroba, 150
Caarobmoçorandigba, 150
Cabras, 220
Cabureigba, 145
Calcamar, 209
Camará, 175
Camurupig, 184
Canduaçu, 111
Capijuara, 217
Caraguatá, 177
Caramuru, 193
Caripirá, 207
Cavalos, 220
Cayapiá, 170
Caáobetinga, 173

TRATADOS DA TERRA E GENTE DO BRASIL

Coati, 114

Coral branco, 204

Cupaigba, 146

Curupicaigba, 149

Cágados, 218

Cães, 221

Eirara, 112

Erva que dorme, 179

Erva santa, 174

Erva viva, 180

Ervas, 223

Ervas cheirosas, 224

Espadarte, 187

Figueiras, 222

Galinhas, 221

Gatos-bravos, 115

Gibóia, 119

Goembegoaçu, 172

Guacá, 208

Guainumbig, 130

Guamaiacucurub, 194

Guanhumig, 200

Guaraquigynha, 175

Guararigeig, 218

Guará, 210

Guigrajuba, 129

Guigranheengetá, 132

Guigraponga, 134

Guigratinga, 207

Guigratéotéo, 208

Iabigrandi, 151

Iagoaretê, 108

Iaguacini, 116

Iaguaruçu, 115

Ianipaba, 154

Iapu, 130

Iequigtiygoaçu, 155

Igbacamuci, 148

Igbigboboca, 125

Igbigracuâ, 125

Igcigca, 148

Igpecacóaya, 169

Itã, 217

Jaboticaba, 143

Jacaré, 214

Jaguaruçu, 215

Jararaca, 122

Jaçapucaya, 141

Lagostins, 204

Legumes, 223

Linguados, 191

Macucaguá, 134

Macuoé, 139

Malvaísco, 176

Mandioca, 159

Mangaba, 139

Mangues, 205

ÍNDICE GERAL

Manima, 213

Maracujá, 165

Marmeleiros, 222

Mexilhões, 202

Moxerecuigba, 153

Mutu, 135

Naná, 162

Nhandugoaçu, 136

Olho de boi, 184

Ombu, 140

Ostras, 201

Ovelhas, 220

Paca, 107

Pacoba, 163

Pagnapopeba, 216

Papagaios, 127

Parreiras, 222

Peixe boi, 181

Peixe sapo, 191

Peixe selvagem, 185

Peixe voador, 190

Pequeá, 142

Perus, 221

Pinheiro, 144

Piriguay, 203

Polvos, 198

Porco montês, 106

Porcos, 220

Preguiça, 118

Purá, 193

Quereiuá, 133

Ratos, 118

Saracura, 210

Sarigué, 108

Sobaúra, 173

Sucurijuba, 212

Surucucu, 123

Tamanduá, 109

Tangará, 132

Tapiti, 116

Tapyretê, 105

Tareroquig, 172

Tartaruga, 187

Tatu, 110

Terepomonga, 195

Tetigcucu, 169

Timbó, 177

Trigo, 223

Tubarões, 189

Tucana, 133

Tuin, 129

Uru, 135

Uçá, 200

Vacas, 220

Veado, 104

Águas mortas, 199

Árvores, 222

HEDRA EDIÇÕES

1. *Iracema*, Alencar
2. *Don Juan*, Molière
3. *Contos indianos*, Mallarmé
4. *Auto da barca do Inferno*, Gil Vicente
5. *Poemas completos de Alberto Caeiro*, Pessoa
6. *Triunfos*, Petrarca
7. *A cidade e as serras*, Eça
8. *O retrato de Dorian Gray*, Wilde
9. *A história trágica do Doutor Fausto*, Marlowe
10. *Os sofrimentos do jovem Werther*, Goethe
11. *Dos novos sistemas na arte*, Maliévitch
12. *Mensagem*, Pessoa
13. *Metamorfoses*, Ovídio
14. *Micromegas e outros contos*, Voltaire
15. *O sobrinho de Rameau*, Diderot
16. *Carta sobre a tolerância*, Locke
17. *Discursos ímpios*, Sade
18. *O príncipe*, Maquiavel
19. *Dao De Jing*, Lao Zi
20. *O fim do ciúme e outros contos*, Proust
21. *Pequenos poemas em prosa*, Baudelaire
22. *Fé e saber*, Hegel
23. *Joana d'Arc*, Michelet
24. *Livro dos mandamentos: 248 preceitos positivos*, Maimônides
25. *O indivíduo, a sociedade e o Estado, e outros ensaios*, Emma Goldman
26. *Eu acuso!*, Zola | *O processo do capitão Dreyfus*, Rui Barbosa
27. *Apologia de Galileu*, Campanella
28. *Sobre verdade e mentira*, Nietzsche
29. *O princípio anarquista e outros ensaios*, Kropotkin
30. *Os sovietes traídos pelos bolcheviques*, Rocker
31. *Poemas*, Byron
32. *Sonetos*, Shakespeare
33. *A vida é sonho*, Calderón
34. *Escritos revolucionários*, Malatesta
35. *Sagas*, Strindberg
36. *O mundo ou tratado da luz*, Descartes
37. *O Ateneu*, Raul Pompeia
38. *Fábula de Polifemo e Galateia e outros poemas*, Góngora
39. *A vênus das peles*, Sacher-Masoch
40. *Escritos sobre arte*, Baudelaire
41. *Cântico dos cânticos*, [Salomão]
42. *Americanismo e fordismo*, Gramsci
43. *O princípio do Estado e outros ensaios*, Bakunin
44. *História da província Santa Cruz*, Gandavo
45. *Balada dos enforcados e outros poemas*, Villon
46. *Sátiras, fábulas, aforismos e profecias*, Da Vinci
47. *O cego e outros contos*, D.H. Lawrence

48. *Rashômon e outros contos*, Akutagawa
49. *História da anarquia (vol. 1)*, Max Nettlau
50. *Imitação de Cristo*, Tomás de Kempis
51. *O casamento do Céu e do Inferno*, Blake
52. *Cartas a favor da escravidão*, Alencar
53. *Utopia Brasil*, Darcy Ribeiro
54. *Flossie, a Vênus de quinze anos*, [Swinburne]
55. *Teleny, ou o reverso da medalha*, [Wilde et al.]
56. *A filosofia na era trágica dos gregos*, Nietzsche
57. *No coração das trevas*, Conrad
58. *Viagem sentimental*, Sterne
59. *Arcana Cœlestia e Apocalipsis revelata*, Swedenborg
60. *Saga dos Volsungos*, Anônimo do séc. xiii
61. *Um anarquista e outros contos*, Conrad
62. *A monadologia e outros textos*, Leibniz
63. *Cultura estética e liberdade*, Schiller
64. *A pele do lobo e outras peças*, Artur Azevedo
65. *Poesia basca: das origens à Guerra Civil*
66. *Poesia catalã: das origens à Guerra Civil*
67. *Poesia espanhola: das origens à Guerra Civil*
68. *Poesia galega: das origens à Guerra Civil*
69. *O pequeno Zacarias, chamado Cinábrio*, E.T.A. Hoffmann
70. *Tratados da terra e gente do Brasil*, Fernão Cardim
71. *Entre camponeses*, Malatesta
72. *O Rabi de Bacherach*, Heine
73. *Bom Crioulo*, Adolfo Caminha
74. *Um gato indiscreto e outros contos*, Saki
75. *Viagem em volta do meu quarto*, Xavier de Maistre
76. *Hawthorne e seus musgos*, Melville
77. *A metamorfose*, Kafka
78. *Ode ao Vento Oeste e outros poemas*, Shelley
79. *Oração aos moços*, Rui Barbosa
80. *Feitiço de amor e outros contos*, Ludwig Tieck
81. *O corno de si próprio e outros contos*, Sade
82. *Investigação sobre o entendimento humano*, Hume
83. *Sobre os sonhos e outros diálogos*, Borges | Osvaldo Ferrari
84. *Sobre a filosofia e outros diálogos*, Borges | Osvaldo Ferrari
85. *Sobre a amizade e outros diálogos*, Borges | Osvaldo Ferrari
86. *A voz dos botequins e outros poemas*, Verlaine
87. *Gente de Hemsö*, Strindberg
88. *Senhorita Júlia e outras peças*, Strindberg
89. *Correspondência*, Goethe | Schiller
90. *Índice das coisas mais notáveis*, Vieira
91. *Tratado descritivo do Brasil em 1587*, Gabriel Soares de Sousa
92. *Poemas da cabana montanhesa*, Saigyō
93. *Autobiografia de uma pulga*, [Stanislas de Rhodes]
94. *A volta do parafuso*, Henry James
95. *Ode sobre a melancolia e outros poemas*, Keats
96. *Teatro de êxtase*, Pessoa
97. *Carmilla — A vampira de Karnstein*, Sheridan Le Fanu

98. *Pensamento político de Maquiavel*, Fichte
99. *Inferno*, Strindberg
100. *Contos clássicos de vampiro*, Byron, Stoker e outros
101. *O primeiro Hamlet*, Shakespeare
102. *Noites egípcias e outros contos*, Púchkin
103. *A carteira de meu tio*, Macedo
104. *O desertor*, Silva Alvarenga
105. *Jerusalém*, Blake
106. *As bacantes*, Eurípides
107. *Emília Galotti*, Lessing
108. *Viagem aos Estados Unidos*, Tocqueville
109. *Émile e Sophie ou os solitários*, Rousseau
110. *Manifesto comunista*, Marx e Engels
111. *A fábrica de robôs*, Karel Tchápek
112. *Sobre a filosofia e seu método — Parerga e paralipomena (v. II, t. I)*, Schopenhauer
113. *O novo Epicuro: as delícias do sexo*, Edward Sellon
114. *Revolução e liberdade: cartas de 1845 a 1875*, Bakunin
115. *Sobre a liberdade*, Mill
116. *A velha Izerguil e outros contos*, Górki
117. *Pequeno-burgueses*, Górki
118. *Primeiro livro dos Amores*, Ovídio
119. *Educação e sociologia*, Durkheim
120. *Elixir do pajé — poemas de humor, sátira e escatologia*, Bernardo Guimarães
121. *A nostálgica e outros contos*, Papadiamántis
122. *Lisístrata*, Aristófanes
123. *A cruzada das crianças/ Vidas imaginárias*, Marcel Schwob
124. *O livro de Monelle*, Marcel Schwob
125. *A última folha e outros contos*, O. Henry
126. *Romanceiro cigano*, Lorca
127. *Sobre o riso e a loucura*, [Hipócrates]
128. *Hino a Afrodite e outros poemas*, Safo de Lesbos
129. *Anarquia pela educação*, Élisée Reclus
130. *Ernestine ou o nascimento do amor*, Stendhal
131. *Odisseia*, Homero
132. *O estranho caso do Dr. Jekyll e Mr. Hyde*, Stevenson
133. *História da anarquia (vol. 2)*, Max Nettlau
134. *Eu*, Augusto dos Anjos
135. *Farsa de Inês Pereira*, Gil Vicente
136. *Sobre a ética — Parerga e paralipomena (v. II, t. II)*, Schopenhauer
137. *Contos de amor, de loucura e de morte*, Horacio Quiroga
138. *Memórias do subsolo*, Dostoiévski
139. *A arte da guerra*, Maquiavel
140. *O cortiço*, Aluísio Azevedo
141. *Elogio da loucura*, Erasmo de Rotterdam
142. *Oliver Twist*, Dickens
143. *O ladrão honesto e outros contos*, Dostoiévski
144. *O que eu vi, o que nós veremos*, Santos-Dumont

145. *Sobre a utilidade e a desvantagem da história para a vida*, Nietzsche
146. *Édipo Rei*, Sófocles
147. *Fedro*, Platão
148. *A conjuração de Catilina*, Salústio

«SÉRIE LARGEPOST»

1. *Dao De Jing*, Lao Zi
2. *Escritos sobre literatura*, Sigmund Freud
3. *O destino do erudito*, Fichte
4. *Diários de Adão e Eva*, Mark Twain
5. *Diário de um escritor (1873)*, Dostoiévski

«SÉRIE SEXO»

1. *A vênus das peles*, Sacher-Masoch
2. *O outro lado da moeda*, Oscar Wilde
3. *Poesia Vaginal*, Glauco Mattoso
4. *Perversão: a forma erótica do ódio*, Stoller
5. *A vênus de quinze anos*, [Swinburne]
6. *Explosao: romance da etnologia*, Hubert Fichte

COLEÇÃO «QUE HORAS SÃO?»

1. *Lulismo, carisma pop e cultura anticrítica*, Tales Ab'Sáber
2. *Crédito à morte*, Anselm Jappe
3. *Universidade, cidade e cidadania*, Franklin Leopoldo e Silva
4. *O quarto poder: uma outra história*, Paulo Henrique Amorim
5. *Dilma Rousseff e o ódio político*, Tales Ab'Sáber
6. *Descobrindo o Islã no Brasil*, Karla Lima
7. *Michel Temer e o fascismo comum*, Tales Ab'Sáber
8. *Lugar de negro, lugar de branco?*, Douglas Rodrigues Barros

COLEÇÃO «ARTECRÍTICA»

1. *Dostoiévski e a dialética*, Flávio Ricardo Vassoler
2. *O renascimento do autor*, Caio Gagliardi

«NARRATIVAS DA ESCRAVIDÃO»

1. *Incidentes da vida de uma escrava*, Harriet Jacobs
2. *Nascidos na escravidão: depoimentos norte-americanos*, WPA
3. *Narrativa de William W. Brown, escravo fugitivo*, William Wells Brown

Adverte-se aos curiosos que se imprimiu este livro em nossas
oficinas, em 10 de agosto de 2020, em tipologia Formular e Libertine,
com diversos sofwares livres, entre eles, LuaLATEX, git & ruby.
(v. eab040c)